hänssler

BEATE UND WINRICH SCHEFFBUCH

Israel mit der Bibel entdecken

Wir danken Elmar Hoene in Stuttgart, Ingenieur der Landkartentechnik, für das Erarbeiten und die freundliche Druckgenehmigung der Karten »Antike Häfen am See Genezareth«, »Jericho und Wadi Kelt« und »Alte biblische Orte und Ebene Jesreel«, außerdem Annegret Sarembe und Johanna Hausmann für gefertigte Zeichnungen und der Tempelgesellschaft für die Überlassung alter Darstellungen zum Abdruck.

Die Schreibweise der Namen und Orte wurde dem Luthertext 1984 angepaßt.

Die Deutsche Bibliothek – CIP-Einheitsaufnahme

Scheffbuch, Beate:
Israel mit der Bibel entdecken / Beate und Winrich Scheffbuch. –
Neuhausen-Stuttgart : Hänssler, 1994
ISBN 3-7751-2074-2
NE: Scheffbuch, Winrich:

Bestell-Nr. 392.074

Umschlaggestaltung: Sven Kaun
Titelbild: Hilla und Max Jacoby, Berlin
Satz: AbSatz Ewert-Mohr, Klein Nordende
Printed in Germany

Inhalt

Sein Land

Heiliges oder unheiliges Land? – Nach dem Wort des Herrn – Die Juden, Gottes Volk – Keine heiligen Reliquien – Wo Milch und Honig fließt – Ein winziges Land – Ein Kleinod vor allen Völkern – Heimgeholt von den Enden der Erde

Daß dieses »Heilige Land« überhaupt nicht heilig ist, sondern auch auffallend viel Unheiliges hat, kann niemand entgehen. Kriege, Streit, Unrecht, Krankheit, Tod. Dort an den »heiligen« Stätten, im »heiligen Land« wirkt dies besonders befremdlich und störend.

Das Land Israel ist aber nicht heiliger oder unheiliger als andere Länder dieser Erde. Es gehört zu unserer sündigen Welt, in der Menschen das Ebenbild Gottes verzerren, in der aber auch unheimliche und dunkle Zerstörungsmächte wüten.

Was dieses Land aber so heraushebt und groß macht, ist die Geschichte Gottes mit den Menschen in diesem Land. Der lebendige, ewige Gott hat hier durch die Jahrhunderte hindurch zu unendlich vielen Menschen gesprochen, sie gerufen und ihr Leben durchdrungen und geheiligt. Von solchen Menschen ging ein Segen aus, nicht nur in dieses Land, sondern auch in die Welt, bis an die Enden der Erde.

Die Bibel meint dies alles sehr real. Wenn man nur einen vermeintlichen Sinngehalt dabei herauslesen will, begreift man die Aussagen nicht annähernd. Der Gott der

Jakobsbrücke über den Jordan

Bibel ist nicht ein theoretischer Gott der Philosophen, sondern der Vater Abrahams, Isaaks und Jakobs. Ihren Nachkommen, die so viele sind, wie der Sand am Meer, ist dieses Land von Gott zugesprochen, ausdrücklich für alle Zeit, »zu ewigem Besitz« (1. Mose 17, 7f.). Gottes Zusagen sind nicht vergeistigt oder symbolisch zu verstehen, sondern meinen ganz konkret und materiell das »Erez« Israel. Es ist das Land, auf das Josua mit seinen Fußsohlen getreten ist, ein von Gott zugesprochenes Erbteil und Stammland, das nie mehr veräußert werden kann.

Darum kann man dieses Land nicht Kanaan nennen, so fromm das auch klingen mag. Den Kanaanäern, die hier ihre mächtigen Trutzburgen errichteten, wurde es nach dem Befehl Gottes entrissen. Man weiß wenig von diesen Kanaanäern, nicht einmal was unter der oft zitierten »Sprache Kanaans« nun genau zu verstehen ist, weil es so viele verschiedene Sprachen waren. Der Name dieses Landes ist Israel.

Am häufigsten wurde in den zurückliegenden Jahren die Bezeichnung Palästina verwendet. Dies scheint aber für dieses Land am wenigsten passend zu sein, weil Palästina wörtlich Philisterland meint. Diese Philister haben Israel den knappen Siedlungsraum streitig gemacht und sie mit Schwert, Rossen und Wagen bekämpft. So nennt man es Gottes Land, weil er sich hier an seinem Volk, das ständig von Feinden bedrängt war, als lebendiger Herr offenbart hat. »Das Land ist mein, und ihr seid Fremdlinge und Beisassen bei mir!« (3. Mose 25, 23)

Das Volk Gottes sind die Juden. Man kann nicht vom Land reden, ohne das Volk zu kennen und die unendlichen Leiden und Schmerzen seiner Geschichte zu sehen. Nie vergessen werden dürfen die Schrecken der Zerstreuung, die unheimliche Finsternis der Vernichtung und die enormen Leistungen des Wiederaufbaus eines weithin verwüsteten Landes. Dieses Land und sein Volk kann nur verstehen, wer seine Augen nicht vor den dunklen Abläufen der Geschichte verschließt.

Leider kann nicht all dies hier in diesem Buch dargestellt werden. Aber das eine soll versucht werden, das biblische Geschehen für die Hand des modernen, schnell reisenden Touristen nachzuzeichnen und an einigen Orten und archäologischen Funden so lebendig zu machen, daß man vielleicht den Staub der Straße schmecken und die sengende Hitze der Wüste nachempfinden kann.

Immer dann, wenn man nicht im Auto, sondern zu Fuß durch dieses Land geht, erlebt man es auf eine ganz neue Weise. Man spürt Sonnenglut und Durst, sieht die kleinen Dinge am Wegrand und freut sich an Pflanzen, Blumen und Tieren. So wanderte Jesus durch dieses Land und ging auf die Menschen zu.

Was hier in Jahrhunderten geschah, vollzog sich nach dem Wort des Herrn. Das muß moderne Menschen faszinieren. Nicht allein Menschen handelten, sondern immer wieder in ganz bestimmten Augenblicken der Herr. Das Wort Gottes wurde Fleisch. Das wird heute noch sichtbar an vielen Orten unter jenen Herrschern, die ihre bleibenden Spuren hinterlassen haben. Jesus lebte als Jude in seinem Volk und war doch der verheißene Messias. Als Sohn Gottes wirkte er große Taten. Als der auferstandene Herr, dem alle Macht im Himmel und auf Erden gehört, wirkt er heute unter uns bis an der Welt Ende.

Oft wird es nicht leicht sein, im Schutt zerbrochener Steine, über der dürftigen Armut traditionsreicher Stätten, aber auch in der prunkvoll überladenen Fülle frommer Verehrung dennoch das wirkliche große Handeln Gottes herauszulesen und zu erkennen.

Jesus hat einst die Frau am Jakobsbrunnen darauf hingewiesen, daß der Tag kommen wird, an dem man Gott weder auf dem Garizim noch in Jerusalem, sondern »im Geist und in der Wahrheit« anbeten wird. Gleichzeitig werden Menschen überall, wo sie sind, das »lebendige Wasser« empfangen, das Jesus verheißen hat (JOHANNES 4, 21).

So soll es bei aller Archäologie und Theologie immer nur darum gehen, daß Jesus Christus als der Weg, die Wahrheit und das Leben erkannt und sein Leben schaffendes Wort gehört wird. Es kann nicht genügen, allein das Wort der Bibel zu hören und das große Geschehen lebendig werden zu lassen. Nötig ist auch, daß Menschen durch das Hören dieses Wortes ihr Leben selbst neu ergreifen und verstehen: »Es ist nicht ein leeres Wort an euch, sondern es ist euer Leben, und durch dieses Wort werdet ihr lange leben« (5. MOSE 32, 47).

Die Spuren des Handelns Gottes sind nicht völlig vom Winde verweht. Was über die Jahrhunderte auch nur in Trümmerresten erhalten blieb, will an Gottes große Taten erinnern, die alle Zeiten überdauern und nie veralten. Er, der Herr, wandelt sich nicht. Das macht sein Wort heute so aktuell.

Oft hat Gott selbst geboten, Gedenksteine aufzustellen, die kommende Generationen an seine Taten erinnern. So können die irdischen, ganz äußerlichen Reste, die an die Offenbarung Gottes unter seinem Volk erinnern, keine heiligen Reliquien sein. »Er hat ein Gedächtnis gestiftet seiner Wunder« (PSALM 111, 4).

Israel ist ein winziges Land. Das ganze Staatsgebiet hat eine Fläche von etwa der Größe des Bundeslandes Hessen. Das ist ungefähr der 16. Teil der Gesamtgröße der Bundesrepublik Deutschland. Es ist ein schmales Land, das seine größte Ausdehnung von Norden nach Süden erreicht, in den alten biblischen Angaben von Dan bis gen Beerscheba. Aber auch hier sind es nur 225 Kilometer. »Ein gutes und weites Land« nennt es Gott bei der Berufung Moses (2. MOSE 3,8), weil Gott dieses kleine Land durch sein Tun groß machen wird. »Du, Herr, beweisest deine Herrlichkeit und machst weit alle Grenzen des Landes« (JESAJA 26,15).

Ganz ähnlich verhält es sich mit dem weithin hügeligen Land, das auch in weiten Teilen landwirtschaftlich wirklich arm ist, wenn man es mit dem fruchtbaren Ackerboden des Zweistromlandes Mesopotamien oder dem Nilland vergleicht.

Das Verständnis für das biblische Israel wird dem Reisenden heute nicht leicht gemacht, wenn man, verwöhnt vom bequemen Komfort eines Flugzeugs, in der modernen Großstadt Tel Aviv eintrifft.

In der Bibel wird Israel immer wieder ein Land genannt, »darin Milch und Honig fließt« (4. MOSE 13,27). Das erinnert an ein Schlaraffenland mit grenzenlosem, unermeßlichem Überfluß. Anders aber als heutige Touristen hat das Volk Israel das Land damals in einer extrem gesteigerten Sehnsucht von der gnadenlosen Wüste her in Besitz genommen. Wer heute den gleichen Weg aus der Wüste nach Israel nimmt, ahnt die Lebensbedrohung einer durch Feinde, Hitze, Hunger und Durst überschatteten 40jährigen Wanderung durch die grausame Wüste.

Immer wieder wurde das Wunder der Schönheit und Fruchtbarkeit des »gelobten Landes« dankbar in Psalmen besungen. »Ein Kleinod vor allen Ländern« hatte Gottes Güte und Freundlichkeit seinem Volk wunderbar geschenkt, ein großes Weideland, wo wirklich Milch zu finden ist. Tatsächlich war das Südland auch um Beerscheba früher viel fruchtbarer als heute. Aus den biblischen Berichten, aber auch aus alten Ortsnamen wissen wir, daß früher

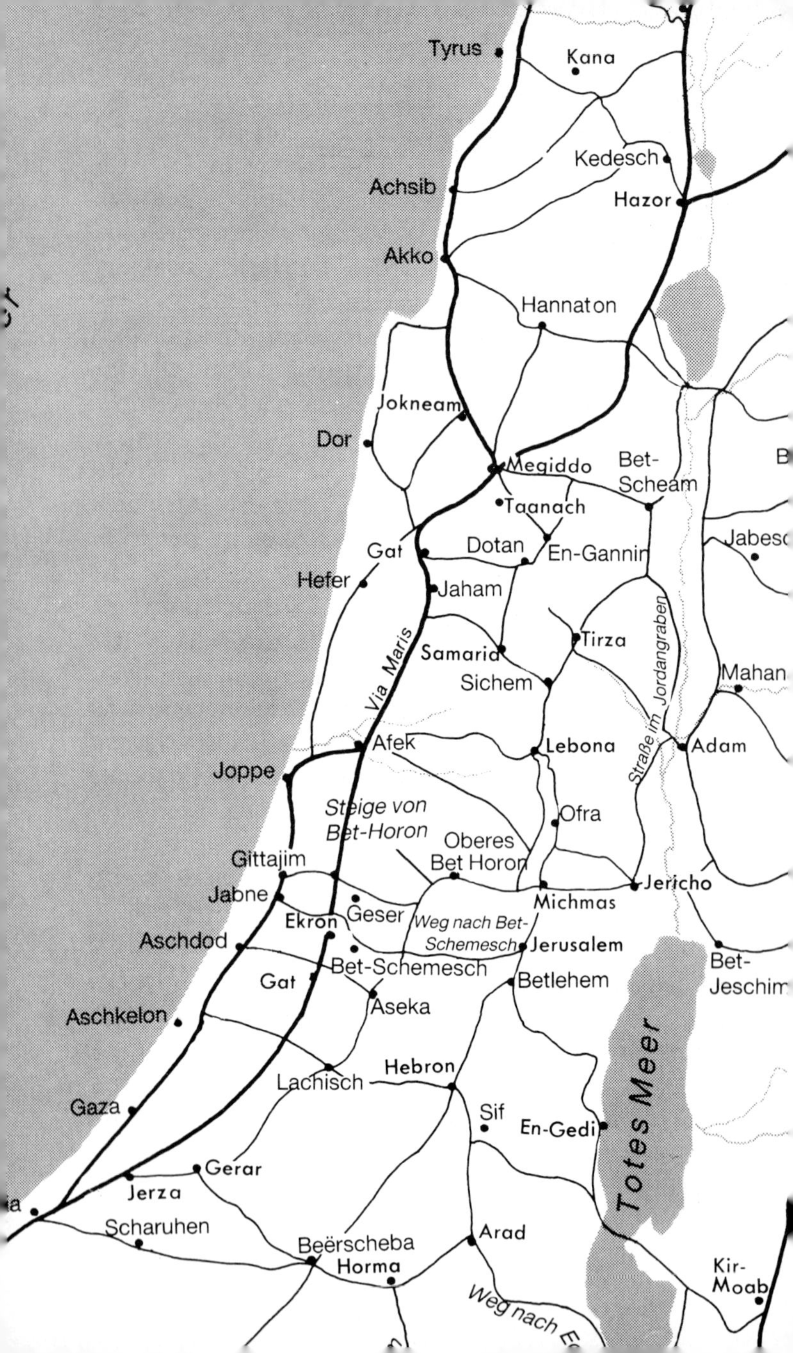

Tyrus
Kana
Kedesch
Achsib
Hazor
Akko
Hannaton
Jokneam
Dor
Megiddo
Bet-
Scheam
Taanach
Gat
Dotan
En-Gannim
Jabesch
Hefer
Jaham
Tirza
Samaria
Sichem
Mahan
Via Maris
Jordangraben
Straße im
Afek
Lebona
Adam
Joppe
Steige von
Bet-Horon
Ofra
Oberes
Bet Horon
Gittajim
Jericho
Jabne
Michmas
Ekron
Geser
Weg nach Bet-
Schemesch
Aschdod
Jerusalem
Bet-Schemesch
Bet-
Jeschim
Gat
Betlehem
Aseka
Aschkelon
Totes Meer
Lachisch
Hebron
Gaza
Sif
En-Gedi
Gerar
Jerza
Scharuhen
Arad
Beërscheba
Horma
Kir-
Moab
Weg nach E

viel Wald stand, wo heute kahle, verwitterte Berge sind. So freute man sich am Unterholz und Dickicht, wo wilde Bienenschwärme Honig sammelten. Es mag aber wahrscheinlich bei Honig viel mehr an den Traubenhonig und an die üppig wachsenden Weinberge gedacht worden sein. Tatsächlich brachten ja die Kundschafter vom Bach Eschkol als Beweis für den Honig nicht eine Bienenwabe mit, sondern eine große Weintraube, die heute noch als Symbol des Tourismusbüros in Israel dient (4. Mose 13, 23). In einem Lied wird die ganze Geschichte Gottes mit seinem Volk im Bild des Weinstocks gedeutet (Psalm 80, 9 - 17). Auch Jesus hat sich selbst mit einem Weinstock verglichen und die Jünger als Reben am Weinstock dargestellt. Bis heute deutet der Weinkelch beim Abendmahl Jesu Leiden und Sterben.

Paulus vergleicht das Volk Israel mit einem alten Ölbaum. Die Christen aus den Heidenvölkern sind gleich wilden Zweigen, die in den fruchtbaren Stamm Israels eingepfropft wurden. »Die Wurzel trägt dich!« Das darf niemand stolz und überheblich machen. Gott kann in seinem Ernst auch die Heidenchristen wegen ihres Unglaubens wieder abhauen und in seiner Güte die ausgebrochenen Zweige Israels in ihren eigenen Ölbaum wieder einpfropfen (Römer 11, 17 - 24).

Im Lied Moses heißt es auch von den wunderbaren Führungen Gottes: Gott ernährte Israel mit den Früchten des Feldes und ließ es Honig saugen aus dem Felsen und Öl aus hartem Gestein, Butter von den Kühen und Milch von den Schafen samt dem Fett von den Lämmern, feiste Widder und Böcke und das Beste vom Weizen und tränkte es mit edlem Traubenblut (5. Mose 32, 13f.).

Straßen im Heiligen Land in biblischer Zeit

Nie aber sollte Israel bei dieser Betrachtung der fruchtbaren Erträge stehen bleiben. In all den Gaben des Feldes und der Weide sollte Gott, der Herr, erkannt werden. Das blieb immer die Gefahr für Israel, »fett und dick und feist« zu werden und »Gott zu verwerfen«, der sie gemacht hat; den Fels seines Heils gering zu achten (5. MOSE 32, 15 - 18).

Weinberge und Feigengärten im Norden Jerusalems

»Dem Höchsten trotzen« nennt es die Bibel, wenn Gott nicht gefürchtet und über alle Dinge geliebt wurde. Wo treulos seine Gebote gebrochen wurden, konnte der Herr sein Volk dahingeben und »er ließ ihre Tage dahinschwinden ins Nichts«. Das soll das Ziel aller Offenbarung Gottes in der Geschichte seines Volkes sein: Daß die Nachkommen auf Gott ihre Hoffnung setzten und nicht vergäßen die Taten Gottes, sondern seine Gebote hielten (PSALM 78,7).

Die Geschichte Gottes mit Israel ist noch nicht zum Ende gekommen. Eine Fülle von noch nicht eingelösten Zukunftsverheißungen, die nicht von Israel losgelöst werden können, finden sich im prophetischen Wort. »Ihnen gehört die Kindschaft und die Herrlichkeit und die Verheißungen« (vgl. RÖMER 9,4). So bestätigt sich am Volk Israel: »Gottes Gaben und Berufung können ihn nicht gereuen« (RÖMER 11,29).

»Wenn du bis ans Ende des Himmels verstoßen wärst, so wird dich doch der Herr, dein Gott, von dort sammeln und dich von dort holen und wird dich in das Land bringen, das deine Väter besessen haben, und du wirst es einnehmen« (5. MOSE 30,4 f.).

»Siehe, ich will sie aus dem Land des Nordens bringen und will sie sammeln von den Enden der Erde, auch Blinde und Lahme, Schwangere und junge Mütter, daß sie als große Gemeinde wieder hierher kommen sollen. Sie werden weinend kommen ...« (JEREMIA 31,8 f.).

Schon jetzt ist etwas von der Freude zu spüren, »wenn die jungen Mädchen fröhlich beim Reigen sind, die junge Mannschaft und die Alten miteinander«. Am Beth-Machase-Platz im jüdischen Viertel der Altstadt von Jerusalem wurde eine Tafel angebracht: »Es sollen hinfort wieder sitzen auf den Plätzen Jerusalems alte Männer und Frauen, jeder mit seinem Stock in der Hand vor hohem Alter, und die Plätze der Stadt sollen voll sein von Knaben und Mädchen, die dort spielen … Siehe, ich will mein Volk erlösen aus Ost und West und will sie heimbringen, daß sie in Jerusalem wohnen. Und sie sollen mein Volk sein, und ich will ihr Gott sein in Treue und Gerechtigkeit« (SACHARJA 8, 4 - 8).

Im Negev Gottes Spuren nicht vom Sand verweht

Der Kampf ums Wasser – Beerscheba, der Schwurbrunnen – Ein Segen für alle Geschlechter – Ismael und die Araber – Verstopfte Brunnen – Ein Tisch im Angesicht der Feinde – Wasserquellen in der Wüste – Das Volk weinte die ganze Nacht – Es ist genug! – Land der Zukunft

In früheren deutschen Bibelübersetzungen wurde für dieses Gebiet auch die Bezeichnung »Mittagsland« oder »Südland« gewählt. Eigentlich heißt **Negev** »ausgetrocknetes, dürres Land«. Allein durch künstliche Bewässerung kann hier überhaupt noch Ackerbau betrieben werden. Sonst lassen höchstens noch Beduinen ihre Schafe und Ziegen über die karge Weide ziehen. Siedlungen waren nur in der Nähe von Brunnen möglich, die auch ausreichend Wasser geben.

Der heutige Negev ist viel größer als das in der Bibel erwähnte Land und umfaßt die Hälfte des israelischen Staatsgebiets. Durch die Wanderungen Abrahams, Isaaks und Jakobs, die mit ihren Herden zeltend durch das Steppenland zogen, ist es bekannt und vertraut. Die heute überall im Negev sichtbaren Beduinenzelte erinnern an die biblischen Berichte.

Nicht allein für das Leben der Patriarchen und Erzväter Israels hatte der Brunnen von **Beerscheba** größte Bedeutung. Abrahams Hirten haben den Brunnen gegraben.

Da Abraham aber als Ausländer keine Rechte im Land hatte, nahm ihm König Abimelech von Gerar im Philisterland mit brachialer Gewalt den Brunnen einfach weg (1. Mose 21). Der Viehzüchter Abraham war damit völlig ruiniert. Was sollte er tun? Mit Gewalt konnte er angesichts der Machtverhältnisse hier nichts erreichen. Seine Beschwerde beim König stieß auf taube Ohren. Nur der lebendige Gott allein bewirkte die entscheidende Wende, daß Abimelech nachgeben mußte. Es kam zum ganz unerwarteten Bundesschwur und Abimelech mußte Gottes Plänen mit Abraham recht geben: »Gott ist mit dir in allem, was du tust!« Der Name »Beerscheba« erinnert an »Schwurbrunnen« ebenso an »Brunnen der Sieben« in Erinnerung an die als Geschenk überreichten Lämmer. Für Abraham war ganz unerwartet über den Spannungen das große Wunder geschehen, daß ihm das verheißene Land erstmals mit dem nun amtlich bestätigten alleinigen Nutzungsrecht des Brunnens neu zugesprochen wurde.

In der Wüste bei Beerscheba irrte auch Hagar, die Magd Abrahams, mit ihrem Sohn Ismael umher. Gnadenlos brannte die glutheiße Sonne vom Himmel. Das Wasser im Schlauch, das Abraham der Mutter noch auf die Schulter gelegt hatte, war aufgebraucht. Die Mutter Hagar konnte das Sterben des Kindes nicht mitansehen. Da erhörte Gott das Schreien des kleinen Kindes. Er wies sie zu einem Wasserloch in der Wüste und kündigte an, daß Ismael der Vater eines großen Volkes werden würde. Ismael nahm dann seine Wohnung in der Wüste Paran.

In dieses Segenswort hinein zeichnete Gottes Wort auch schon eine typische Charakterisierung der arabischen Beduinen, der Nachkommen Ismaels: »Er wird ein wilder Mensch sein; seine Hand wider jedermann und jedermanns Hand wider ihn. Und er wird wohnen all seinen Brüdern zum Trotz« (1. Mose 16,12). Mit unbändigem Freiheitsdrang und großem feinfühligen Empfinden, aber auch leidenschaftlicher Erregung kommt es immer wieder zu blutigen Fehden, bei denen Ismaels Nachkommen sich oft von allen alleingelassen fühlen. Trotz aller leiblichen Bruderbande zu Israel werden die Nachkommen Ismaels sich »niederlassen gegen alle ihre Brüder« (vgl. 1. Mose 25,18). Trotz der »ewigen Feindschaft« gegen Israel (Hesekiel 35,5) kommen beide Völker nie voneinander los.

Daß Abraham in dem dürren Land von Beerscheba einen Baum pflanzte und den Namen des Herrn, des ewigen Gottes anrief, war ein mutiges Bekenntnis vor den dortigen Bewohnern, die schon viele Jahrhunderte vor Abraham in Rundhäusern und ovalen Erdhöhlen dort hausten. Im Museum von Jerusalem werden geschnitzte Elfenbein- und Knochenstücke gezeigt, die von diesen vor Abraham ansässigen Halbnomaden für dämonische Fruchtbarkeitsriten verwendet wurden. Die früheste Stadt Beerscheba lag etwa vier Kilometer nordöstlich der heutigen Stadt. Spuren der Besiedlung bis ins zwölfte Jahrhundert vor Christus wurden dort am Tel Beerscheba gefunden.

Von Beerscheba brach Abraham drei Tagereisen weit auf, um sich mit dem geforderten Opfer seines Sohnes Isaak ganz dem heiligen Gott auszuliefern (1. Mose 22). Gott verwehrte aber am Ende dieses schweren Tests die letzte gottesfürchtige Hingabe Abrahams und zeigte das Wunder der Stellvertretung. Dieses Geschehen weist auf das ganz besondere Opfer hin, das durch den Tod Jesu Christi am Kreuz für eine vor Gott schuldige Menschheit stellvertretend dargebracht wurde, damit »wir Frieden haben« (Markus 10,45; Lukas 22,20; Johannes 1,29; Jesaja 53). Abraham kehrte wieder nach Beerscheba zurück und blieb dort wohnen.

Isaak kämpfte im Negev wie schon sein Vater Abraham um den nötigen Lebensraum. Am Wasser, das in Zisternen, Löchern und Brunnen gesammelt wird, hängt jede Hirtenexistenz. Die Philister neideten Isaak seine Viehherden. Um ihn zu vertreiben, verstopften sie die Brunnen Abrahams. Auch Isaak wollte Friedensbote sein, wich dem Druck und fand eine neue Wasserquelle. Auch die wurde ihm gewaltsam von seinen Widersachern genommen. Unter dem Segen Gottes zog Isaak so lange weiter, bis ihm das Wasser nicht mehr streitig gemacht wurde. Es war nicht seine Geschicklichkeit, sondern »der Herr hat Raum gemacht« (1. Mose 26, 12 - 22). Über dieser neuen Erfahrung der Treue Gottes empfing nun Isaak in Beerscheba wieder neu von Gott die Bestätigung der Verheißung an Abraham und erneuerte den Bund mit König Abimelech.

Brunnen haben oft in der biblischen Geschichte eine große Bedeutung. So fand auch Jakob später im Zweistromland die heißgeliebte Rahel an einem Brunnen. Die Hirten konnten nur gemeinsam den schweren Stein, der das Wasser abdeckte, wegheben. Aber als Jakob Rahel sah, wälzte er allein den Stein hinweg und tränkte die Schafe Rahels (1. Mose 29).

Aber auch Elieser, der Knecht Abrahams, fand schon die Braut für den Sohn seines Chefs am Brunnen. Er machte den Test, ob diese Frau auch Güte und Entgegenkommen besaß. Wie herzlich sagte sie dann: »Trinke, mein Herr ... Ich will deinen Kamelen auch schöpfen, bis alle genug getrunken haben« (1. Mose 24). Aber auch Mose half den Töchtern Jitros beim Tränken ihrer Herde in der Wüste Midian (2. Mose 2).

Von Beerscheba floh Isaaks Sohn Jakob, nachdem er den Segen von seinem schon erblindeten Vater erhalten hatte, vor dem Zorn seines Bruders Esau ins Ausland nach

Beduinen am Brunnen

Haran (1. MOSE 28,10). Unterwegs zeigte ihm Gott in der Nacht die Himmelsleiter, die offene Tür zum Himmel.

Bang wird es auch dem greisen Jakob gewesen sein, als er in Beerscheba das verheißene Land verließ, um seinen schon längst totgeglaubten Sohn Josef in Ägypten wiederzusehen und dorthin überzusiedeln. Da sprach Gott zu ihm: »Fürchte dich nicht, nach Ägypten hinabzuziehen; denn daselbst will ich dich zum großen Volk machen« (1. MOSE 46,1-5).

Hier irgendwo an der Grenze zum Sinai hat sich entmutigt und ohne Hoffnung der Prophet Elia in der Wüste niedergelegt, um zu sterben. Kurz vorher noch war Elia ganz hoch erhoben. Der Gott Israels hatte sich machtvoll vor allem unentschiedenen und gleichgültigen Volk auf dem Karmel als der lebendige Herr erwiesen, der Wunder tut. Die heidnische Königin Isebel aber ließ sich auch dadurch nicht zu einer Umkehr von ihrem gottlosen Handeln bewegen, sondern verfolgte ihre brutale Vernichtungspolitik der Tötung der unbestechlichen Gottespropheten nur um so entschlossener. Da lief Elia, um sein Leben zu retten, bis nach Beerscheba. Die Erinnerung an die Glaubenserfahrungen Abrahams konnten ihn aber auch nicht aufrichten. So suchte er von dort aus die Stille der Wüste, weil er durch seine Erfolglosigkeit im Dienst am Leben verzweifelt war. Dort weckte ihn ein Engel Gottes: »Steh auf und iß!« Da lag ein geröstetes Brot und ein Krug Wasser. Kraft dieser Speise lief Elia bis zu einer neuen Begegnung mit Gott, in der ihn Gott wieder zum Dienst sandte (1. KÖNIGE 19).

Eine böse Episode wird uns in 1. SAMUEL 8 beschrieben. Zwei Söhne des Propheten Samuel versahen das Richteramt in Beerscheba, beugten aber das Recht und ließen sich bestechen. Das war eine erschütternde Erfahrung für den treuen und zuverlässigen Gottesdiener Samuel. Man kann eben Gottes Berufung nicht auf Kinder und Enkel vererben. Dies führte dann dazu, daß im Volk der Ruf an den alten Samuel erging, einen anderen Nachfolger als seine Söhne zu suchen: »Gib uns einen König, der uns nach Gottes Recht regiere!«

Auch im prophetischen Ausblick sind die Städte des Südlands erwähnt. Der Prophet Obadja sah durch die tiefen Umwälzungen der Weltgeschichte hindurch die Zeit, in der Gott seine Königsherrschaft aufrichtet. Wie das erwählte Gottesvolk müssen auch die Heiden den Zornbecher Gottes trinken (Vers 16). Edom, der Erzfeind des Gottesvolkes, muß den Negev ebenso hergeben wie andere Teile des verheißenen Landes. Edoms Schuld steht hier für alle Weltvölker, die Gottes Volk Israel bekämpfen. Gott wird den Völkern vergelten nach ihren Taten und seinem Volk Israel das verheißene Land geben. Die Deportierten Israels werden im Norden das syrische Zarpat einnehmen, die »Weggeführten von Jerusalem, die in Sefarad sind«, werden die Städte des Südlandes besitzen (Vers 20). Sefarad war der aramäische Name für das lydische Königreich Sardis in Kleinasien und die spätere persische Provinz. Sephardim sind nach altjüdischer Tradition spanische Juden und stehen allgemein für die im Westen lebenden zerstreuten Juden.

Die Zisternen von Avdat

Das Volk der Nabatäer – Ein raffiniertes Wassersystem – Quellen und Zisternen – Der Wind, der ausdörrt – Tau vom Himmel – Das Haderwasser – Paulus, fast von den Nabatäern gefangen

Zur Zeit des Neuen Testaments waren die arabischen Stämme im südlichen Palästina als Nabatäer bekannt, die im dritten Jahrhundert v. Chr. ein großes Reich mit der Hauptstadt **Petra** im heutigen Jordanien bildeten. Dieses nomadische Volk kontrollierte die Karawanenstraßen bis an den persischen Golf. Sie waren durch Handel reich und mächtig geworden. Die Römer konnten sich lange Zeit ihnen gegenüber nicht durchsetzen.

Diese **Nabatäer** gehen auf Nebajot, den ältesten Sohn Ismaels zurück (1. MOSE 25, 13). Der Stamm von Nebajot ist zusammen mit dem anderen Beduinenstamm Kedar als Besitzer großer Herden genannt (JESAJA 60, 7). »Weh mir... ich muß wohnen bei den Zelten Kedars!« (PSALM 120, 5)

Im ersten Jahrhundert entfaltete dieses nabatäische Reich seine größte Pracht. Von den ursprünglich aus Karawansereien entstandenen Städten kann man heute im Negev unter anderem die Ausgrabungen von **Avdat, Shivta** und **Mamshit** besichtigen.

Mitten im Negev schufen die Nabatäer durch ein raffiniertes Wassersystem von Zisternen, in denen der seltene

Regen aufgefangen wurde, eine ausgedehnte Landwirtschaft. Die alten Methoden von Ackerbau und Nutzpflanzungen werden jetzt in Avdat seit der Mitte dieses Jahrhunderts wiederbelebt. Eine große aufgefundene Kelteranlage deutet auf viel Weinbau im Negev hin.

Wie wichtig Wasser für die Menschen der Bibel ist, kann man hier erkennen. »Wie der Hirsch lechzt nach frischem Wasser, so schreit meine Seele, Gott, zu dir« (PSALM 42, 2).

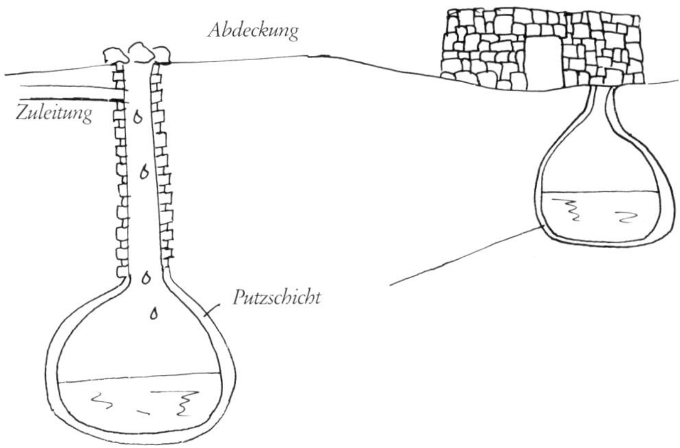

Zisternen

Die Zisternen sind meist in den Felsen gehauene Höhlen, deren Boden und Wände sorgfältig abgedichtet sind. Dort hält sich das Wasser kühl. Im Blick auf manchen durstigen Wanderer sprach Jesus von der freundlichen Tat, »einem dieser Geringsten auch nur einen Becher kalten Wassers zu trinken zu geben« (MATTHÄUS 10, 42). Dieses abgestandene Wasser ist aber mit dem frischen und »lebendigen

Wasser« einer Quelle nicht zu vergleichen. Jesus sprach immer wieder vom lebendigen Wasser, das er dem schenkt, der zu ihm kommt. Er will die »Quelle des Lebens« sein (PSALM 36, 10). Auch Gott spricht: »Mein Volk tut eine zwiefache Sünde: mich, die lebendige Quelle, verlassen sie und machen sich Zisternen, die doch rissig sind und kein Wasser geben« (JEREMIA 2, 13).

Von der Terrasse vor der Negev-Hochschule des Kibbuz **Sde Boker** beim Grab des Staatsgründers Israels, Ben Gurion, hat man einen unvergeßlichen Blick in das tief eingeschnittene Trockental **Zin**, durch das die Israeliten einst auf dem Weg nach Kanaan gezogen sind (4. MOSE 13, 21).

Ein Blick in den Kibbuz zeigt aber eindrücklich, wie in dieser Wüste die herrlichsten Früchte reifen, wenn Wasser da ist: »Der ist wie ein Baum, gepflanzt an den Wasserbächen, der seine Frucht bringt zu seiner Zeit, und seine Blätter verwelken nicht« (PSALM 1, 3).

So hat für die Menschen der Bibel die Sonne eine ganz andere Bedeutung als für deutsche Urlauber. Der Herr kann mit der furchtbaren Gluthitze strafen und heimsuchen. Darum empfindet man Gottes Güte gnädig im Schatten: »Der Herr ist dein Schatten über deiner rechten Hand, daß dich des Tages die Sonne nicht steche noch der Mond des Nachts« (PSALM 121, 5). Der Herr ist »ein Schatten vor der Hitze« (JESAJA 25, 4).

Während der Westwind vom Meer her auch den dringend nötigen Regen bringt, führt der Ostwind sengende Hitze mit sich. Das erlebte Jona, als er unter seiner Staude im Garten saß und der Herr einen Ostwind kommen ließ und die Sonne Jona auf den Kopf stach (JONA 4). »Alles Fleisch ist Gras, und alle seine Güte ist wie eine Blume auf dem Felde. Das Gras verdorrt, die Blume verwelkt; denn des Herrn Odem bläst darein. Ja, Gras ist das Volk«

(JESAJA 40, 6 f.)! Der Ostwind läßt sterben und vergehen. »Ein Mensch ist in seinem Leben wie Gras, er blüht wie eine Blume auf dem Felde; wenn der Wind darüber geht, so ist sie nimmer da, und ihre Stätte kennt sie nicht mehr« (PSALM 103, 15 ff.).

Am frühen Morgen bringt dann der Tau erfrischende Feuchtigkeit. »Deine Söhne werden dir geboren wie der Tau aus der Morgenröte« (PSALM 110, 3). Und der Herr verheißt: »Ich will für Israel wie ein Tau sein, daß es blühen soll wie eine Lilie, und seine Wurzeln sollen ausschlagen wie eine Linde und seine Zweige sich ausbreiten« (HOSEA 14, 6-7). Aber wenn dann die Sonne ihre Kraft entfaltet, dann ist im Nu der Tau verschwunden. »Eure Liebe ist wie der Tau, der frühmorgens vergeht« (HOSEA 6, 4).

Südlich der gewaltigen Urweltlandschaft des Kraters **Maktesh Ramón**, des größten im Negev, liegen zum Sinai hin die Wüstengebiete Paran und Zin mit ihren gewaltigen Trockentälern, die in den wenigen Regenstunden zu reißenden Flüssen anschwellen. In der wasserreichen Oase **Kadesch-Barnea** wird Ismael, der Sohn der Hagar, nachdem er von Abraham vertrieben war (1. MOSE 21, 21), genügend Lebensraum gefunden haben.

Dort lagerten auch die Israeliten bei ihrem Auszug aus Ägypten (4. MOSE 20, 1). In der vierzigjährigen Wartezeit mußte Gottes Volk Gehorsam lernen. Die Bezeichnung »Haderwasser« geht auf den Ungehorsam und den Zweifel an Gottes Güte zurück. »Warum habt ihr uns aus Ägypten geführt an diesen bösen Ort, wo weder Feigen noch Weinstöcke noch Granatäpfel sind und auch kein Wasser zum Trinken ist?« (4. MOSE 20, 2-13). An den Quellen der Wüste Zin kann man sich vorstellen, wie Gott einst dem dürstenden Volk Wasser aus dem Felsen gab. Es könnte zum Beispiel das Wasser von Ein Avdat ganz in der Nähe

Petra

des von dem ersten israelischen Staatspräsidenten Ben Gurion gegründeten Wüstenkibbuzes Sde Boker gewesen sein.

Von der Oase Kadesch-Barnea an der Grenze des Negevs zur Wüste Sinai waren auch schon 40 Jahre vorher die Kundschafter nach Kanaan gesandt worden (4. MOSE 13). Als sie nach Kadesch in der Wüste Paran zurückkehrten und von den befestigten Städten der Kanaanäer berichteten, fuhr das Volk auf, schrie und murrte gegen Gott. Die Kundschafter sagten, sie könnten nicht hinaufziehen, die Bewohner seien zu stark. Da weinte das Volk die ganze Nacht (4. MOSE 14, 1 ff.) Nur Josua und Kaleb sprachen aus großer Zuversicht des Glaubens: »Wenn der Herr uns gnädig ist, so wird er uns in dies Land bringen ... Fallt nur nicht ab vom Herrn und fürchtet euch nicht!« Das aufgebrachte Volk wollte aber die mutigen Zeugen Gottes steinigen. Nur das Erscheinen der Herrlichkeit des Herrn über der Stiftshütte setzte dem ein Ende. Alle, die nun gegen die Offenbarung der Herrlichkeit Gottes widersprochen und gemurrt hatten, durften das verheißene Land nicht sehen. Ihre »Leiber sollen in dieser Wüste verfallen« (4. MOSE 14, 29).

Nur an einer Stelle des Neuen Testaments berührt sich die Geschichte der Nabatäer mit Gottes Heilsgeschichte. »In Damaskus bewachte der Statthalter des Königs Aretas die Stadt der Damaszener und wollte mich gefangennehmen, und ich wurde in einem Korb durch ein Fenster die Mauer hinuntergelassen und entrann seinen Händen« (2. KORINTHER 11, 32 f.). Dies ging von der jüdischen Gemeinde in Damaskus aus. Paulus hat unmittelbar nach seiner Bekehrung ein sehr klares Zeugnis des Glaubens abgelegt und »bewies, daß Jesus der Christus ist« (APOSTELGESCHICHTE 9, 22). So stark war damals dieses Reich unter dem nabatäischen König Aretas IV. (9 v. Chr. bis 40 n. Chr.), daß es weite Teile Arabiens, auch Damaskus, beherrschte. Dieser Aretas IV. regierte achtundvierzig Jahre hervorragend, eine in der Menschheitsgeschichte selten erreichte Zeit. Damals hatte Avdat etwa 3000 Einwohner.

Die vielen ausgegrabenen Kirchenruinen in den Nabatäerstädten legen Zeugnis ab, wie dieses Volk früh das Evangelium annahm. Das ist einmalig unter den arabischen Völkern. Die anderen haben sich bis heute fast vollständig dem Islam zugewandt.

Schwerindustrie und Welthandel in Elat am Roten Meer

Eisenerz und Malachit in der Wüste – Das Wirtschaftsembargo der Philister – Straflager vor Jahrtausenden – Internationale Geschäfte mit Afrika und Indien – Handelsabkommen mit der Königin von Saba – Eine Flotte zerschellt am Riff

Auf den Spuren des märchenhaften Reichtums König Salomos suchten Archäologen im südlichen Negev. Sie durchquerten das Wüstental Araba, das zu dem großen Grabenbruch gehört, der sich vom Libanon bis weit durch Afrika hinzieht. Dort zweigt, 28 Kilometer nördlich von Elat, das **Timna**-Tal ab, das von 500 - 700 Meter hohen Felsen umgeben ist. Hier fanden sie Scherben, Angelhaken aus Kupfer, Ziegel und Mauerreste, die auf die Zeit Salomos datiert wurden. Schließlich wurden Überreste einer ganzen Siedlung ausgegraben.

Mitten in der glutheißen Wüste fanden sie Gußformen und Kupferschlacke. Es wurden regelrechte Windkanäle entdeckt, in denen die Wüstenstürme in Nord-Südrichtung wie mit einem großen Blasebalg die Luft durch die Schmelzöfen jagten.

Die Philister hatten einst in der Wende von der Bronze- zur Eisenzeit ein Monopol in der Technik der Verhüttung von Eisen. Südlich der Stadt Gaza wurden stattliche Hüttenöfen ausgegraben. Sehr exakt hält der biblische Bericht das Wirtschaftsembargo aus der Zeit des Königtums von Saul fest: »Es war aber kein Schmied im ganzen Lande Israel zu finden; denn die Philister dachten, die Hebräer könnten sich Schwert und Spieß machen. Und ganz Israel mußte hinabziehen zu den Philistern, wenn jemand eine Pflugschar, Hacke, Beil oder Sense zu schärfen hatte« (1. SAMUEL 13, 19 f.). Der ungemein überteuerte Preis für alle Eisenarbeiten bei den Philistern wird dort auch noch festgehalten. So war Israel ohne Schwert oder Spieß. Nur Saul und Jonatan hatten Waffen. Wie weit die Technik bei den Philistern damals schon fortgeschritten war, macht Goliat mit seiner ehernen Rüstung deutlich (1. SAMUEL 17, 5-7).

Genial schuf Salomo aus einem bäuerlichen Staat ein modernes Wirtschaftsreich. Er benützte die vorhandenen Schätze. »Der Herr, dein Gott, führt dich in ein gutes Land ... in dessen Steinen Eisen ist, wo du Kupfererz aus den Bergen haust« (5. MOSE 8, 7-9).

Erst Salomo baute systematisch für Israel eine eigene verhüttende Wirtschaft auf, verwertete die Metalle weitsichtig mit ausländischen Spezialisten. Hiram, ein Techniker aus Tyrus »voll Weisheit, Verstand und Kunst in allerlei Kupferarbeit«, schuf die heiligen Geräte für den Tempel (1. KÖNIGE 7, 13-51).

Die Ausgrabungen zeigen aber, daß nicht erst Salomo, sondern schon 2000 Jahre vor ihm Nomaden Erze schmolzen und Kupfer gewannen. Als dann Ägypten erstarkte, entsandten die Pharaonen unzählige Sklaven zu den Minen nach Timna (1300 - 1100 v. Chr.). In der Sonnenglut schufteten diese Fronarbeiter an den Öfen und hausten in Löchern in den Felsen, die heute noch besichtigt werden können. Ägyptische Steinzeichnungen von Streitwagen, Bogenschützen und Tieren sind bei den ägyptischen Kupferminen zu sehen. Bei den purpurfarbenen Säulen Salomos, die 50 Meter steil emporragen, befindet sich in etwa 30 Meter Höhe ein Relief von Pharao Ramses III. Am Fuß der Felsen wurde ein Tempel der ägyptischen Göttin Hathor gefunden, der um 1150 von midianitischen Bergleuten in ein Zeltheiligtum umgewandelt wurde. Hier wurde auch eine Kupferschlange mit vergoldetem Kopf aus der Zeit der Midianiter entdeckt. Daß früh schon Midianiter, Keniter und Amalekiter im Grenzland zwischen Wüste und Kulturland mit Metallen arbeiteten, erwähnt auch die Bibel mit den Erz- und Eisenschmieden (1. Mose 4, 22).

Elat, der moderne Badestrand am strahlend blauen Roten Meer mit seinen großartigen Korallenriffen, mondänen Luxushotels und liberaler Freizügigkeit im Stil westlicher Hippie-Kultur erinnert nur wenig an biblische Vergangenheit. Der Israel gehörende Küstenstreifen zwischen Ägypten und Jordanien ist nur dreizehn Kilometer lang, mit dem jordanischen Akaba aber durch die gemeinsame Geschichte von Ezjon-Geber und Elat verbunden. Archäologen fanden das biblische Elat einen Kilometer nordwestlich vom jordanischen Akaba, die salomonische Gründung **Ezjon-Geber** etwa drei Kilometer in der gleichen Richtung.

Als hier die Israeliten bei ihrem Auszug aus Ägypten lagerten, bevor sie nach Kadesch weiterwanderten, war Ezjon-Geber oder Elat wohl nur ein Brunnen mit einigen Palmen in der Nähe des heute jordanischen Akaba (4. Mose 33, 35; 5. Mose 2, 8). Der vermutlich midianitische oder edomitische Hafen wurde seit dem 14. Jahrhundert von Ägyptern benützt, um Kupfer aus den Minen in Timna zu verladen. Der fortschrittlich denkende König Salomo übernahm nicht allein die Kupferindustrie von Timna, sondern baute mit Unterstützung der erfahrenen Phönizier auch eine große Handelsflotte und Reederei auf. Er ließ Seeleute und begabte Spezialisten im Schiffsbau nach Ezjon-Geber kommen, wo eine Werft entstand (1. KÖNIGE 9,26f.; 2. CHRONIK 8,17f.). Dieser Bericht wird auch von phönizischen Quellen gestützt, die ebenso vom Transport des Tannen- und Zedernholzes auf achttausend Kamelen zum Bau von zehn Schiffen berichten und sogar die Namen der kommandierenden Kapitäne von Elat aufzeichnen. Der Hafen öffnete die Tür weit zum wichtigen Fernhandel nach Arabien, Afrika und Indien. Wenn auch das sagenhafte Ofir nicht sicher bestimmt werden kann, so wissen wir doch viel über die drei Jahre dauernde Schiffsfahrt dorthin. Sie brachten »Gold, Sandelholz und Edelsteine«, aber auch »Silber, Elfenbein, Affen und Pfauen« (1. KÖNIGE 10, 11.22).

Zu diesen später nie mehr so weit gespannten Handelsbeziehungen gehört wohl auch der Besuch der Königin von Saba in Jerusalem, die Gold, Edelsteine, aber auch eine Rekordmenge luxuriöser Gewürze ins Land brachte (1. KÖNIGE 10,10; PSALM 72,15) und offenbar ein Handelsabkommen mit Salomo abschloß (1. KÖNIGE 10,13).

Daß dieses Saba wohl im südlichen Arabien oder östlichen Afrika gelegen hat, darauf deuten die erwähnten Kamelkarawanen hin. Enge Verbindungen scheinen aber auch zu Äthiopien bestanden zu haben, weil sich die dortigen Kaiser immer auf die Abstammung von dieser Königin und von Salomo, dem Löwen aus Juda, beriefen. Jesus nennt sie »Königin vom Süden« (MATTHÄUS 12,42). Saba wird zusammen mit Ägypten und Äthiopien bei den Propheten im großen Geschehen der Erlösung Israels genannt (JESAJA 43,3). Aber auch im anbetenden Pilgerzug, wieder zusammen mit Äthiopiern und Ägyptern, werden »die Männer von hohem Wuchs« aus Saba kommen mit den Worten auf den Lippen: »Nur bei dir ist Gott, und sonst ist kein Gott mehr!« (JESAJA 45,14f.). Auch in der großen Wallfahrt der

Nationen zum Zion wird Saba kommen, »Gold und Weihrauch bringen und des Herrn Lob verkündigen« (JESAJA 60, 6).

Nach dem Tod Salomos brannte Ezjon-Geber nieder. Um 860 v. Chr. baute der judäische König Joschafat nach Salomos Vorbild wieder eine Flotte auf, um in Ofir Gold zu holen. Durch die heftig blasenden Winde zerschellten aber die neuen Schiffe noch vor ihrer Jungfernfahrt am felsigen Ufer des Roten Meeres (1. KÖNIGE 22, 49). Die Chronik erwähnt dazu noch die Weissagung eines Elieser, der diese schlimme Katastrophe ankündigte, weil König Joschafat vertraglich mit dem gottlosen König Ahasja in Samaria, der ein Sohn Ahabs war, zusammenarbeitete (2. CHRONIK 20, 35-37). Joschafat hatte selbst auch Bedenken gehabt, offenbar aber nicht beim Geld, sondern nur beim Anheuern ungläubiger Seeleute aus dem Nordreich Israel auf den Schiffen (1. KÖNIGE 22, 50). Das paßt genau in das von der Bibel übermittelte, unentschiedene Charakterbild Joschafats, wie wir es auch aus der Zusammenarbeit mit seinem skrupellosen Schwager Ahab von Samaria kennen (1. KÖNIGE 22, 5-29).

Um 847 v. Chr. eroberten die Edomiter Ezjon-Geber und brannten die Stadt erneut nieder. Der judäische König Asarja eroberte es 60 Jahre später und baute die Stadt wieder auf (2. KÖNIGE 14, 22), bis es dann der aramäische König Rezin endgültig den Juden entriß (2. KÖNIGE 16, 6).

Das Gottesgericht am Toten Meer

Wenn man im Toten Meer fischen kann – Fürbitte für eine untergehende Welt – Nur mit Gewalt gerettet – Wenn Töchter zum Verhängnis werden – Schwefelquellen beim Hotel – Der Salzberg von Sodom – Ein Brandscheit aus dem Feuer gerissen – Wie in den Tagen Lots

An der tiefsten Stelle der Erdoberfläche befindet sich jene geologische Einmaligkeit, die in alttestamentlicher Zeit **Salzmeer** hieß. Erst später, nach Christus, wurde der See auch **Totes Meer** genannt, weil der hohe Salzgehalt jedes Leben zerstört. Bei der hohen Temperatur von dreiundvierzig Grad Celsius im Sommer wird die Verdunstung des Wassers so stark, daß der Salzgehalt auf 32 Prozent ansteigt.

Das Tote Meer wird von der Halbinsel **Lisan** in zwei Teile geteilt. Der nördliche See ist etwa fünfzig Kilometer lang und hat eine Tiefe von fast vierhundert Metern. Die Wasseroberfläche liegt etwa 427 Meter unter dem Meeresspiegel. Der südliche See ist fünfundzwanzig Kilometer lang und nur zehn Meter tief. Man vermutet, daß dieser See früher noch flacher war und sich erst in neuerer Zeit gesenkt hat. Das gesamte Tote Meer ist etwa so groß wie der Genfer See.

Der Jordan ist der wasserreichste Fluß, der in das Tote Meer mündet. Der Salzsee hat keinen Abfluß. Alles Wasser verdunstet. Auf der östlichen Seite fließen vier Flüsse in das

Tote Meer. Der üppige Pflanzenwuchs in den Mündungsgebieten und Süßwasserquellen zeigen, wie fruchtbar dieses Gebiet ist, wenn es bewässert wird (1. MOSE 13, 10). Daß »die Ranken (des Weinstocks von Moab) über das Meer reichten«, daran erinnert Jeremia (48, 32). In der endzeitlichen Prophetie wird von einer Quelle gesprochen, die vom Tempel in Jerusalem ausgeht »und alles soll gesund werden, wohin dieser Strom kommt. Und es werden an ihm die Fischer stehen. Von En-Gedi bis nach En-Eglajim wird man die Fischgarne aufspannen; denn es wird dort sehr viele Fische von aller Art geben wie im großen Meer. Aber die Teiche und Lachen daneben werden nicht gesund werden, sondern man soll daraus Salz gewinnen. Und an dem Strom werden auf beiden Seiten allerlei fruchtbare Bäume wachsen...« (HESEKIEL 47, 9 - 12).

Mit dem Toten Meer ist unauslöschlich das Schicksal der Städte **Sodom** und **Gomorra** verbunden. Lot, der Neffe Abrahams, war dorthin gezogen, weil ihn die außergewöhnliche Fruchtbarkeit dieses Gebiets gelockt hatte. Daß »die Leute zu Sodom böse waren und sehr wider den Herrn sündigten«, hat ihn nicht abhalten können (1. MOSE 13, 13). Durch ihren üppigen Reichtum waren die Menschen selbstsüchtig, lieblos und genußsüchtig geworden und hatten jede Verantwortung vor Gott verloren.

Abraham wohnte in **Mamre**, einem Hain mit einer Therebinte in der Nähe von Hebron, wo er dem Herrn einen Altar baute (1. MOSE 13, 18). Von dort aus befreite er auch Lot, als er zusammen mit den Königen der Städte im Tal Siddim gefangengenommen worden war (1. MOSE 14). Immer wieder bestätigte Gott an Abraham die Zusage, ihm und seinen Nachkommen für alle Zeit dieses Land, »das du siehst« zu geben und seine Nachkommen zu machen wie den Staub auf Erden (1. MOSE 13, 14 - 18).

Hier begegneten Abraham vor seinem Beduinenzelt auch in der Mittagshitze jene drei Fremden, die ihm Gottes Plan offenbarten. Sie bestätigten erneut, daß Sara noch im hohen Alter einen Sohn bekommen sollte, was bei ihr Gelächter auslöste, als sie hinter dem Vorhang dem Gespräch lauschte. »Sollte dem Herrn etwas unmöglich sein?« sagten die Boten Gottes.

Dann enthüllten sie Abraham die bevorstehende Vernichtung Sodoms. »Abraham blieb stehen vor dem Herrn« und betete für diese Städte, die mit ihrem brutalen Egoismus keine Zukunft mehr hatten. Immer wieder brach die Frage auf: Wer kann die Sünde Sodoms aufwiegen? Wo ist der eine Gerechte, der das Gericht für alle Schuld tragen kann? (1. Mose 18)

Nur durch das Erbarmen der Boten Gottes wurde Lot aus der untergehenden Stadt Sodom errettet. Brutal erlebten sie selbst noch mit, wie die frivolen Bewohner der Stadt das Gastrecht mit Füßen traten. Nur die Töchter konnte Lot noch mitnehmen, die Schwiegersöhne blieben zurück, weil ihnen die Ankündung eines Strafgerichtes Gottes bloß lächerlich war (1. Mose 19, 1-15).

Mit Gewalt mußte Lot gezogen werden: »Rette dein Leben und sieh nicht hinter dich, ... damit du nicht umkommst!« Nur wenn er sich ganz abkehrte von der Stadt, die unter dem Gericht Gottes stand, konnte er gerettet werden. Die Frau Lots konnte sich nicht lösen, hing am Vergehenden und blickte zurück. Das wurde ihr Verderben. Wie hart und unerbittlich kann Gottes Gericht sein! Selbst die beiden Töchter, die Lot mitnehmen konnte, wurden ihm zum Verhängnis, weil sie offenbar auch vom wüsten Lebensstil Sodoms durch und durch vergiftet waren. Ihre Nachkommen sind dann die Moabiter und die Ammoniter (1. Mose 19). Sie wohnten östlich des Jordans. Der Name

Westufer des Toten Meeres

der heutigen jordanischen Hauptstadt Amman kommt von Ammon.

Davon zu unterscheiden sind die Edomiter, die nach der Bibel auf Esau zurückgehen (1. Mose 36).

Die alten Städte Sodom und Gomorra aus der Zeit Abrahams ca. 1900 v. Chr. können, wie auch die anderen Städte der Ebene **Siddim**, nicht mehr eindeutig lokalisiert werden. Möglich ist, daß die Archäologen doch noch Entdeckungen machen. Die einzige Stadt in der Ebene Siddim, die verschont blieb, war Zoar. Diese Stadt lag vermutlich östlich am Gebirge Moab und nicht da, wo später die nabatäische Festung auf der Westseite gebaut wurde. Sodom und Gomorra lagen wahrscheinlich im Südwesten des Toten Meeres oder südlich bei den Bergen, die heute noch den Namen von Sodom und Gomorra tragen.

Die einzigartige Landschaft am Toten Meer läßt sich am besten durch Erdstöße, Eruptionen und tektonische Verschiebungen verstehen, die brennbare Stoffe wie Gase, Erdöl und Asphalt freisetzten. Die Schwefelquellen in den heutigen Badeorten der Oase Newe Zohar und En-Boqeq sowie der heißen Quellen von Hamei-Zohar deuten auch darauf hin: »Da ließ der Herr Schwefel und Feuer regnen vom Himmel herab auf Sodom und Gomorra!« (1. Mose 19,24).

Der biblische Bericht gibt die einleuchtendste Erklärung für diese geologische Einmaligkeit.

Das neue Sodom entstand mit der industriellen Ausbeute der großen Vorkommen von Pottasche als Düngemittel im Jahr 1934. Später, im Jahr 1953, entstanden die Dead Sea Works, die aus dem Toten Meer die kostbaren Minerale gewinnen. Der Berg Har Sedom mit einer Höhe von 240 Metern über dem Wasserspiegel ganz in der Nähe dieser Werke besteht zu 98 Prozent aus Salz. Gänge und

Galerien führen bis zu 300 Meter tief in die kühle Salzwelt, wo durch die Jahrhunderte Salz gewonnen wurde.

Immer wieder erinnert die Bibel an das schwere Gottesgericht: Er machte, daß »fruchtbares Land zur Salzwüste wurde wegen der Bosheit derer, die dort wohnten« (PSALM 107, 34). Das Geschehen dort soll zur Umkehr rufen: »Ich richtete unter euch Zerstörung an, wie Gott Sodom und Gomorra zerstörte, daß ihr waret wie ein Brandscheit, das aus dem Feuer gerissen wird; dennoch bekehrt ihr euch nicht zu mir, spricht der Herr« (AMOS 4, 11). Der Prophet Zefanja spricht von Sodom und Gomorra als einem »Unkrautfeld und einer Salzgrube und ewigen Wüste« (2, 9). Daß auch noch andere Städte in der Ebene Siddim betroffen waren, berichtet die Bibel: »All ihr Land hat er (Gott) mit Schwefel und Salz verbrannt, daß es weder besät werden kann noch etwas wächst noch Kraut darin aufgeht, gleichwie Sodom und Gomorra, Adma und Zebojim zerstört sind, die der Herr in seinem Zorn und Grimm zerstört hat (5. MOSE 29, 22).

Gott will aber nicht zerstören, er will retten: »Wie kann ich dich preisgeben, Ephraim, und dich ausliefern, Israel? Wie kann ich dich preisgeben gleich Adma und dich zurichten wie Zebojim? Mein Herz ist andern Sinnes, alle meine Barmherzigkeit ist entbrannt!« (HOSEA 11, 8). Dennoch gilt die Warnung: »Die Missetat der Tochter meines Volks ist größer als die Sünde Sodoms, das plötzlich unterging, und keine Hand kam zu Hilfe« (KLAGELIEDER 4, 6).

Auch Jesus hat das Gottesgericht von Sodom und Gomorra oft in seinen Reden benützt. Wieviel mehr muß das Gericht Gottes die Städte treffen, die Jesu Taten erlebten und doch keine Buße taten. »Denn wenn in Sodom die Taten geschehen wären ... es stünde noch heutigen Tages.« Und dann spricht Jesus vom letzten Endgericht: »Es wird

Die Jericho-Ebene von Westen

dem Land der Sodomer erträglicher ergehen am Tage des Gerichts als dir« (MATTHÄUS 11, 23 f.). Daß dieses letzte Gottesgericht ganz überraschend hereinbrechen wird, verdeutlicht Jesus an diesem Geschehen: »Ebenso, wie es geschah zu den Zeiten Lots: Sie aßen, sie tranken, sie kauften, sie verkauften, sie pflanzten, sie bauten; an dem Tage aber, als Lot aus Sodom ging, da regnete es Feuer und Schwefel vom Himmel und brachte sie alle um« (LUKAS 17, 28 f.).

Gott »hat die Städte Sodom und Gomorra zu Schutt und Asche gemacht und zum Untergang verurteilt und damit ein Beispiel gesetzt den Gottlosen, die hernach kommen würden; und hat den gerechten Lot errettet, dem die schändlichen Leute viel Leid antaten mit ihrem ausschweifenden Leben. Denn der Gerechte, der unter ihnen wohnte, mußte alles mit ansehen und anhören und seine gerechte Seele von Tag zu Tag quälen lassen durch ihre bösen Werke« (2. PETRUS 2, 6 ff.).

Auf der Flucht in der Bergfeste Masada

Davids Versteck auf Masada – Gott, meine Bergfeste! – Der törichte Nabal und die hübsche Abigail – Der gestohlene Spieß und der Wasserkrug – Davids Asyl bei den Philistern – Der Luxus des Herodes in der heißen Wüste – Nie wieder Masada!

Wenn auch der Name **Masada** keine Erwähnung in der Bibel findet, so kommt doch der einzigartig zu verteidigende Tafelberg in der Bibel vor. Hierher in diese natürliche Festung, 20 Kilometer südlich von En-Gedi am Toten Meer, direkt an der Furt durch das Tote Meer bei der Halbinsel Lisan nach Moab, wird sich David mit seinen Männern auf der Flucht vor Saul zurückgezogen haben (1. SAMUEL 24, 1.23). Das ist naheliegend, weil die Höhlen des Felsmassivs schon vor 6000 Jahren bewohnt waren und sich auch Spuren der Besiedlung des Hochplateaus aus der Zeit etwa um 1000 v. Chr. dort finden. Wasser wird damals schon in Zisternen gesammelt worden sein. Neben der Oase En-Gedi war Masada einer der wenigen Orte, an denen man in der Wüste überleben konnte.

Saul, der erste König Israels, haßte David eifersüchtig als Konkurrenten und wollte ihn umbringen, als der Geist Gottes von ihm gewichen war. Nachdem David vom Hof Sauls hatte fliehen können, hielt er sich zunächst nordwestlich von Hebron auf. In der Höhle Adullam sammelte er alle, »die in Not und Schulden und verbitterten Herzens waren« (1. SAMUEL 22, 1-5). Er beschützte mit seinen Männern die Stadt Keïla (**Kegila**) vor den Angriffen der Philister, die Dreschplätze berauben wollten. David mußte aber wieder fliehen, weil die Bewohner nicht bereit waren, ihn vor Saul zu schützen (1. SAMUEL 23, 1-13).

So floh David weiter in die Wüste **Sif**. Saul suchte ihn die ganze Zeit, fand ihn aber nicht. Dafür begegnete Jonatan seinem Freund David in Horescha, südlich von Hebron, und »stärkte sein Vertrauen auf Gott«, um die ganzen Leiden zu ertragen und doch geduldig auf Gottes Verheißung zu warten (1. SAMUEL 23, 14-18). Die Leute von Sif aber verrieten David an Saul: »Ist's nun, König, deines Herzens Verlangen, so wollen wir David in des Königs Hände übergeben.« David entkam, weil Saul plötzlich weggerufen wurde und wieder gegen die Philister kämpfen mußte (1. SAMUEL 23, 27 f.).

Um sicher zu sein, flüchtete David jetzt in die »Bergfesten« bei **En-Gedi**. Dort kam es dann zu jener kritischen Begegnung in der Höhle, wo David dem Saul ein Stück seines Mantels abschnitt, sich aber beharrlich weigerte, den Gesalbten Gottes zu töten (1. SAMUEL 24). Mit unheiligen Mitteln kann man nie Gott dienen und Frucht für ihn schaffen.

Nach diesem Geschehen zog »David mit seinen Männern hinauf auf die Bergfeste« (1. SAMUEL 24, 23). Das gewaltige und 440 Meter hoch erhabene Felsmassiv von Masada ist, wie manche andere solcher natürlichen Felsenfestungen, mit dem schroffen Steilabfall der Felsen zum Toten Meer hin kaum einnehmbar. Damals war der Schlangenpfad, der steil hinaufführt, nicht wie heute ausgebaut und gesichert, sondern sehr gefährlich zu begehen. Josephus, der jüdische Schriftsteller, schreibt von den tiefen

Schlünden beiderseits des Weges, »deren entsetzlicher Anblick Mut in Schrecken wandelt«. Die Rampe wurde ja erst über tausend Jahre später von den römischen Belagerern an der Westseite von Masada aufgeschüttet.

Wie wird David, als er hier endlich sicher war, aufgeatmet und dankbar sein Lied für alle erlebte Rettung gesungen haben: »Herzlich lieb habe ich dich, Herr, meine Stärke! Herr, mein Fels, meine Bergfeste, mein Erretter! Mein Gott, mein Hort, auf den ich traue, mein Schild und Berg meines Heils und mein Schutz!« (PSALM 18, 2 f.). Die Sicherheit dieser Festung war für ihn nur ein Abbild der viel verläßlicheren Sicherheit in Gott. »Wer ist ein Fels, wenn nicht unser Gott?« und dann erinnert er an die gefährlichen Wanderungen über Abgründe und Felsklüfte: »Er macht meine Füße gleich den Hirschen und stellt mich auf meine Höhen« (PSALM 18, 32 - 34).

Immer wieder findet man das Wort, das hier für Bergfeste gebraucht wird, in den Psalmen Davids:

»Du bist mein Fels und meine Bergfeste, und um deines Namens willen wollest du mich leiten und führen« (PSALM 31, 4).

»Sei mir ein starker Hort, zu dem ich immer fliehen kann, der du zugesagt hast, mir zu helfen; denn du bist mein Fels und meine Bergfeste ... hilf mir aus der Hand des Ungerechten und Tyrannen« (PSALM 71, 3 - 4).

»Wer unter dem Schirm des Höchsten sitzt und unter dem Schatten des Allmächtigen bleibt, der spricht zu dem Herrn: Meine Zuversicht und meine Bergfeste, mein Gott, auf den ich hoffe!« (PSALM 91, 1 - 2)

»Gelobt sei der Herr, mein Fels, der meine Hände kämpfen lehrt und meine Fäuste, Krieg zu führen, meine Hilfe und meine Bergfeste, mein Schutz und mein Erretter« (PSALM 144, 1 - 2).

Von hier aus ging David wieder in das judäische Bergland, um sich Proviant zu besorgen. Bei der kleinen Stadt **Karmel**, etwa 12 Kilometer südöstlich von Hebron, passierte die Geschichte mit dem rohen und boshaften Nabal und seiner so verständigen und schönen Frau Abigail. Während seine großen Viehherden in der Wüste Paran (= Maon) weideten, schor er Schafe in Karmel. Für David war es ein Schock, auf einen solchen »heillosen Menschen« zu treffen. »Denn wie sein Name ist, so ist er: er heißt ›Tor‹ und Torheit ist bei ihm.« Es ist dann die gewandte Abigail, die den tief erzürnten David besänftigt mit dem Hinweis auf Gottes Behüten: »Das Leben meines Herrn soll eingebunden sein im Bündlein der Lebendigen bei dem Herrn, deinem Gott« (1. SAMUEL 25, 29).

In der Wüste Sif, nördlich von Karmel in **Maon**, verschonte David König Saul zum zweitenmal, als er in die Wagenburg eindrang und Spieß und Wasserkrug des schlafenden Königs entwendete (1. SAMUEL 26). Über ein Tal hinweg rief David am nächsten Morgen zu Saul hinüber: »Der König von Israel ist ausgezogen, einen einzelnen Floh zu suchen!« Und wie er dann die geraubten Stücke wieder zurückgab: »Wie heute dein Leben in meinen Augen wert geachtet gewesen ist, so werde mein Leben wert geachtet in den Augen des Herrn, und er errette mich aus aller Not!« (1. SAMUEL 26, 20.24)

Überraschend war dann, daß David nach allen mutigen Glaubensproben aufgab, offenbar in einer schweren Depression: »Ich werde doch eines Tages in die Hände Sauls fallen; es gibt nichts Besseres für mich, als daß ich entrinne ins Philisterland.« Daß das glaubensloses und menschliches Denken in einem verzagten Herzen ohne Gottes Führung war, deutet die Bibel an (1. SAMUEL 27, 1). So wurde David zwar Fürst der Philister und bekam die

Herrschaft über das Stadtkönigtum von **Ziklag**, aber diese Zeit wurde zu einer ganz dunklen und auch schweren Zeit, die nicht mit Gottes Willen und seinem Wort im Einklang stand. Fast hätte, wenn Gottes gnädige Fügung ihn nicht davor bewahrt hätte, David noch mit den Philistern gegen sein eigenes Volk Israel kämpfen müssen (1. SAMUEL 29,1 - 11).

Um wieder die Geschichte von Masada, der Bergfeste am Toten Meer zu betrachten, so wurde sie von Herodes dem Großen zwischen 39 und 31 vor Christus aus Furcht vor revolutionären Unruhen zu einer Festung und Fluchtburg ausgebaut. Schon hundert Jahre früher hatten die Makkabäer und Hasmonäer hier eine Burg errichtet.

An der nördlichen Seite des Felsens war der dreistökkige Nordpalast des Herodes »hängend« an dem steilen Felsen kunstvoll befestigt. Dort wollte er seine Feste feiern. Noch heute kann man das mit kostbaren Fresken und Säulen geschmückte Bad des Tyrannen mitten in der heißen Wüste besichtigen. Der große und repräsentative Westpalast dagegen war die offizielle Residenz des Herodes. Hier fand man die ältesten Mosaiken in Israel. Herodes hatte sich hier auch ein Schwimmbad anlegen lassen. In großen Zisternen wurde das Wasser gesammelt.

Eigentlich hatte Herodes diese Burg Masada gegen die Nabatäer bauen lassen. Er brauchte sie aber viel mehr, weil der Haß der Juden gegen ihn grenzenlos war. Die Angst trieb Herodes dazu, immer mehr Waffenkammern, Türme und Befestigungen zu bauen. Masada gehörte mit dem Herodium und Machärus zu einer Kette von Fluchtburgen, in denen er sich in Sicherheit bringen konnte, sobald es für ihn brenzlig werden sollte, ohne auf den Luxus von Jerusalem verzichten zu müssen. Herodes war ein Machtmensch, der vor keinem noch so heimtückischen Verbrechen zurückschreckte.

Mit dem Tod von Herodes dem Großen kam Masada unter römische Militärverwaltung. Nach der Zerstörung Jerusalems kämpfte hier eine Gruppe Aufständischer der Zelotenpartei mit dem Namen »Sikarier« (= Dolchmänner) gegen die Römer. Die Verteidigung wurde aber durch eine lange Belagerung und eine von Kriegsgefangenen aufgeschüttete Rampe, auf der ein Rammbock mit Belagerungsturm errichtet wurde, aussichtslos. 960 Männer, Frauen und Kinder nahmen sich hier oben das Leben, um nicht in die Hände der Römer zu fallen.

»Nie wieder Masada!« Dieses Bekenntnis des neuen Israel muß hier genauso empfunden werden wie die längst vergangene Geschichte.

Fruchtbare Oase En-Gedi am Toten Meer

Die Höhle beim Steinbockfelsen – Verschwenderisch quillt das Wasser – Die Quelle der Sulamith – Im finstern Tal fürchte ich mich nicht! – Der abgeschnittene Mantelzipfel – Die Festung an der Steige – Wo die Sänger den Kriegszug anführten

Die großen Plantagen des Kibbuz von **En-Gedi** zeigen, wie fruchtbar auch der Boden am Westufer des Toten Meeres ist. Er muß nur mit Fleiß bearbeitet und bewässert werden. Diese Felder gehören zu den fruchtbarsten von ganz Israel. Von Salomo stammen die Worte: »Mein Freund ist mir eine Hennablüte aus den Weinbergen von En-Gedi!« (HOHESLIED 1, 14). Der Hennastrauch liefert ein wohlriechendes Öl und einen Farbstoff, der zum Färben und Schminken bis heute benützt wird.

En-Gedi ist die am tiefsten gelegene Oase der Welt. Wenn man von ihren großen Palmenhainen auf die riesigen Felsen und jäh abstürzenden Klippen blickt, dann kann man zwei tief eingeschnittene Schluchten erkennen, in denen das Süßwasser aus vier Quellen strömt. Von den Tieren, die sich hier am Wasser sammeln, kommt auch der Name her, die »Quelle des Zickleins«. Hier an der tiefsten Stelle des syrisch-afrikanischen Grabenbruchs und der wasserreichsten Stelle der Wüste Juda gedeihen üppig blühende Blumen, die bis nach Europa zum Verkauf geflogen werden, vielerlei Pflanzen und wunderbar blühende Flammenbäume.

Hierher ist David geflüchtet, als er sich vor Saul verstecken mußte. Der König von Israel aber hatte gehört, daß David in En-Gedi sei. Er nahm dreitausend auserlesene Soldaten und suchte David in Richtung auf die **Steinbockfelsen** (1. SAMUEL 24, 3). Noch heute findet man in der Umgebung der Oase ganze Herden von Steinböcken, die sich kaum vor Menschen fürchten. Aber auch Klippdachse, Gazellen, Felskaninchen und andere Tiere.

Verschiedene Wanderwege sind heute angelegt, die auch zu dem großen, elf Meter hohen Wasserfall führen, der verschwenderisch das Wasser über eine bemooste Wand und dann durch Schilf und Gestrüpp des dürren und heißen Tales fließen läßt. Hoch an den Felsen erkennt man Höhlen, die kaum zugänglich sind.

Das »Tal der Todesschatten«, überall könnte es hier sein. Es wäre gut möglich, daß hier in dieser Einsamkeit der Schluchten und fast senkrechten Felswände, die 450 Meter hoch aufsteigen, David das Lied gedichtet hat, das heute in allen Ländern und Sprachen Zeugnis von Vertrauen und Geborgenheit ablegt:

»Der Herr ist mein Hirte,
mir wird nichts mangeln.
Er weidet mich auf einer grünen Aue
und führet mich zum frischen Wasser.
Er erquicket meine Seele.
Er führet mich auf rechter Straße
um seines Namens willen.
Und ob ich schon wanderte im finstern Tal,
fürchte ich kein Unglück;
denn du bist bei mir,

dein Stecken und Stab trösten mich.
Du bereitest vor mir einen Tisch
im Angesicht meiner Feinde.
Du salbest mein Haupt mit Öl
und schenkest mir voll ein.
Gutes und Barmherzigkeit
werden mir folgen mein Leben lang,
und ich werde bleiben
im Hause des Herrn immerdar.«

(PSALM 23)

Nicht als selbstverständlich, sondern als unbegreifliches Wunder wird hier mitten in der heißen Wüste das satte Grün der Pflanzen erlebt und das frisch sprudelnde Wasser in seiner ganzen Schönheit und Leben schaffenden Kraft erkannt. Man sollte auch noch auf die südlichen Felsen hochsteigen, nicht nur zur En-Gedi-Quelle, sondern auch zur Quelle En-Sulamith, nach der Geliebten im Hohenlied genannt. Wie das klare Wasser unter den Bäumen mitten in der Wüste oberhalb des Toten Meeres sprudelt und Pflanzen und Bäumen üppiges Leben vermittelt, das hat hier schon früh Menschen angezogen. Ganz in der Nähe fand man einen fast 6000 Jahre alten Tempel.

Hier in einer der Höhlen hat sich Saul zurückgezogen und ahnte nicht, daß sich dort auch David mit seinen Männern verborgen hielt. David schnitt nur einen Zipfel vom Mantel des schlafenden Königs ab, um ihm dann am nächsten Morgen von der anderen Talseite her zuzurufen: »Daß ich den Zipfel von deinem Rock schnitt und dich nicht tötete, daran erkenne und sieh, daß meine Hände rein sind von Bosheit und Empörung ... Der Herr wird Richter sein zwischen mir und dir und mich an dir rächen, aber meine Hand soll dich nicht anrühren« (1. SAMUEL 24, 12 - 13). Und

Saul weinte und sagte: »Du bist gerechter als ich! ... Ich aber habe dir Böses erwiesen ... Der Herr vergelte dir Gutes für das, was du heute an mir getan hast!« An David erinnert heute das Tal mit dem Wasserfall, das Nachal David heißt.

Oberhalb dieses Tales führt ein Weg zur strategischen Warte, die in Israel Mizpe genannt wird. Dort sind Überreste der Ruine einer Festung zu sehen, achtzehn auf zwölf Meter. Hier führte zur Zeit der Könige Israels der einzige Weg von der Oase über die En-Gedi-Steige auf die Höhe der Berge Judas nach Tekoa, Hebron, Bethlehem und Jerusalem. Bis hierher waren schon zur Zeit des judäischen Königs Joschafat in Jerusalem im neunten Jahrhundert v. Chr. die feindlichen Heere der Moabiter und Ammoniter »von jenseits des Meers« vorgerückt. Noch in der Mitte des 19. Jahrhunderts n. Chr. wird eine Furt von der östlichen Halbinsel Lisan erwähnt, durch die man die restlichen drei Kilometer bis zur westlichen, judäischen Küste hinüberwaten konnte. Vermutlich haben die feindlichen Heere das Tote Meer über diese Furt gegenüber von Masada überquert. Es war ein tollkühner, plötzlicher Handstreich. »Sie sind schon in **Hazezon-Tamar**, das ist En-Gedi!« hieß die erschütternde Schreckensbotschaft in Jerusalem. Der König Joschafat ließ das gesamte Volk von Juda in den Tempel rufen und breitete die ganze bedrängende Not im Gebet vor Gott aus: »Unser Gott, willst du sie nicht richten? Denn in uns ist keine Kraft gegen dies große Heer, das gegen uns kommt. Wir wissen nicht, was wir tun sollen, sondern unsere Augen sehen nach dir!« Da sprach aus der Menge der Gemeinde Jehasiël in der Kraft des Geistes Gottes: »Fürchtet euch nicht, nicht ihr kämpft, sondern Gott. Morgen sollt ihr gegen sie hinabziehen. Wenn sie den Höhenweg von Ziz heraufkommen, werdet ihr sie treffen, wo das Tal endet, vor der Wüste Jeruël. Aber nicht ihr werdet dabei kämpfen; tretet nur hin und steht und seht die Hilfe des Herrn, der mit euch ist.«

Und sie machten sich auf und zogen zur Wüste Tekoa. Joschafat bestellte Sänger für den Herrn in heiligem Schmuck, die vor den Soldaten herzogen und nur sangen: »Danket dem Herrn!«

Als aber Juda an den Ort kam, da man in die Wüste sehen kann, da lagen nur Tote auf dem Boden. Die feindlichen Heere hatten sich durch ein strategisches Versehen gegenseitig umgebracht. »Und sie teilten drei Tage die Beute aus ... Am vierten Tag aber kamen sie zusammen im Lobetal, denn dort lobten sie den Herrn« (2. CHRONIK 20).

Jericho – die älteste bisher bekannte Stadt der Erde

Siebzehnmal zerstört – Die störrische Eselin – Statt bestelltem Fluch kam Segen – Es waren nur Schofarhörner – Ungenießbares Wasser – Das Ende eines Königs – Sagenhafter Luxus der Oase – Ein Finanzbeamter lernt anders rechnen – Ein Blinder sieht klar

Als erste kanaanäische Stadt fiel Jericho in die Hände der Israeliten. Wahrscheinlich geht der Name der Stadt auf den semitischen Mondgott Jarach zurück. Die Archäologen haben die verschiedenen Städte aus der vorisraelischen Zeit ausgegraben. Dazu gehört auch ein bis zu neun Meter hoher Turm aus der Steinzeit, also etwa 7000 Jahre v. Chr., der gut sichtbar im Tell freigelegt ist. Damals war Jericho schon beinahe so groß wie der heutige Tell, hatte etwa dreitausend Einwohner und war eine wehrhafte Stadt mit Mauern, Turm und einem Graben. Unter den Hausböden vergrabene Schädel deuten auf Ahnenkult hin. Mit diesen Entdeckungen ist Jericho die älteste bisher bekannte Stadt der Welt.

Allein zwischen 3150 und 2200 v. Chr. soll das kanaanäische Jericho siebzehnmal zerstört und immer wieder aufgebaut worden sein. Die Einordnung der biblischen Berichte in die archäologischen Funde bereitet bis heute Schwierigkeiten, nicht zuletzt weil der Auszug der Israeliten aus Ägypten verschieden datiert wird. Nachdem Forscher lange Zeit die Zuverlässigkeit der biblischen Aussagen bestritten haben, wird jetzt wieder die Eroberung durch die Israeliten in Verbindung mit einer nachgewiesenen Zerstörung der Stadt um 1400 v. Chr. für möglich gehalten.

Die Elisaquelle in der Jordansenke, 259 Meter unter dem Meeresspiegel, fördert pro Minute 4500 Liter Wasser. Das verwandelt die öde Wüstenlandschaft am Toten Meer in eine paradiesische Oase. Hier liefen die wichtigen Fernstraßen über die Jordanfurten nach Moab, zur Ebene Jesreel, zum Roten Meer und zum Gebirge Juda.

Nach 40jährigem Wüstenzug lagerten sich die Israeliten zum Entsetzen der Moabiter jenseits von Jericho in der östlichen Jordanebene. Im Wissen, daß gegenüber Israel alle Machtmittel versagen, ließ der moabitische Herrscher Balak den Seher Bileam holen: »So komm nun und verfluche mir das Volk! Vielleicht kann ich's dann schlagen und aus dem Lande vertreiben.« Als aber der Seher Bileam diesem Ansinnen nicht folgen konnte, drängte Balak immer stärker. Hier konnte Bileam noch wehren: »Wenn mir Balak sein Haus voll Silber und Gold gäbe, so könnte ich doch nicht das Wort des Herrn, meines Gottes, übertreten, weder im Kleinen noch im Großen.« Unklar bleibt, warum Bileam dann doch, trotz seiner bisher klaren Haltung, aufbricht und sich auf den Weg zu Balak macht. Sein Reittier, eine Eselin, war weiser als Bileam. Die sah den Engel Gottes, der den Weg zwischen den Weinbergen versperrte. Bileam schlug aber ärgerlich auf das störrische Tier ein, bis er erkannte, daß Gott ihm in den Weg getreten war. Mit dieser Erfahrung kam Bileam nun zum moabitischen Herrscher Balak und sagte ihm offen: »Aber wie kann ich etwas anderes reden, als was mir Gott in den Mund gibt? Nur das kann ich reden!« Und so sprach Bileam die großen Segensworte, die Gott ihm offenbarte: »Siehe, das Volk wird abgesondert wohnen und sich nicht zu den Heiden rechnen ... Man sieht kein Unheil in Jakob und kein Verderben in Israel. Der Herr, sein Gott, ist bei ihm, und es jauchzt dem König zu!«

Diese Worte über die einzigartige Sonderstellung Israels unter den Völkern der Erde hat noch niemand aufheben oder außer Kraft setzen können. Sie haben sich durch die Jahrtausende erfüllt und bestätigt. Die Absonderung Israels bleibt Gottes Geheimnis mit seinem Volk. Auch in der Zerstreuung bleibt Israel doch ein Volk. Obwohl Israel mitten unter den Völkern lebt, wird es in seiner Isolierung doch nie von anderen Völkern aufgesogen. Israel bleibt anders als alle Völker, einzigartig, als Isolierte zerstreut, als Zerstreute isoliert, aber immer ein Volk. Und doch unter Gott, gesegnet auch in schwersten Gerichtszeiten. Allein Gott mit Israel, das ist das Geheimnis seiner Geschichte.

Auf die Proteste des Herrschers Balak hin bestätigt Bileam: »Gott ist nicht ein Mensch, daß er lüge ... Sollte er etwas sagen und nicht tun? Sollte er etwas reden und nicht halten?« Dann geht Bileam noch weiter, als ihm Gott die Augen öffnet, und er weist auf den kommenden Messias: »Ich sehe ihn, aber nicht jetzt; ich schaue ihn, aber nicht von nahem. Es wird ein Stern aus Jakob aufgehen und ein Zepter aus Israel aufkommen!« (4. Mose 22-24)

Hier in der Ebene unterhalb des Berges Nebo auf dem Gebirge Pisga, Jericho gegenüber, offenbarte Gott Mose noch einmal, wie wichtig es ist, die Götzenbilder zu zerstören und sich nicht mit den heidnischen Völkern dort zu vermischen (4. Mose 33,50-56).

Daß vor dem Wüstenvolk Israel die starken Mauern der befestigten Stadt Jericho fielen, führt die Bibel nicht auf akustische Schwingungen der Posaunen zurück, sondern auf Gottes helfendes Eingreifen. Gott hatte es Josua zugesagt, als er die schwierige Aufgabe als Führer Israels von

Mose übernehmen mußte: »Es soll dir niemand widerstehen dein Leben lang. Wie ich mit Mose gewesen bin, so will ich auch mit dir sein. Ich will dich nicht verlassen noch von dir weichen« (JOSUA 1,5).

Die Priester trugen die Lade der Gegenwart Gottes sieben Tage lang um die Stadt und bliesen in die Schofarhörner, jene gekrümmten Widderhörner, die mit ihren sehr kurzen Tönen, anders als die heute üblichen Trompeten, gemeinhin als Signalhörner benützt wurden.

Schofarhornbläser

Es war eine Frucht des Glaubens, weil Gott das Ziel verheißen hatte: »Durch den Glauben fielen die Mauern Jerichos, als Israel sieben Tage um sie herumgezogen war« (HEBRÄER 11,30).

Josua verflucht den, der die dem Bann verfallene Stadt wieder aufbaut (JOSUA 6,26). Als es dann zur Zeit des Königs Ahab (ca. 875 - 853 v. Chr.) Hiël aus Bethel doch wagte, erfüllte sich der Fluch Josuas und zwei Söhne Hiëls kamen um (1. KÖNIGE 16,34). Man hat vermutet, daß diese Tat des Frevels wider Gottes Wort ganz bewußt mit Menschenopfern vollzogen wurde.

Bei Jericho muß zur Zeit Elias ein Zentrum der Prophetenschüler gewesen sein (2. KÖNIGE 2,4 ff.). Das Wunder an der Elisaquelle unmittelbar bei der alten Stadt Jericho, bei dem der Prophet das böse und unfruchtbar machende Wasser gesund machte, knüpft noch einmal an den schrecklichen Bann Gottes über Jericho an. Die Stadt sollte

Berg der Versuchung

ja unbewohnbar sein. Hier in der unmittelbaren Nähe des Toten Meeres wußte man sehr wohl, daß Salz Wasser nur ungenießbar macht. Darum erkannten alle, wie »die Worte Elisas« sich erfüllten: »So spricht der Herr: Ich habe dies Wasser gesund gemacht; es soll hinfort weder Tod noch Unfruchtbarkeit von ihm kommen« (2. KÖNIGE 2, 19 - 22).

In der Nähe Jerichos wurde der letzte König Judas, Zedekia, auf der Flucht von den Chaldäern ergriffen. Furchtbar handelten die Feinde an dem König. Vor seinen Augen erschlugen sie seine Söhne, weil sie jede Thronnachfolge unmöglich machen wollten. Dann blendeten sie Zedekia die Augen und brachten ihn ins Exil nach Babel (2. KÖNIGE 25, 5 - 7).

Jericho zur Zeit des Neuen Testaments lag an einer anderen Seite der heutigen Stadt, nämlich am Ausgang des tief eingeschnittenen Wadi Kelt. Die dortige Festung sicherte Jerusalem von Osten her. Auch diese Stadt ist ausgegraben. Herodes baute wie immer auch hier unsagbar prachtvoll: Winterpalast, Hippodrom, Amphitheater. Das alles in einer unvergleichlich herrlichen und fruchtbaren Parklandschaft mit Teichen, weiten Wäldern von unvergeßlich schönen Palmen und unzählig vielen Balsamstauden. Die wurden geritzt, um das kostbare Balsamharz zu gewinnen, das nicht nur als Arznei überall sehr geschätzt war. Als »Balsam von Jericho« bewahrten es die vornehmen Frauen in ihren Schmuckkästchen. Aber auch Datteln, Myrrhen, Indigo und Feigen wurden von hier ausgeführt. Dieses fruchtbare Paradies schuf Herodes durch ein großartiges Bewässerungssystem mit fünf Aquädukten, die mehr als 45 Quadratkilometer des trockenen Wüstenbodens bewässerten.

Das war die Stadt Jericho, durch die Jesus zog. Sehr exakt berichtet der Arzt Lukas von einem Maulbeerfeigenbaum, also kein Maulbeerbaum, von dem sonst auch im

Evangelium viel erzählt wird, sondern ein Ficus sycomorus, in den der Leiter der Zollverwaltung geklettert war. Diesen Baum kann man noch heute in einigen Städten am Straßenrand finden. Er wird viel größer als der Maulbeerbaum, bis zu 15 Meter hoch. Seine Krone kann einen Umfang von bis zu 25 Metern erreichen und ist immer grün. In der wasserreichen Oase Jericho wuchsen zur Zeit Jesu solche schattenspendenden Bäume am Straßenrand.

Dieser Oberzöllner mit Namen Zachäus war klein von Person und »er begehrte, Jesus zu sehen, wer er wäre«. Die römische Besatzungsmacht beutete mit solchen Kollaborateuren skrupellos die Bevölkerung aus und diese waren entsprechend verhaßt. Als Steuerpächter zahlten sie zwar an die Römer die festgesetzte Summe, schlugen aber aus ihren so erworbenen Rechten nun ein Vielfaches heraus. In der Grenzstadt Jericho gab es bei den vielen Karawanenstraßen viele Möglichkeiten, überhöhte Zölle durch eine große Zahl angestellter Mitarbeiter, eben Zöllner, eintreiben zu lassen.

Bei den Ausgrabungen Jerichos hat man auch einen luxuriösen, kostbaren Mosaikboden in einem Bürgerhaus gefunden, der ein Bild vom großen Überfluß der damaligen wohlhabenden Schicht vermittelt. Bei der Erwähnung, daß Zachäus Oberzöllner war, wird noch darauf besonders hingewiesen: er war sehr reich!

»Als Jesus an die Stelle kam, sah er auf und sprach zu ihm: Zachäus, steig eilend herunter; denn ich muß heute in deinem Haus einkehren!« Die Kritik, daß Jesus bei solch einem offensichtlichen Gauner einkehrte, beantwortete Jesus: »Der Menschensohn ist gekommen, zu suchen und selig zu machen, was verloren ist« (LUKAS 19,1-10).

Das Mißtrauen der Schriftgelehrten war unbegründet, weil ja das ganze Verhalten des Zachäus durch Jesus verändert wurde. Er machte durch seine Gaben für die Armen deutlich, wie Jesus ihn völlig verändert hatte. Während sonst Rabbinen den doppelten Zehnten, also 20 Prozent, als Höchstmaß hatten, gibt er jetzt 50 Prozent seines Einkommens. Während bei einer Verschuldung sonst in Israel die Regel galt, daß man zur Erstattung des Betrags noch ein Fünftel dazugeben mußte (4. MOSE 5, 6 f.), so geht jetzt Zachäus auf die vierfache Schadenssumme, wie sie sonst nur noch einmal von David in großer Entrüstung genannt wurde (2. SAMUEL 12, 6). Nun gab es in Jericho, wie die Ausgrabungen zeigen, ein Christenhaus. Man könnte sich denken, daß zwei Jahre vor dem Kommen Jesu in die Stadt das Gewissen des Zachäus schon durch die Bußpredigt von Johannes, dem Täufer, erwacht war, der ganz in der Nähe wirkte.

In Jericho tat Jesus auch ein großes Wunder. Bei der Heilung des Blinden wird uns von Markus noch der Name mitgeteilt, was sonst bei Geheilten im Evangelium ganz selten ist: Bartimäus. Offenbar kannte dieser Mann die Weissagung aus JESAJA 35, 5. Darum rief er: »Jesus, du Sohn Davids, erbarme dich meiner!« Das war das Bekenntnis zu Jesus als dem Messias aus dem Davidsgeschlecht. Obwohl er von den Umstehenden angefahren wurde, er solle still sein, rief er nur noch viel mehr. Und Jesus hörte seinen Schrei und sagte ihm: »Geh hin, dein Glaube hat dir geholfen!« Er aber folgte Jesus nach auf dem Weg. Gemeint ist die Straße der Festpilger nach Jerusalem (MARKUS 10, 46-52). Daß bei Matthäus zwei namenlose Blinde genannt werden, muß kein Widerspruch sein (MATTHÄUS 20, 29-34). Markus war der Name wichtig. Vielleicht war Bartimäus ein bekanntes Glied in der ersten christlichen Gemeinde? Dann wäre es einsichtig, daß man sich beim Berichten vor allem auf seine Heilung beschränkt hätte.

Gilgal – der noch nicht aufgefundene Ort

Ein Mittelpunkt in Israel – Der Fürst im Heere Gottes – Ein heimtückischer Meuchelmord – Der verworfene König – Tod im Topf! – Der Geist der Hurerei beherrscht den Gottesdienst

Nördlich oder auch östlich von Jericho wird man diesen wichtigen biblischen Ort suchen müssen. Hier lagerte Israel im Heerlager nach dem Durchzug durch den Jordan. Hier rüstete man sich zur Eroberung Jerichos. Die junge Generation wurde beschnitten und das Passafest gefeiert, weil darin Gottes heiliges Richten und seine große Barmherzigkeit als gegenwärtige Erfahrung erlebt wird (JOSUA 5, 2 - 12). Die Gabe der wunderbaren Wüstenspeise Manna hörte hier auf, weil sie jetzt im verheißenen Land sich selbst ernähren konnten. Und hier begann Josua, die Stammesgebiete aufzuteilen.

In Gilgal richtete Josua auch noch ein Erinnerungsmal an das mächtige Gotteswunder vom trockenen Durchzug durch den Jordan auf. Zwölf große, aus dem Flußbett des Jordan mitgenommene Steine, sollten kommende Generationen mahnen: »Der Herr, euer Gott trocknete den Jordan vor euch aus ... wie der Herr am Schilfmeer getan hatte, das er vor uns austrocknete, bis wir hindurchgegangen waren; damit alle Völker auf Erden die Hand des Herrn erkennen, wie mächtig sie ist, und den Herrn, euren Gott, fürchten allezeit« (JOSUA 4, 23 f.).

Hier in Gilgal begegnete der »Fürst über das Heer des Herrn« Josua. Angesichts der schwierigen Aufgabe, das von den Kanaanäern befestigte Land zu erobern, wird sein Mut gestärkt. Er fällt nieder an diesem heiligen Ort, um den lebendigen Gott anzubeten (JOSUA 5, 13-15). Das war Josuas Kraft, mit der er auch die Mauern Jerichos überwinden konnte.

Der grausame und heimtückische Meuchelmord, den der Richter Ehud an dem feisten Moabiterkönig Eglon wagte, hat zwar den politischen Druck von Israel gemildert und sicher wieder die Jordanfurten von der fremden Militärbesatzung befreit, nicht aber das Volk geheilt, weil die geistliche Glaubenskraft fehlte. In der Nähe Gilgals, bei den Steinmalen, muß sich das ereignet haben (RICHTER 3, 19).

Auch zur Zeit Sauls, des ersten Königs von Israel, sammelte sich das Volk in Gilgal und erneuerte dort das Königtum und opferte dem Herrn. »Saul aber und alle Männer Israels freuten sich dort gar sehr« (1. SAMUEL 11, 15). Hier sammelten sich die wehrfähigen Männer zum Kampf gegen die Philister (1. SAMUEL 13, 4).

Dort wartete Saul dann sieben Tage auf den Propheten Samuel, um das Opfer vor Beginn der Schlacht darzubringen. Weil aber Samuel nicht kam, lief schon das Volk aus dem Heer Sauls weg, versteckte sich in Höhlen aus Angst oder verdrückte sich über die Furten des Jordan. Das zwang Saul zum Handeln. Jetzt opferte er eben einfach selbst. In dem Augenblick kam Samuel: »Du hast töricht gehandelt und nicht gehalten das Gebot des Herrn, deines Gottes, das er dir geboten hat! Aber nun wird dein Königtum nicht bestehen« (1. SAMUEL 13, 7-14).

Noch einmal überführte Samuel König Saul in seinem Ungehorsam. Nachdem Saul die Amalekiter besiegt hatte, traf ihn Samuel wieder in Gilgal: »Warum hast du der

Stimme des Herrn nicht gehorcht, sondern hast dich an die Beute gemacht und getan, was dem Herrn mißfiel? ... Gehorsam ist besser als Opfer und Aufmerken besser als das Fett von Widdern! Denn Ungehorsam ist Sünde wie Zauberei, und Widerstreben ist wie Abgötterei und Götzendienst. Weil du des Herrn Wort verworfen hast, hat er dich auch verworfen!« Weil er von Gott unabhängig sein wollte, ging er unter. Er fand keinen Raum zu einer wirklichen Umkehr und einem völligen Neuanfang im Gehorsam (1. Samuel 15).

Mit dem Ungehorsam Sauls und seiner Verwerfung ist Gilgal dann später zu einem dieser vielen Orte des Götzendienstes abgesackt. Es wird nochmals bei der Rückkehr Davids von seiner Flucht vor der Revolution Absaloms erwähnt (2. Samuel 19, 16.40 f.) Auch Elia und Elisa kamen noch nach Gilgal, richteten dort vielleicht sogar wieder eine Prophetenschule ein, um an die frühere Anbetung Gottes zu erinnern (2. Könige 2, 1).

Die Prophetenschüler in Gilgal kochten dort ein Essen und merkten erst zu spät, daß sie eine Giftpflanze mitgekocht hatten: »Der Tod im Topf!« Elisa mischte Mehl in die Speise. »Da war nichts Böses mehr in dem Topf!« (2. Könige 4, 38 - 41)

Vom 8. Jahrhundert vor Christus ab steht dann Gilgal wie Bethel für den völlig vom Götzendienst ausgehöhlten Glauben. Immer wieder bekämpfen die Propheten jenes Denken, als ob es heilige Stätten geben könnte, die traditionell Gottes Gegenwart verbürgen könnten. Jener völlig von kanaanäischen Fruchtbarkeitsriten geprägte Gottesdienst konnte die wirkliche Sünde auch durch den religiösen Schein nicht verschleiern. »Kommt nach Gilgal, um noch mehr zu sündigen!« enthüllt der Prophet (Amos 4, 4). »Geht nicht hin nach Gilgal ... Denn Israel läuft dahin wie eine tolle Kuh«, sagt der Prophet im Blick auf den Geist der Hurerei, mit der Israel Gott wegläuft (HOSEA 4, 15 f.). »All ihre Bosheit geschieht zu Gilgal; dort werde ich ihnen feind. So will ich sie um ihres bösen Tuns willen aus meinem Hause stoßen und ihnen keine Liebe mehr erweisen« (HOSEA 9, 15). Die Offenbarung Gottes an Israel war ausgetauscht durch Götzenbilder der eigenen Phantasie, die man sich selbst geschaffen hatte. Wie leicht läßt sich unrechtes und sündiges Verhalten durch scheinheilige gottesdienstliche Praktiken vernebeln und weihen. Doch Gott fängt mit seinem heiligen und unbestechlichen Gericht an seinem eigenen Haus und an seinem Volk an. Gilgal muß ein ganz besonderes Zentrum des frivolen und schändlichen Gottesdienstes gewesen sein, das Gottes Wort und sein Gebot mit Füßen trat.

Es wird sehr interessant sein, wenn eines Tages auch die Spuren Gilgals von Archäologen aufgedeckt werden.

Der Jordan als Grenzfluß

Die Löwen im Dickicht – Trockenen Fußes durchs Hochwasser – Der heruntergefallene Mantel – Dem General war das Wasser zu schmutzig – Das ausgeliehene Beil – In der Wüste – Heuschrecken und wilder Honig – Anders als Qumran – Unter dem Feigenbaum am Ostufer des Jordan – Vipern und Schlangenbrut – Dornenkrone und Zepter

Der Jordan, der wichtigste Fluß des Heiligen Landes, durchfließt das am tiefsten gelegene Tal der Erde. Die Quellflüsse entspringen dem schneebedeckten Berg Hermon. Auf einer Luftlinie von zweihundert Kilometern weist der Jordan ein Gefälle von 915 Metern auf. So deutet man auch den Namen Jordan: der Herabfließende oder der Herabsteigende. Über das Hule-Plateau fällt er dann über Stromschnellen zum See Genezareth, der schon 212 Meter unter dem Meer liegt. Viel Wasser wird dem Jordan vom Jarmuk, südlich vom See Genezareth, zugeführt. Auf den 110 Kilometern zwischen See Genezareth und Totem Meer sucht der Fluß in vielen Windungen seinen Weg. Man nennt die zwischen vier und zwanzig Kilometer breite, steppenartige Talrinne El-Ghor (= die Spalte). Das darin etwa 50 Meter tief eingegrabene Hochwasserbett ist im Frühjahr überflutet, meist etwa einen Kilometer breit und voll von üppiger Vegetation und heißt ez-Zor (= Dickicht), während das eigentliche Flußbett zwischen drei und vier, bei Jericho sogar sechs Meter tief und etwa dreißig Meter breit ist.

Die Worte der Propheten berichten die Erlebnisse mit diesem dicht bewachsenen, gewundenen Flußtal, wenn ein Löwe aus dem Dickicht des Jordans in die Herden einbrach (JEREMIA 49,19; 50,44). »Man hört die jungen Löwen brüllen, denn die Pracht des Jordans ist vernichtet« (SACHARJA 11,3). »Wenn du schon im Lande, wo keine Gefahr ist, Sicherheit suchst, was willst du tun im Dickicht des Jordans?« (JEREMIA 12,5)

Daß die breite Talrinne des Jordan fruchtbar ist und bei Bewässerung auch reiche Erträge erwirtschaftet werden können, zeigen nicht nur heutige moderne Anbaumethoden, sondern auch schon die Berichte von Abraham und Lot. »Da hob Lot seine Augen auf und besah die ganze Gegend am Jordan. Denn ehe der Herr Sodom und Gomorra vernichtete, war sie wasserreich, bis man nach Zoar kommt, wie der Garten des Herrn, gleichwie Ägyptenland« (1. MOSE 13,10).

»Herr, ich bin zu gering aller Barmherzigkeit und aller Treue, die du an deinem Knechte getan hast«, sagte Jakob, als er durch eine Furt in der Nähe des Jabbok-Flusses mit seinen Herden und seiner Familie den Jordan überquerte (1. MOSE 32,11).

Diese Furt taucht dann wieder in der Richterzeit auf, als die Leute aus Gilead den geschlagenen und flüchtenden Ephraimitern dort den Rückweg abschnitten. Sie fragten jeden: »Bist du ein Ephraimiter?« Sagte der dann: »Nein!« ließen sie ihn zum Test das Wort für Ähre »Schibbolet« sagen. Sagte er dann »Sibbolet«, dann hatte er sich durch seinen Dialekt verraten und wurde in furchtbarer Rivalität niedergemacht (RICHTER 12,1-6).

Der Jordan trennte das Volk des Auszugs aus Ägypten vom verheißenen Land. Über den alten sogenannten Königsweg sind sie über das Ostjordanland vorgedrungen, um von Osten her den Jordan zu überschreiten. Mose bat Gott: »Laß mich hinübergehen und sehen das gute Land jenseits des Jordans!« Aber der Herr war erzürnt wegen des Ungehorsams von Mose am Haderwasser und sprach: »Laß es genug sein! Rede mir davon nicht mehr! Steige auf den Gipfel des Gebirges Pisga und hebe deine Augen auf« (5. Mose 3, 25 - 27). Auf dem 800 Meter hohen Berg Nebo

Der Jordan

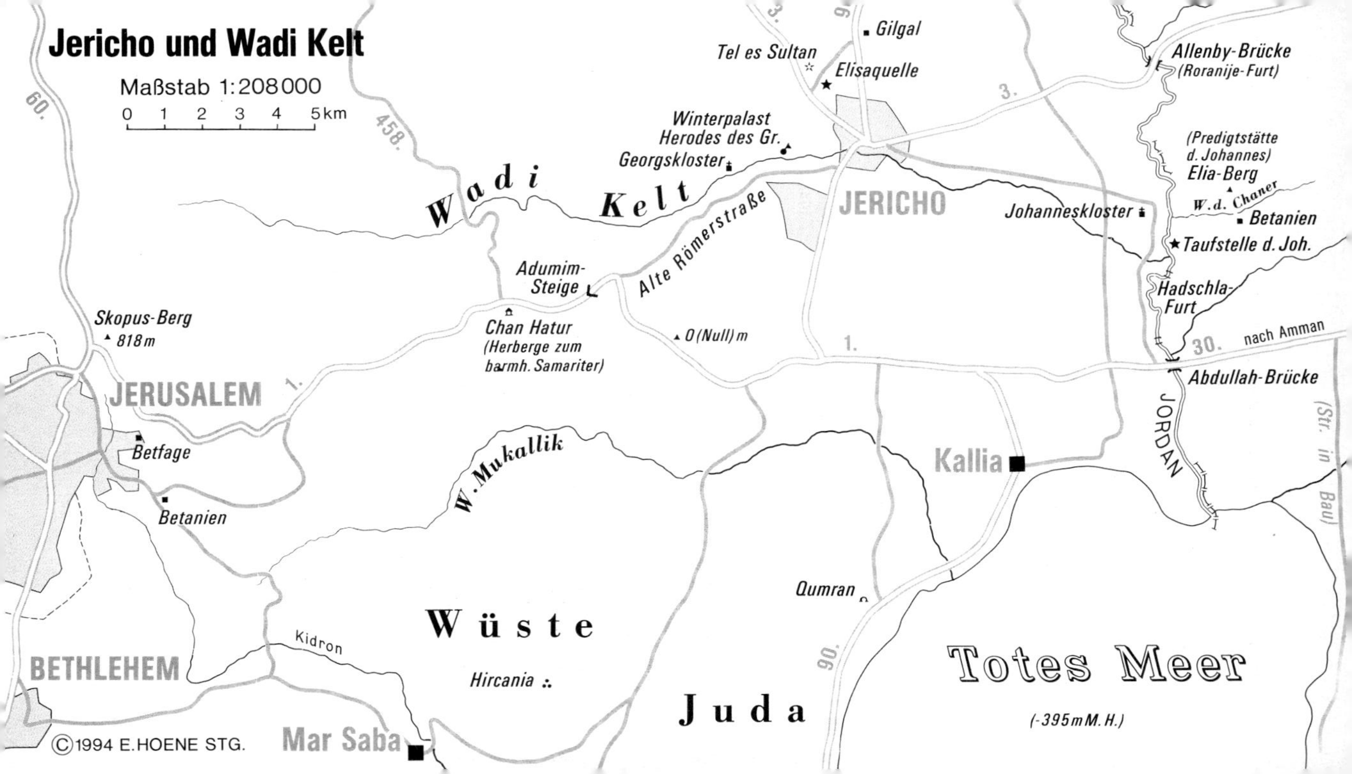
Jericho und Wadi Kelt
Maßstab 1:208000
0 1 2 3 4 5km
60.
458.
3.
90.
Gilgal
Tel es Sultan
Elisaquelle
Allenby-Brücke
(Roranije-Furt)
Winterpalast
Herodes des Gr.
Georgskloster
Wadi Kelt
JERICHO
(Predigtstätte
d. Johannes)
Elia-Berg
W.d. Chaner
Johanneskloster
Betanien
Taufstelle d. Joh.
Alte Römerstraße
Adumim-
Steige
Hadschla-
Furt
Skopus-Berg
818 m
Chan Hatur
(Herberge zum
barmh. Samariter)
0 (Null) m
1.
30.
nach Amman
Abdullah-Brücke
JERUSALEM
JORDAN
(Str. in Bau)
Betfage
W. Mukallik
Kallia
Betanien
Qumran
Wüste
Kidron
BETHLEHEM
Hircania
Juda
Totes Meer
(-395 m M. H.)
Mar Saba
©1994 E.HOENE STG.

starb Mose, nachdem ihm Gott das Land gezeigt hatte: »Du hast es mit deinen Augen gesehen!« Hier auf dem steil abfallenden Berg hat man ein großartiges Panorama, vom Toten Meer und den Bergen Judas über das Hochland von Samaria und Galiläa bis hin zum schneebedeckten Hermon. Bis hierher an den Jordan führte Mose das Volk. Trotz seines hohen Alters waren Moses Augen nicht schwach geworden, und seine Kraft war nicht verfallen (5. Mose 34). Solange Gott seine Diener in seinen Aufgaben braucht und sie mit seiner Kraft erfüllt, werden sie nicht schwach. Was Gott wirkt, auch durch seine gealterten Zeugen, vergeht nicht, sondern bleibt.

Wie Gott befohlen hatte, führte dann Josua, Moses Nachfolger, das Volk durch den Jordan: »Heiligt euch, denn morgen wird der Herr Wunder unter euch tun.« Die Bundeslade wurde vorangetragen. Und als die Priester ihre Füße in den Jordan setzten, der zu dieser Zeit Hochwasser führte, staute sich das Wasser weiter nördlich bei der Stadt Adam. Jeder Schritt war eine mutige Tat des Glaubens. Und alles Volk ging trockenen Fußes durch den Fluß (Josua 3). Mitten im Fluß richtete Josua zwölf Steine als Erinnerungsmal auf, um auch bei kommenden Generationen die ewige Erinnerung an Gottes Größe und Macht lebendig zu erhalten, wie Israel »trockenen Fußes« durch den Jordan zog (Josua 4, 9).

Daß es nachweislich immer wieder zu solchen Wasserstaus im Jordan gekommen ist, geht auf Verschiebungen im mäanderartigen Flußbett des Jordans zurück. Hier wird aber das Besondere berichtet, daß der lebendige Gott (Josua 3, 10) seinem Volk den Weg bahnt und wie damals im Roten Meer über die Kräfte der Natur befehlen kann.

Müde kam David einige Jahrhunderte später an den Jordan, als er vor der Revolution seines Sohnes Absalom fliehen mußte, und ruhte dort aus. Er fürchtete, sein bester Ratgeber Ahitofel würde Absalom jetzt zum Sieg verhelfen. Darum betete er: »Herr, mache den Ratschlag Ahitofels zur Torheit« (2. SAMUEL 15, 31). Dieses Wunder erlebte David tatsächlich. Als Ahitofel nämlich Absalom eine sofortige Verfolgung Davids anriet, wurde dieser gute Rat verworfen und nicht umgesetzt. Damit war die Revolution Absaloms zum Scheitern verurteilt.

Die Rückkehr Davids über den Jordan wurde dann ein feierlicher Staatsakt. Eine besondere Furt wurde geschaffen. Viele Untertanen huldigten ihm, darunter auch der alte Barsillai aus Gilead, der David und seine Männer großzügig auf der Flucht verpflegt hatte (2. SAMUEL 19, 16 - 41).

Wenn die verschiedenen Furten heute nicht mehr bestehen, so hängt dies mit dem veränderten Wasserspiegel des Toten Meeres zusammen. Das Ansteigen des Wasserspiegels um 3 Meter in diesem Jahrhundert führte dazu, daß die Furten durch den Jordan unpassierbar wurden.

Durch den Jordan ging Elia, der Prophet, am Ende seines Lebens in der Nähe von Jericho, bevor ihn Gott »mit feurigen Wagen und Rossen im Wetter gen Himmel holte«. Die Überquerung erfolgte wohl südlich der heutigen Allenby-Brücke. Im Ostjordanland gegenüber heißt ein Berg heute »Elija-Berg«. Elia »nahm seinen Mantel und wickelte ihn zusammen und schlug ins Wasser; das teilte sich nach beiden Seiten«, so daß Elia und sein Nachfolger Elisa trokkenen Fußes hindurchgingen. Und als Gott Elia zu sich heimholte, schrie Elisa im Schmerz des Abschieds: »Mein Vater, mein Vater, du Wagen Israels und sein Gespann!« Dann nahm Elisa den Mantel der Elia entfallen war, und schlug ins Wasser unter den Worten: »Wo ist nun der Herr, der Gott Elias?« Da teilte sich das Wasser und Elisa ging hindurch. Als das die Prophetenschüler sahen, erkannten sie, nun ruht der Geist Elias auf seinem Nachfolger Elisa (2. KÖNIGE 2, 8-15).

Der Befehlshaber der syrischen Armee, Naaman, war über die Zumutung des Propheten Elisa entrüstet, siebenmal im Jordan unterzutauchen, um von der Lepra rein zu werden: »Sind nicht die Flüsse von Damaskus, Abana und Parpar, besser als alle Wasser in Israel, so daß ich mich in ihnen waschen und rein werden könnte?« Auf das gute Zureden seiner Begleiter folgte er dem Wort des Propheten und »sein Fleisch wurde wieder heil wie das Fleisch eines jungen Knaben« (2. KÖNIGE 5, 1-27).

Die Prophetenschüler wollten im dichten Unterholz des Jordantals Bäume fällen, um eine Hütte zu bauen. Bei der Arbeit entglitt einem der Männer das Beil und fiel in den Fluß. Verzweifelt schrie er: »O weh, mein Herr, und dazu ist's noch entliehen!« Elisa richtete einen Stock auf die Stelle, wo das Eisen gesunken war: »Da schwamm das Eisen« (2. KÖNIGE 6, 1-7).

Als Wirkungsstätte von Johannes dem Täufer wurde lange Zeit das Gebiet am Jordan beim Johanneskloster bei Jericho angenommen, das auf uralte Traditionen verweist. Im Evangelium wird aber das jenseitige, also das östliche Ufer des Jordans bei einem Ort namens Betanien genannt (JOHANNES 1, 28; 3, 26). Dort, acht Kilometer östlich von Jericho und südlich der heutigen Allenby-Brücke, sollen die Israeliten bei der Eroberung des verheißenen Landes durch den Jordan gegangen sein. Dieser Platz in der Wüste bot sich als besonders aussagekräftig für die Bußpredigt des Johannes direkt an, um wieder an die Tage des Einzugs in dieses Land anzuknüpfen. Dort in der Wüste erwartete man erneut Gottes Heil und seine Wunder wie damals beim Auszug aus Ägypten. »Ich will sie locken und will sie in die Wüste führen und freundlich mit ihr reden« (HOSEA 2, 16).

Auch die Himmelfahrt des Elia wird an dieser Stelle vermutet. Naheliegend ist, daß Johannes an die Botschaft Elias anknüpfen wollte. Er wurde ja auch gefragt: »Bist du Elia?« (JOHANNES 1, 21). Es muß auf jeden Fall im unteren Jordantal gewesen sein, weil sich nur das zum Taufen eignete. Dorthin konnten die Menschen von Jerusalem und Bethlehem kommen.

Daß die Taufstelle später am Westufer des Jordans gesucht wurde, lag wohl allein an den Pilgern, die hier leichter hinkommen konnten. Das Erreichen des Ostufers war damals – wie heute – mit Schwierigkeiten verbunden. Der jenseitige Wadi war für die Predigten des Johannes gut geeignet, weil er abgelegen und doch zur Zeit Jesu leicht zu erreichen war. Schon im 4. Jahrhundert wurden dort in diesem Talkessel kirchliche Bauten errichtet, die an Johannes erinnern sollten.

Die heutige Verlegung der Taufstelle nach Norden an den südlichen Jordanausfluß aus dem See Genezareth wurde ausschließlich um der Touristen willen vollzogen. Nichts erinnert hier an biblische Geschehnisse, wenn man einmal vom Jordanwasser absieht. Dafür finden Touristen, was Johannes der Täufer nicht bieten konnte: eine bequem mit Platten und Geländer ausgelegte Taufstelle, Imbißkioske und Parkplätze, Toiletten und für Videofilmer das für einen Bakschisch lachende Kamel.

Bevor Johannes der Täufer an den Jordan ging, hatte er irgendwo in der einsamen judäischen Wüste zwischen Jerusalem und Jericho gehaust (LUKAS 3, 1 f.). Hier machte Gott aus ihm jenen unbeugsamen Charakter, der nur vor Gott, nicht aber vor den mächtigen Herrschern den Rükken beugte. Im Gegensatz zu den weichen Kleidern der Städter trug Johannes nur ein Tuch aus Kamelwolle, mit einem einfachen Lederriemen zusammengebunden. Auch bei Elia wird eine ähnliche Kleidung erwähnt (2. KÖNIGE 1, 8). Er aß die einfache Beduinenspeise, geröstete Heuschrecken mit wildem Honig (MATTHÄUS 3). Kleidung und Speise waren somit weniger alternativer Protest, sondern bewußt angepaßt an die in der Wüste lebenden Beduinen.

Viel wurde darüber nachgedacht, ob Johannes in dieser Zeit in der Wüste mit den Essenern in Qumran in Verbindung gewesen sein könnte. Wir haben, abgesehen von der Nähe des Ortes, weder Belege noch Hinweise dafür. Wichtig ist aber, daß sich seine Botschaft von den Leuten in Qumran völlig unterscheidet: Johannes sah die Verheißung vom Prediger in der Wüste in seiner Person erfüllt und nicht in der Gemeinde von Qumran. Johannes rief nicht zur Absonderung von der Welt auf, sondern verpflichtete selbst Soldaten und Zöllner zum rechten Handeln in der Welt

Furt im Jordan

draußen. Johannes wies eindeutig auf Jesus als die Erfüllung seiner Predigt hin. Er hat ganz im Gegensatz zur Qumrangemeinde das Vertrauen auf die Abstammung von Abraham angegriffen. Er suchte auch nicht die kleine Heilsgemeinde, sondern die Buße der vielen.

Unter denen, die getauft werden wollten, war nach einigen Monaten auch Jesus. Johannes wies auf ihn: »Seht, das ist Gottes Lamm, das der Welt Sünde trägt« (JOHANNES 1,29).

Johannes wollte, daß seine Jünger mit Jesus gehen. Zu ihm wies er sie. Fünf von ihnen sind Jesusjünger geworden: Andreas, Petrus, Johannes, Philippus, Nathanael. Bei einigen hat sich sogar die Stunde der Berufung als Jesus sie rief, bis ins hohe Alter unauslöschlich eingeprägt. Es war nachmittags um 16 Uhr (JOHANNES 1,35-39). Dort saß jener Nathanael unter dem Feigenbaum. Jesus brauchte nicht viel Worte zu machen, da sprach es Nathanael schon aus: »Rabbi, du bist Gottes Sohn, du bist der König von Israel!« (JOHANNES 1,49). In dieser Gegend des Ostjordanlandes gibt es heute wie damals Feigenplantagen. Man kann sich hier durch die genauen Angaben des Johannes das damalige Geschehen ganz bildhaft vorstellen.

Die Predigt von Johannes dem Täufer wird viel besser verstanden, wenn man sich dieses Jordandickicht und das sich anschließende öde Jordantal vergegenwärtigt. »Die Axt ist schon den Bäumen an die Wurzel gelegt.« Dort findet man die tödlichen Vipern, die das Gift in sich tragen, und die Johannes als Bild der »Schlangenbrut« für die heuchlerischen Frommen benützte. Herumliegende Steine waren gemeint, wenn Johannes ankündigte, »Gott vermag dem Abraham aus diesen Steinen Kinder zu erwecken« (MATTHÄUS 3,9). Johannes war kein Schilfrohr, das der Wind bewegt (MATTHÄUS 11,7).

Wenn heute Touristen die schnelle Autostraße von Galiläa nach Jericho durch das Jordantal benützen, werden sie sich wundern, warum Jesus nicht häufiger diesen direkten und bequemen Weg von Galiläa nach Jerusalem nahm. Wegen der feindlichen Haltung der Samariter war der Weg über Samaria gefährlich. Und der Umweg über das Ostjordanland war weit. Der Weg aber durch das Jordantal war sehr beschwerlich, weil die Wanderung durch das tiefliegende Jordantal sehr heiß und anstrengend und Trinkwasser damals, selbst so nahe beim Jordan, nur schwer zu erhalten war.

Im Evangelium wird uns aber auch noch etwas berichtet, das oft übersehen wird: daß Jesus vom Fest in Jerusalem entwich und an die Stelle ging, wo er sich einst von Johannes am Ufer des östlichen Jordan taufen ließ. Viele kamen zu Jesus und glaubten an ihn und sagten: » Alles, was Johannes von diesem gesagt hat, das ist wahr« (Johannes 10, 40-42). Inzwischen war der Täufer Johannes grausam hingerichtet worden. Die Gedanken Jesu werden an diesem Platz am Jordan auch auf sein kommendes Leiden ausgerichtet gewesen sein.

Hier in dem tiefen Dickicht wächst neben den mannshohen Kakteen auch der »Christusdorn« (Sarcopoterium spinosum), aus dem die Soldaten die Dornenkrone für Jesus geflochten haben könnten, die mit ihren langen Stacheln schreckliche Schmerzen verursacht. Der Dorn soll zur Zeit Jesu auch in Jerusalem gewachsen sein. Vielleicht stammte auch das Rohr, das man Jesus bei der Verurteilung in die Hand gab, vom Ufer des Jordan (Matthäus 27, 48).

Von Jericho hinauf nach Jerusalem

Der mattgesetzte Versucher – Sturzbäche im Wadi – Die Blutsteige – Unter die Räuber gefallen – Eins ist not! – Wenn du glauben würdest – Die Gemeinde im Haus des Aussätzigen

Hoch ragt vor Jericho am Steilabfall des Gebirges Juda der Berg der Versuchung 348 Meter in die Höhe. Hier in der Nähe der Taufstelle von Johannes dem Täufer zeigt man den Ort, wo Jesus vierzig Tage in der Wüste fastete. Nach dem Bericht des Evangeliums könnte das wahrscheinlich sein, auch wenn in der Bibel kein bestimmter Ort genannt ist.

Jesus wurde in die Auseinandersetzung mit dem Teufel vom Geist Gottes geführt. Der Teufel wird als Versucher erlebt, der verführen will. Nun soll Jesus seine Macht als Gottessohn dazu mißbrauchen, aus den vielen Steinen in der Wüste Brot zu schaffen. Jesus aber antwortet mit der Erfahrung Israels auf dem langen Weg durch die Wüste: »Der Mensch lebt nicht vom Brot allein, sondern von einem jeden Wort, das aus dem Mund Gottes geht« (5. Mose 8, 3). Kurz darauf will der Versucher ein großes Wunder provozieren, um die staunende Anerkennung von Menschen zu erhalten. Hier gilt Jesu Klarstellung: »Du sollst den Herrn, deinen Gott, nicht versuchen.« In der letzten Versuchung gibt er sich als Weltherrscher aus, aber seine Macht ist ihm nur »übergeben« (Lukas 4, 6). Nun will er Jesus verführen, »wie Gott zu sein« (1. Mose 3, 5) und deswegen empfiehlt er, vor ihm niederzufallen und ihn anzubeten. Da weist ihn Jesus von sich. Er ist der Sieger über den Satan, der alle verklagen und verführen will. Mit Jesus kann man siegen, auch über teuflische Versuchungen (MATTHÄUS 4, 1-13).

Damit tritt das Thema des Wirkens Jesu unmißverständlich in den Mittelpunkt. Er will nicht herrschen, sondern dienen. Über dieser Welt lastet die unheimliche Schuldfrage, die kein Mensch lösen kann, nur allein er, der Sohn Gottes. Um dieses Dienstes an der Welt willen wird Jesus dem Vater gehorsam. So sehr hat er die Welt lieb, daß er sein Leben gibt, um sie zu retten.

Wie ein Vogelnest klebt das Kloster der griechisch-katholischen Mönche an der Felswand. Zur Zeit Jesu hat man von da oben einen Blick auf die verführerische Pracht des Luxuspalastes von Herodes und seine blühenden Parkanlagen gehabt.

Tief unten in der Schlucht donnern im Winter die Wassermassen. Nach den wolkenbruchartigen Regenfällen schießt das Wasser plötzlich hindurch und reißt selbst Felsbrocken mit sich.

Immer wieder kommen hier Menschen um, die durch das Trockental gehen und von den Sturzbächen überrascht werden.

Das wurde zum Bild der lebensbedrohenden Nöte: »Deine Fluten rauschen daher, und eine Tiefe ruft die andere; alle deine Wasserwogen und Wellen gehen über mich« (PSALM 42, 8).

Der alte Weg von Jericho nach Jerusalem führt durch tief in die kahlen Kalksteinfelsen eingeschnittene Schluchten der Wüste Juda. Diesen Weg auf dem schmalen Pfad, entlang an den schroff abfallenden Felswänden, hat man auch »Tal der Todesschatten« genannt. Im Sommer brennt hier die Sonne heiß. Schon im Mai versickert das Wasser des Flusses im Bett zwischen Geröll und Felsblöcken. Hierher in die abgelegenen Höhlen haben sich gerne Einsiedler zurückgezogen und erinnern an Elia, der mitten in der Einöde von Gott wunderbar versorgt wurde, wenn auch der **»Bach Krit«** jenseits des Jordan sein Zufluchtsort gewesen sein mag (1. KÖNIGE 17, 2-7). Trümmer eines Klosters aus dem Mittelalter trifft man unterwegs, bevor man am Georgskloster ankommt. Es war über tausend Jahre zerstört und unbewohnt und wurde erst Ende des letzten Jahrhunderts von griechisch-orthodoxen Mönchen wieder aufgebaut. Wasser brachte schon Herodes über Aquädukte bis nach Jericho. Das alte Versorgungssystem ist heute wiederhergestellt. Ein Teil der ganzjährig fließenden Quellen wird heute nach Jerusalem abgepumpt.

Ein uralter Weg südlich des Wadi Kelt führt über einen steilen Paßweg, die Steige von **Adummim**, die schon früh in der Bibel genannt ist (JOSUA 15, 7). Daß es »hinauf nach Jerusalem« geht, wird bei den Reisen von Jesus erwähnt, denn hier auf dem Weg von Jericho nach Jerusalem muß auf 25 Kilometern eine Steigung von 1200 Metern hinauf bis zum Ölberg bewältigt werden. Die Steige von Adummim führt durch einen von steilen Kalkfelsen eingeschlossenen Hohlweg. Wenn dann wegen der Hitze nachts gewandert werden mußte, war das Felsental der Wüste noch unheimlicher.

Auf diesem Weg wird David vor Absalom geflohen sein. Hier zogen die Weisen aus dem Morgenland durch, um das neugeborene Kind anzubeten. Aber auch Pilger nach Jerusalem, wie sicher Jesus mehrmals, zogen diesen Weg. Jahrhundertelang war dieses Gebiet unsicher wegen raublustiger Beduinen, die ganze Karawanen ausplünderten. Der Name der Steige »Adummim« (= Blut) kam zwar von dem roten Felsen, wurde aber immer wieder auf diese unheimlichen Überfälle der Räuber gedeutet. Auch Hieronymus (347 - 420), der die Bibel ins Lateinische übersetzte, erklärte den Wegnamen so: »wegen des Bluts, das hier oft von den Räubern vergossen wird«.

Am bekanntesten wurde der Weg von Jerusalem nach Jericho aber durch die Erzählung Jesu von dem Reisenden, der von den Räubern geschlagen, geplündert und halbtot liegengelassen wurde.

Ein Priester, der des Weges kam, ging, wie auch ein Levit, vorüber. Ausgerechnet der damals in Israel so fremde und verachtete Samariter nahm sich des Leidenden an. »Als er ihn sah, jammerte ihn; und er ging zu ihm, goß Öl und Wein auf seine Wunden und verband sie ihm, hob ihn auf sein Tier und brachte ihn in eine Herberge und pflegte ihn.« Diese Erzählung Jesu hat unzählig viele Menschen angerührt und zur Nächstenliebe motiviert. Man kann aber davon ausgehen, daß in dem Bild des verachteten Samariters Jesus sich selbst zeichnen und seinen Dienst an den hilflosen und gescheiterten Menschen deutlich machen wollte, an denen die religiösen Beamten und Laienpriester vorübergehen, ohne wirklich helfen zu können. Jesus geht zu denen, die sonst verloren sind. Wer solche Hilfe an sich erfahren hat, der kann auch anderen im gleichen Geist helfen (LUKAS 10, 25 - 37).

An der Straße zeigt man die Herberge des barmherzigen Samariters. Der jetzige Bau ist keine hundert Jahre alt. Mauerreste deuten darauf hin, daß auch früher zur Zeit Jesu dort ein Khan, solch eine Herberge für Karawanen, gestanden hat.

Unweit der alten Römerstraße nach Jericho, etwa drei Kilometer von Jerusalem entfernt, liegt **Betanien**, in dem Jesus sich gerne aufhielt, auch noch in der Woche seiner Passion (MATTHÄUS 21, 17). Hier war die Heimat der bei-

Reste einer Karawanenherberge

den unverheirateten Schwestern des Lazarus, Maria und Marta. Als Jesus dort mit der ganzen Mannschaft seiner Jünger einkehrte, war es die einsatzfreudige Marta, die gastfrei alle bediente. Zu ihrem Entsetzen mußte sie im Gedränge ihrer Arbeit feststellen, wie ihre Schwester Maria bloß Jesus zu Füßen saß und ihm zuhörte. Jesus stellte klar, daß in seiner Gegenwart Arbeit nicht das Wichtigste ist, sondern das Hören auf sein Wort: »Eins ist not! Maria hat das gute Teil erwählt; das soll nicht von ihr genommen werden« (LUKAS 10,38-42).

Früher muß Betanien reich an Öl- und Feigenbäumen, aber auch an Weinbergen gewesen sein. Das heutige Betanien heißt bei den Arabern »Lazarusdorf« und ist um das Grab des Lazarus herum gebaut worden. Daß es wirklich der Ort des Lazarusgrabes ist, dafür spricht ein Gräberfeld aus der Zeit Jesu, das sich dort befindet. Früher lag der Ort Betanien weiter bergaufwärts nach Westen. Schon im vierten Jahrhundert stand hier eine Kirche, die aber später durch ein Erdbeben zerstört wurde. Heute befindet sich das Grab unter einer Moschee bei der Lazaruskirche. Was man dort in der Grabkammer sehen kann, sind meist Mauern aus der Kreuzfahrerzeit und nur wenig vom Naturfelsen. Der ursprüngliche Eingang in das Grab ist heute zugemauert.

Als Lazarus damals krank lag, ließen seine Schwestern Jesus, der gerade jenseits des Jordans war, rufen: »Den du lieb hast, der liegt krank.« Jesus zögerte absichtlich zwei Tage, bevor er sich nach Judäa aufmachte. In zwei Tagen legte Jesus mit seinen Jüngern den weiten Weg zurück. Das war eine gewaltige Marschleistung bei den großen Höhenunterschieden! Als Jesus endlich in Betanien eintraf, war Lazarus schon vier Tage im Grab. Mitten in der großen, schmerzlichen Trauer machte Jesus deutlich, daß es auch in diesem schweren Geschehen nur um die Verherrlichung Gottes und um den Glauben an ihn, den Messias Gottes, geht. Darum spricht Jesus: »Ich bin die Auferstehung und das Leben. Wer an mich glaubt, der wird leben, auch wenn er stirbt; und wer da lebt und glaubt an mich, der wird nimmermehr sterben!«

Jesus ließ den Stein von der Grabhöhle wegheben. Aus Marta sprechen immer die ganz realistischen, verständlichen Zweifel: »Herr, er stinkt schon; denn er liegt seit vier Tagen!« Jesus aber forderte von ihr mehr: »Habe ich dir nicht gesagt: wenn du glaubst, wirst du die Herrlichkeit Gottes sehen?« Dann rief er mit lauter Stimme: »Lazarus, komm heraus!« Und viele sahen, wie Jesus Lazarus von den Toten auferweckte und glaubten an Jesus (JOHANNES 11, 1-45). Wie weit dieses Wunder Menschen bewegte, wird auch daran ersichtlich, daß die Hohenpriester beschlossen, mit Jesus auch Lazarus zu töten (JOHANNES 12, 9-11).

Im Haus Simons, des Aussätzigen, kam offenbar eine Hausgemeinde zusammen. Mehrere lagen mit Jesus zu Tisch in Betanien, als er von Maria mit einer kostbaren, wohlriechenden Narde gesalbt wurde. Judas rechnete, was das wohl gekostet hat, und bedauerte, daß man diesen Betrag nicht für soziale Zwecke zur Verfügung hatte. Jesus aber verteidigte Maria: »Laß sie in Frieden! Es soll gelten für den Tag meines Begräbnisses!« (JOHANNES 12, 1-8; MATTHÄUS 26, 6-13; MARKUS 14, 3-9). Diese Huldigung der Maria machte Jesus zu einem Vorbild und Beispiel des Glaubens.

Hebron – das erste Pfand im verheißenen Land

Unter dem Pistazienbaum im Hain Mamre – Fremd im verheißenen Land – Schwierige Kaufverhandlungen – Der Kundschafter Kaleb und seine Tochter Achsa – Die Krönungsstadt Davids – Der Aufstand des Kronprinzen – Nach Babel deportiert

Im Mittelpunkt des judäischen Berglandes liegt **Hebron,** 927 Meter hoch, die alte Hauptstadt dieses Gebietes. Das Land ist fruchtbar und eignet sich für Weinanbau, Obstplantagen und andere Pflanzungen, meist mit Terrassenmauern. Nach Süden hin nimmt der Niederschlag ab und es bleibt nur noch Weideland, das immer karger wird. Von Jerusalem sind es dreißig Kilometer auf der wichtigen Hauptstraße, die von Bethlehem nach Süden führt, nahe an den Steilabhängen zum Toten Meer.

Ganz in der Nähe, etwa nur vier Kilometer nördlich vom heutigen Hebron, wohnte Abraham unter der Terebinthe, einem Pistazienbaum im Hain **Mamre.**

Wie hart der Existenzkampf der Nomaden um die Weideplätze war, berichtet 1. Mose 13 von Abraham und seinem Neffen Lot. »Und das Land konnte es nicht ertragen, daß sie beieinander wohnten.« So kam es zum Streit unter den Hirten um die fruchtbarsten Gegenden. Abraham wollte aber um jeden Preis Frieden, um den Segen Gottes nicht zu verlieren. Zwischen Bethel und Ai standen sie auf einem Berg. Dabei bot Abraham seinem Neffen alles an, was er wollte, unter einer Bedingung: »Laß doch nicht Zank sein zwischen mir und dir und zwischen meinen und deinen Hirten.« Bei der Trennung wählte der Neffe Lot das wasserreiche Weidegebiet am Jordan, das vor der Zerstörung der Städte Sodom und Gomorra »wie der Garten des Herrn«, »gleichwie Ägypten« war. Abraham geizte nicht um diese reichen Weidegebiete, sondern errichtete dem Herrn einen Altar im Hain Mamre bei Hebron, und wartete »auf die Stadt, die einen festen Grund hat, deren Baumeister und Schöpfer Gott ist« (Hebräer 11, 10). Gott sprach zu ihm: »Fürchte dich nicht, Abram! Ich bin dein Schild und dein sehr großer Lohn!« (1. Mose 15, 1) Abraham

Moschee über der Höhle

Hebron

glaubte dem Herrn und diesen Glauben rechnete der Herr ihm zur Gerechtigkeit.

Von hier aus befreite Abraham mit 318 Knechten seinen gefangenen Neffen Lot und trat betend vor Gott für die untergehende Stadt Sodom ein (1. Mose 13, 18; 14, 12 f.; 18, 1). Ihm selbst wurde hier von Gottes Boten zugesagt, daß Sara übers Jahr einen Sohn haben sollte (1. Mose 18, 10). Von hier aus sah Abraham, wie der Rauch der verbrannten Städte Sodom und Gomorra im Osten aufstieg.

Die hier ausgegrabenen Mauern gehen auf ein Bauwerk von Herodes dem Großen zurück. Wie wichtig dieser Platz war, kann man auch daran erkennen, daß die Römer nach der Zerstörung der alten Anbetungsstätte um 135 n. Chr. einen heidnischen Tempel für Merkur errichteten. Später folgte dann von Konstantin eine Kirche.

Am wichtigsten ist aber, daß unter den Fundamenten der Mauern des Herodes Bauteile aus viel früheren Jahrhunderten gefunden wurden. Dazu gehört ein heute restaurierter Brunnen. Auch Überreste der Wurzeln jener Terebinthen wurden entdeckt.

Was die Bibel von diesem Wohnort Mamre noch besonders unterstreicht, ist, wie hier Abraham und Isaak als Fremdlinge lebten (1. Mose 35, 27). Das war für Abraham eine besondere Glaubensprobe, weil er »berufen wurde, in ein Land zu ziehen, das er erben sollte; und er zog aus und wußte nicht, wo er hinkäme. Durch den Glauben ist er ein Fremdling gewesen in dem verheißenen Lande wie in einem fremden und wohnte in Zelten« (Hebräer 11, 8 f.).

In Hebron kaufte Abraham das Feld **Machpela** mit der Höhle als Familiengrab. Es war für Abraham sehr schwer, daß sich die Verheißung des Landbesitzes noch nicht erfüllt hatte, als seine Frau Sara starb. Sara stellte sich gehorsam und treu unter die Berufung und den göttlichen

Auftrag ihres Mannes, folgte auf dem schweren Weg in die Fremde und durchlitt alle Proben des Glaubens mit. Sara war eine Mutter Israels.

Nun aber wollte Abraham seine Tote nicht auf fremdem Land beerdigen. Die Kaufverhandlungen mit den geschäftstüchtigen Hetitern waren äußerst schwierig. Zuerst wollten sie nicht verkaufen. Das nannten sie »schenken«. Dann verlangten sie einen völlig überhöhten Preis von 400 Silberstücken. Und Abraham zahlte, wie es nur ein Fürst tut, großzügig und ohne schäbiges Schachern. Hier auf seinem rechtmäßigen Eigentum bestattete er nun das Liebste, das er in dieser Welt hatte, seine Frau Sara, die Mutter des verheißenen, zukünftigen Geschlechtes der Nachkommen (1. Mose 23).

Abraham wurde ebenso hier begraben (1. Mose 25, 10), auch Isaak und Rebekka, Jakob und Lea (1. Mose 49, 29 - 33; 50, 13). Heute befinden sich diese Gräber innerhalb der Gruft, die Herodes der Große errichten ließ. Sie heißt heute Haram el-Khalil. Daran schließt sich eine im 14. Jahrhundert gebaute Moschee an. Die Mausoleen für die Patriarchen mit den Kenotaphen, also leeren Ehrengrabmälern, sind in islamischer Zeit entstanden. Die eigentlichen Gräber sollen sich darunter befinden. Die Kreuzfahrer öffneten diese Gräber und fanden die Überreste der Patriarchen und ihrer Frauen gut erhalten. Seitdem sollen sie nicht mehr geöffnet worden sein.

Isaak und Ismael standen bei Abrahams Beerdigung einträchtig nebeneinander (1. Mose 25, 9). Beide sind Söhne Abrahams, beide tragen einen großen Segen Gottes, so verschieden Gott auch ihr Leben führen wird. Auch bei der Beerdigung Isaaks heißt es: »Seine Söhne Esau und Jakob begruben ihn« (1. Mose 35, 29). Sie hatten sich endlich doch versöhnt. Bis heute ist aber der unversöhnliche Gegensatz, ja die »ewige Feindschaft« (HESEKIEL 35, 5) zwischen Jakob und Esau, Isaak und Ismael um den Besitz des Landes geblieben. Und so stehen sie sich auch bis heute hier in Hebron an den Gräbern der Vorfahren gegenüber: Juden und Araber, dazu kommen die Christen, die sich im Glauben als Kinder Abrahams verstehen: »Die aus dem Glauben sind, das sind Abrahams Kinder!« (GALATER 3, 7)

Von diesen Patriarchen und Vorbildern des Glaubens gilt: »Diese alle sind gestorben im Glauben und haben das Verheißene nicht erlangt, sondern es nur von ferne gesehen und gegrüßt und haben bekannt, daß sie Gäste und Fremdlinge auf Erden sind ... Nun aber sehnen sie sich nach einem besseren Vaterland, nämlich dem himmlischen. Darum schämt sich Gott ihrer nicht, ihr Gott zu heißen; denn er hat ihnen eine Stadt gebaut« (HEBRÄER 11, 13 - 16).

Der treue Kundschafter Kaleb, der zusammen mit Josua einst dem Unglauben und der Angst vor dem Einzug in das gelobte Land entgegengetreten war (4. MOSE 14, 6 - 9), erhielt jetzt Hebron als Erbteil zugesprochen (JOSUA 14, 6 - 15). Die Stadt hieß damals Kirjat Arba (Stadt des Arba), so wie auch heute wieder die neue jüdische Stadt auf der Höhe über Hebron heißt.

Kaleb versprach als Siegespreis für die Eroberung von Debir (= **Kirjat-Sepher**), das 20 Kilometer südwestlich von Hebron liegt, seine Tochter Achsa. Otniël eroberte die Stadt. Entgegen der Sitte, nach der ein Vater eine Gabe für seine Tochter fordern konnte, bat Achsa von ihrem Vater eine »Segensgabe«, und begründete dies ganz einfach: »denn du hast mich nach dem dürren Südland gegeben; gib mir auch die Wasserquellen!« (JOSUA 15, 13 - 19)

Hebron war dann sowohl alte Königsstadt wie auch eine Priester- und Freistadt (JOSUA 12, 10; 21, 11). Diese Stadt war erste Residenz des Königs David. Nach dem Tode

Sauls mußte David zuerst klein und bescheiden herrschen und Demut üben. Trotz seiner längst vollzogenen Salbung durfte er nicht einfach das Königreich Israel übernehmen. Nur über Juda durfte David von Hebron aus herrschen. Dieser Zustand dauerte siebeneinhalb Jahre. Isch-Boschet, ein Sohn Sauls, war zur gleichen Zeit König über Israel. Mit solchen Demutsproben übte Gott seinen Diener David für sein späteres Amt ein. Erst nach dem Tod des Isch-Boschet kamen die Ältesten von Israel nach Hebron. David schloß einen Bund mit ihnen und wurde dann in Hebron auch zum König über Israel gesalbt (2. SAMUEL 5, 1 - 5).

In Hebron ließ der revolutionäre Kronprinz Absalom seine große Verschwörung gegen David ausrufen. Der Königssohn mit dem verheißungsvollen Namen »Vater des Friedens« bereitete schon lange den Aufruhr vor. Er sicherte sich mit einer Leibwache von 50 bewaffneten Männern. Dann log er seinem Vater David vor, er wolle einen Gottesdienst in Hebron halten. Alles war aber dort schon für den Aufstand und die Übernahme des Königsthrons vorbereitet. In ganz Israel wurde das Zeichen der Signal gebenden Posaunen verstanden: »Absalom ist König geworden!« (2. SAMUEL 15, 1 - 12)

Unter Rehabeam, dem Nachfolger Salomos, wurde Hebron zu einer Festung ausgebaut (2. CHRONIK 11, 10). Nach dem Fall von Jerusalem wurden auch die Bewohner Hebrons nach Babel deportiert.

Die kleine Stadt Bethlehem mit der großen Messiashoffnung

Wo du hingehst, da will ich auch hingehen! – Auf sich selbst gestellt – Gottes Ehre mit Füßen getreten – Ein Mann nach dem Herzen Gottes – Wasser vom heimatlichen Brunnen – Die Wurzel David und der kommende Messias – Die zerfallene Hütte Davids – Das ewige Reich

Um die Stadt von dem zwischen Karmel und Tabor in Sebulon gelegenen Ort zu unterscheiden, wurde **Bethlehem** in Juda, knapp 10 Kilometer südlich von Jerusalem, meist mit dem Zusatz Efrata gekennzeichnet. Efrata erinnert an das Geschlecht, das diesen Ort besiedelte (1. Chronik 2,50 ff.). Der Name Bethlehem geht in der vorisraelischen Zeit wohl auf die kanaanäische Fruchtbarkeitsgöttin Lachama zurück und wurde später aramäisch mit Blick auf die fruchtbaren Felder als »Haus des Brotes« umgedeutet.

Das biblische Buch Rut führt anschaulich das Leben auf dem Bauernhof des reichen Boas in Bethlehem mitten in der Zeit der Ernte vor Augen. Seine völlig verarmte Verwandte Noomi kehrt nach dem plötzlichen Tod ihrer beiden Söhne wieder aus Moab in ihre Heimatstadt Bethlehem zurück. Sie wird von ihrer warmherzigen Schwiegertochter Rut, die dem Volk der Moabiter angehörte, mit dem Bekenntnis »Dein Volk ist mein Volk, und dein Gott ist mein Gott!« begleitet (Rut 1,16).

Ährenleserin

Die bunt geschilderten Erlebnisse bei der Ährenlese und die stärkenden Mahlzeiten bei den Schnittern sind nur der Rahmen, in dem Gottes wunderbares Handeln und sein Leiten und Führen in aller Stille berichtet wird. Unter den Segenswünschen des Volks im Stadttor Bethlehems heiratet Boas jene arme Ausländerin Rut. Die Leute rufen: »Der Herr mache die Frau wie Rahel und Lea, die beide das Haus Israel gebaut haben; sei stark in Efrata, und dein Name werde gepriesen zu Bethlehem« (RUT 4, 11).

Als dann das Kind Obed geboren wurde, freuten sich alle in Bethlehem mit der Großmutter Noomi: »Gelobt sei der Herr! Sein Name werde gepriesen in Israel!« Wie wurde sie durch ihre treue und demütige Schwiegertochter Rut beschenkt: »Deine Schwiegertochter, die dich geliebt hat, ist dir mehr wert als sieben Söhne« (RUT 4, 15).

In einer Zeit, in der Treue wenig zählt und die Beziehung zwischen Schwiegermutter und Schwiegertochter oft nur ironisch erwähnt wird, zeigt Gottes Wort an dieser fremden Frau Rut die größten und bleibenden Qualitäten menschlichen Charakters. Das eigentliche Thema liegt aber viel tiefer in dem »vom Herrn gegebenen Kind«, das zum Großvater Davids wurde und damit Rut zur Stammutter Israels machte (1. CHRONIK 2,12; MATTHÄUS 1,5). Schon hier wird sichtbar, wie Gottes Volk weit über Israel hinausreicht und auch Nichtjuden zum erwählten Volk einbezogen werden.

Aus Bethlehem stammen mehrere Führer des Volkes Israel. Ibzan aus Bethlehem, der auch dort beerdigt wurde, war einer jener spontanen Volksbefreier nicht allein vor den Bedrängnissen der feindlichen Völker, sondern auch im Durchsetzen und Geltendmachen des heiligen Gottesrechtes (RICHTER 12,8-10).

Ein völlig negatives Bild bietet jener namenlose Levit, also ein Priester aus Bethlehem, der sich in einem perversen Heiligtum in Dan, das Menschen sich ausgedacht haben, anstellen läßt (RICHTER 17 und 18). Da wird Gottes heiliges Recht von überheblicher menschlicher Selbstbestimmung, gerade da, wo sie sich religiös ausdrückt, mit Füßen getreten. Damit weicht auch Gottes Schutz. Gleichzeitig bricht im auserwählten Volk das tödliche Chaos aus, das immer der Sünde folgt. Die bestialische Schandtat von Gibea (RICHTER 19) schändet das heilige, göttliche Gastrecht und mordet grausam eine aus Bethlehem stammende Ehefrau. Der daraufhin nötige Ausrottungsfeldzug deutet sowohl in seiner unausweichlichen Notwendigkeit wie auch in seiner letztlichen Sinnlosigkeit an, wie allein Jesus Christus »von aller Ungerechtigkeit erlöst und sich ein Volk reinigt zum Eigentum, was eifrig wäre zu guten Werken« (TITUS 2,14).

In Bethlehem, wohl vor seinem Osttor, befand sich eine Opferstätte (1. SAMUEL 20,6). Nachdem der erste, zuerst äußerst erfolgreiche König Saul scheiterte, weil er Gott nicht gehorsam war, sondern seine eigene Ehre suchte, sandte Gott den Propheten Samuel zum Haus des Stammvaters Isai nach Bethlehem. Der wahre Zweck dieses Besuchs, nämlich der Salbung einer der Söhne Isais zum König über Israel, wurde, um den Nachstellungen des wildgewordenen Saul zu entgehen, verdeckt durch ein öffentliches Opferfest in Bethlehem (1. SAMUEL 16, 1-13).

Selbst der vom Geist Gottes erfüllte Samuel ließ sich durch die eindrucksvolle äußere Gestalt der Söhne des alten Vaters Isai (griech. Jesse) blenden. Gott aber hat sie alle nicht erwählt. So muß auch Samuel erkennen: »Ein Mensch sieht, was vor Augen ist; der Herr aber sieht das Herz an« (1. SAMUEL 16,7). Auch der Hirte David war

Bethlehem

»bräunlich, mit schönen Augen und von guter Gestalt«. Er war besonders musikalisch und poetisch begabt. Mutig kämpfte er gegen alle Gefahren, auch gegen Bären und Löwen (1. SAMUEL 17,34 ff.). Doch deshalb hat ihn Gott nicht erwählt. Das Herz Davids stand in einer besonderen Vertrauensbeziehung zu Gott. Nicht, daß er sündlos oder vollkommen gewesen wäre. David litt schwerer und tiefer als viele andere an der Sünde seines Herzens. »Ich war wie ein Tier vor dir« (PSALM 73,22). »Ich aber bin ein Wurm und kein Mensch« (PSALM 22,7). Der erschütternd offene Bußpsalm spricht von vielfacher und unheimlich dunkler Schuld: »Schaffe in mir, Gott, ein reines Herz« (PSALM 51). Aber David wußte, daß Gott denen nahe ist, die ein zerbrochenes Herz haben (PSALM 34,19). Daß es bei Gott auf die Herzensstellung ankommt, wußte auch Davids Nachfolger Salomo. Als Gott ihm in der Nacht vor der Königskrönung einen Wunsch freistellte: »Bitte, was ich dir geben soll!«, da antwortete Salomo in jener Demut seines Herzens, die ihn zur großen Verantwortung des Königsamtes tauglich machte: »So wollest du deinem Knecht ein gehorsames Herz geben« (1. KÖNIGE 3,9).

Nachdem David von Samuel heimlich zum König gesalbt worden war, stellte ihm der immer noch amtierende König Saul nach, um ihn als Konkurrenten um den Königsthron auszuschalten. Der große Erfolg Davids, die Anerkennung im Volk und sein eigenes Scheitern machten ihn eifersüchtig. David floh um sein Leben in die unwirtliche und lebensfeindliche Wüste Juda. In der glühenden Sonnenhitze hatte er plötzlich wahnsinnige Lust auf Wasser aus der vertrauten, heimatlichen Zisterne von Bethlehem. Dort hatten aber die Philister einen militärischen Posten aufgestellt. Drei Freunde Davids vollbrachten das kühne Wagnis und schlugen sich durch die feindlichen Linien der Philister hindurch und brachten David den gewünschten Trunk aus dem heimatlichen Brunnen. Als sie David das Wasser überreichten, konnte David es nicht trinken, sondern »goß es aus für den Herrn«. Das Wasser, für das die Freunde ihr Leben riskiert hatten, war ihm zu kostbar (2. SAMUEL 23, 13 - 17). Man erreicht diese Zisterne in Bethlehem, indem man vom Manger Square bei der Geburtskirche zum Marktplatz geht. Fünfhundert Meter nördlich davon liegt die Davidsmauer, die an die Zisternen erinnert.

Als Israel und Juda unter den Nachfolgern des Königs Salomo getrennte und selbständige Königreiche wurden, baute Rehabeam, der König des Südreichs in Jerusalem, unter anderen Städten auch Bethlehem zur Festung aus, um gegen die Philister und Ägypten besser gerüstet zu sein (2. CHRONIK 11, 6).

Dennoch war Bethlehem in den darauffolgenden Jahrhunderten eine unbedeutende Kleinstadt. Da Bethlehem mit seinen wehrfähigen Männern nicht einmal eine selbständige Tausendschaft mit einem Hauptmann an der Spitze bilden konnte, kündigt der Prophet Micha von Moreschet mitten im Gericht Gottes das neue Reich und den kommenden Messiaskönig an (MICHA 4 und 5). Der göttliche Herrscher der Endzeit, der seinen Ursprung in Gottes Ewigkeit hat, wird als der neue David nicht aus der glanzvollen Hauptstadt Jerusalem, sondern noch einmal ganz von vorne beginnen und aus dem kleinen Bethlehem Efrata kommen (MICHA 5, 1 und MATTHÄUS 2, 5). Mit seiner Geburt wird der Welt Heil und Friede zuteil werden, weil dieser Messias selbst der Frieden ist (MICHA 5, 4 und EPHESER 2, 14).

Ein Reis wird aus dem Strunk des Stammvaters Isai sprossen, ein Schößling aus seinen alten Wurzeln fruchten. So kündigt es Jesaja an. Gott wählt keine starke Eiche, sondern den gefällten Baumstumpf, aus dem an der Seite ein kleiner Trieb herauswächst. Er will mit denen, die immer groß sein wollen, nicht arbeiten. Darum erwählt er noch einmal das kleine Bethlehem. Die ganze Vollmacht des Messias liegt in seiner Gottesfurcht. Er ist erfüllt vom Geist der Weisheit, des Verstandes, des Rates und der Erkenntnis. Er wird den Elenden ein gerechtes Urteil sprechen mit dem »Stabe seines Mundes« (JESAJA 11, 1-9).

Schon Amos sprach davon, daß die zerfallene Hütte Davids wieder aufgerichtet wird, wenn Gott die Gefangenschaft seines Volkes wenden wird, die verwüsteten Städte wieder bewohnt und die Hügel wieder grün und fruchtbar werden (AMOS 9, 11). Es geht durch große Dunkelheit. Gottes Gericht verwehrt seinem Volk die Leitung durch einen König oder würdige Führungspersönlichkeiten. Sie sollen sich endlich bekehren und wieder Gott und seinen König David suchen (HOSEA 3, 5). So künden es die Propheten an. Nicht eine eindrucksvolle Persönlichkeit, sondern das Messias-Kind, auf dem die Herrschaft Gottes ruht, wird das Friedensreich ohne Ende auf dem Thron Davids aufrichten (JESAJA 9, 6). In der »Hütte Davids« wird der sitzen, der in Treue richtet, nach Recht trachtet und Gerechtigkeit fördert (JESAJA 16, 5). Der Herr wird David »einen gerechten Sproß erwecken«, der als König wohl regieren und Recht und Gerechtigkeit im Land üben wird (JEREMIA 23, 5).

Mitten in der schweren Enttäuschung am Zusammenbruch von Israels Königsamt macht Gott ganz groß, wie er sich seiner Herde selbst annehmen wird. Er wird das Verlorene und Verirrte, das Schwache und Verwundete selbst aus allen Ländern sammeln und auf beste Weide führen. Zu diesem Amt wird er den einzigen wirklich guten und barmherzigen Hirten erwecken, seinen Knecht David, der Fürst unter Gottes Volk sein soll (HESEKIEL 34). Immer wieder taucht beim Reden Gottes durch den Mund seiner Propheten das Haus David, aber auch Jerusalem auf, über die der Herr in der Endzeit den Geist der Gnade und des Gebets ausschütten wird (SACHARJA 12,10). Dann werden das Haus David und die Bürger Jerusalems einen offenen Quell gegen Sünde und Befleckung haben (SACHARJA 13,1). Aus diesem Wissen heraus riefen die Bewohner Jerusalems beim Einzug Jesu begeistert: »Hosianna dem Sohn Davids!« (MATTHÄUS 21,9)

Die Apostel erkannten im Wachsen der Jesusgemeinde auch unter den Heidenvölkern die Übereinstimmung mit der prophetischen Verheißung des Wiederaufbaus der zerfallenen Hütte Davids (APOSTELGESCHICHTE 15,15ff.). In der großen Schau der Offenbarung sieht Johannes den Sieger, den Löwen aus Juda, die Wurzel Davids (OFFENBARUNG 5,5 nach JESAJA 11,1). Im letzten Kapitel des Neuen Testaments spricht Jesus: »Ich bin die Wurzel und das Geschlecht Davids, der helle Morgenstern. Und wen da dürstet, der komme« (OFFENBARUNG 22,16f.).

Ein Grab am Straßenrand

Die sterbende Mutter – Eine große Liebe – Das Weinen der jüdischen Mütter – Yad Vaschem – Freude nach der Trauer

So wie es heute in manchen beduinischen Familien auch noch geschehen könnte, treibt ein patriarchalisches Familienoberhaupt seine hochschwangere Frau über die Landstraße. Mit ihren Herden wollen sie den weiten Weg von Bethel nach Hebron zurücklegen. Da setzen aber bei der schwangeren Frau die Wehen ein. Was sich dann am Rand des staubigen Wegs abspielte, war eine furchtbar schwere Geburt. Eine barmherzige Hebamme versuchte noch, der Mutter Mut und Trost zuzusprechen: »Ein Sohn!« Doch die Mutter fühlt den nahen Tod und bestimmt mit der letzten Kraft als Namen für den Jungen: »Schmerzenskind«. Eigenmächtig, wie es Väter zuweilen sein können, aber auch weil der Vater um Gottes Heil weiß, das seinen Kindern alles in Segen verwandelt, verändert er auch diesen letzten Wunsch seiner Frau und nennt den Jungen, diesen Halbwaisen, sehr stolz und selbstbewußt im Glauben: »Glückskind«, Benjamin (1. Mose 35,16-21).

Die Frau, die dort an der Straße bei Efrata, dem heutigen Bethlehem, an der Abzweigung nach Beit Jala verehrt wird, ist Rahel, die heißgeliebte Lieblingsfrau Jakobs. Es war Liebe auf den ersten Blick gewesen, als sie sich zum ersten Mal im fernen Haran trafen. Die mit einem schweren Stein verschlossene Brunnenöffnung, die von mehreren

Hirten nicht bewegt werden konnte, hob Jakob allein weg, als er diese junge Frau Rahel als Hirtin sah. Tief bewegte Jakob die Anmut und Schönheit dieser Frau. Sie war Tochter seines Onkels Laban. Weil er aber den Brautpreis nicht bezahlen konnte, willigte er in die damals übliche Dienstehe, um mit Arbeitsleistung den Brautpreis zu finanzieren. Durch Lüge und Betrug veränderte der Vater aber immer wieder die Bedingungen des Dienstes. Das alles konnte

Grab Rahels

jedoch nicht die Liebe zwischen Jakob und Rahel stören, auch nicht, daß Rahel lange Jahre keine Kinder bekommen konnte (1. MOSE 29).

In der Bibel steht das Klagegeschrei, das bittere Weinen der Mutter Rahel für das Leiden aller jüdischen Mütter, die sich nicht mehr trösten lassen über den schrecklichen Leiden, Folterungen und Schmerzen ihrer sterbenden Kinder (JEREMIA 31, 16). So wie der Vater Jakob in der Bibel den Namen Israel annahm, so ist Rahel, seine Frau, die Mutter von ganz Israel. Bei dem nach der Geburt Jesu in Bethlehem einsetzenden Kindermord durch den brutalen König Herodes wird im Evangelium an Rahel, die Mutter Israels, erinnert (MATTHÄUS 2, 16 - 18). Niemand kann dieses unaussprechlich grausame Geschehen an den kleinsten Kindern verstehen, das Herodes in seiner Eifersucht befahl. Nur noch weinen, schreien und heulen können die völlig verzweifelten Mütter. Keiner kann eine Antwort geben, nur das Leiden der Rahel ist ein Trost. Nur der erbarmende Gott weiß es, der seinen Sohn Jesus selbst in die tiefste Leidensqual hineingegeben hat. Eine andere biblische Antwort gibt es in dieser Welt des Leidens und Sterbens nicht.

Heute ist das kleine, weiß getünchte Grab mit der später von Türken im 17. Jahrhundert aufgesetzten Kuppel eine Gebetsstätte der Mütter in Israel. Nach dem biblischen Bericht war das Grab früher nicht hier in Bethlehem, sondern in jenem Teil von Efrata, der nördlich von Jerusalem liegt, an der Grenze von Efraim und Benjamin zwischen Rama und Gibea. So kann man es aus den Worten des Propheten Samuel an Saul eindeutig erkennen (1. SAMUEL 10, 1 - 5), unweit von Rama (JEREMIA 31, 15). Jakob richtete ein Denkmal am Grab auf (1. MOSE 35, 20). Noch in alttestamentlicher Zeit wurde die Stätte der Verehrung nach Bethlehem verlegt.

Durch den grausamen Kindermord des Herodes in Bethlehem hat das Grab und die verzweifelte Trauer Rahels eine ganz neue Tiefe bekommen. Die christlichen Kirchen pflegen seit Jahrhunderten mitten in der strahlenden Weihnachtsfreude am Tag der unschuldigen Kindlein über jene schrecklichen Schreie der Rahel zu predigen. Dem Kommen Jesu wird mit unheimlicher Macht und wilder Feindschaft widersprochen.

Wenn der Prophet Jeremia in seiner tief bewegenden Botschaft an dieses Weinen Rahels erinnert, dann steht das für ihn im Ringen der großen Mutter aus der Ahnenreihe für die Söhne Israels nach dem Zusammenbruch des Nordreichs 722 v. Chr. Da erinnert er an das alte Patriarchengrab der Rahel, das in Rama war. Man muß dieses ganze Kapitel 31 des Jeremia nach einem Besuch der jüdischen Gedenkstätte Yad Vaschem für die Opfer des Nationalsozialismus lesen, um das verzweifelte Schreien Rahels überhaupt von ferne begreifen zu können.

Und so wird der Herr sein Volk Israel aus der Zerstreuung heimholen: »Sie werden weinend kommen, aber ich will sie trösten und leiten ... Sie werden kommen und auf der Höhe des Zion jauchzen und sich freuen über die Gaben des Herrn ... daß ihre Seele sein wird wie ein wasserreicher Garten und sie nicht mehr bekümmert sein sollen. Alsdann werden die Jungfrauen fröhlich beim Reigen sein, die junge Mannschaft und die Alten miteinander; denn ich will ihr Trauern in Freude verwandeln und sie trösten und erfreuen nach ihrer Betrübnis« (JEREMIA 31, 9 - 14).

Die Geburt Jesu in Bethlehem

Die Volkszählung – Zimmermann oder Baumeister? – Hauptwohnsitz in Bethlehem – Kein Wort vom dicken Wirt im Gasthaus – Die Herberge – Nicht ärmer als alle einfachen Landleute – Ein Stadthaus in Bethlehem – Das Heiligtum des Adonis – Von Persern nicht zerstört

Wenn man durch die wuchtige fünfschiffige Basilika, die Geburtskirche von Bethlehem, geht, dann steht diese mächtige Kirche in einem großen Kontrast zum schlichten Quartier der Weihnachtsgeschichte. Es wird nicht leicht sein, das biblische Geschehen an dieser Stelle so lebendig werden zu lassen, wie es uns das Wort des Evangeliums übermittelt.

Anlaß der Wanderung Josefs und Marias nach Bethlehem war der kaiserliche Erlaß einer Volkszählung aus Gründen der Steuererhebung. Es scheint so, daß dieser Zensus in den Provinzen des römischen Reichs zu verschiedenen Zeiten durchgeführt wurde. Unter dem syrischen Statthalter Quirinius geschah es um das Jahr sieben v. Chr. Daß dann die Geburt Jesu nicht in das Jahr Null fällt, sondern einige Jahre vor Christus angesetzt werden muß, geht allein auf einen Rechenfehler jenes römischen Abtes Dionysius Exiguus (zwischen 540 und 560) zurück, der die Kalenderumstellung bewerkstelligte.

Die Zählung bestand aus zwei Teilen. Einmal wurde der Personenstand erfaßt und in die Steuerlisten eingetragen.

Zum anderen wurden die Vermögenswerte, also Grundstücke und Häuser, aufgeschrieben.

Oft hat man nun gemeint, Josef hätte nur deshalb nach Bethlehem zurückkehren müssen, weil seine Vorfahren vor vielen Generationen dort einmal beheimatet waren. So kann man den Hinweis im Evangelium verstehen: »Da machte sich auf auch Josef aus Galiläa, aus der Stadt Nazareth, in das jüdische Land zur Stadt Davids, die da heißt Bethlehem, weil er aus dem Hause und Geschlechte Davids war« (LUKAS 2, 4).

Wenn aber jeder Bürger damals zum Wohnort seiner Ahnherren hätte zurückkehren müssen, dann hätte das ein nicht mehr zu steuerndes Chaos bedeutet, nicht einmal mit einem Ameisenhaufen zu vergleichen. Den römischen Behörden war es aber völlig gleichgültig, aus welchem Geschlecht man stammte. Sie trieben ja keine Ahnenforschung, sondern wollten Kopfgeld. So muß man mit Fug und Recht annehmen, daß Josef seinen Hauptwohnsitz in Bethlehem hatte. Darum mußte er zur Volkszählung zurück in »seine Stadt«, und das war Bethlehem. Wenn für die römischen Herrscher das Geschlecht und die Herkunft auch belanglos war, so doch nicht für Lukas. Mit dem Hinweis auf das Haus und Geschlecht Davids mußte er an die biblische Messiasverheißung erinnern und mitteilen, wie diese hier zur Erfüllung kommt. So erkennt der Glaubende, daß für den Weg von Josef und Maria letztlich allein Gott verantwortlich war, der den Steuererlaß benützte, um die Verheißung vor siebenhundert Jahren durch den Propheten Micha (5, 1) zu erfüllen: »Du, Bethlehem Efrata, die du klein bist unter den Städten in Juda, aus dir soll mir der kommen, der in Israel Herr sei, dessen Ausgang von Ewigkeit her gewesen ist.«

Josef wird im Evangelium ›tekton‹ genannt, was meist mit ›Zimmermann‹ wiedergegeben wird, aber eigentlich

Baumeister heißt. Nun ist in Israel das Handwerk des Zimmermannes etwas anders als in Deutschland. Die Häuser sind fast durchweg aus Stein gebaut. Tatsächlich müßte man den Beruf des Josef besser als Bauhandwerker oder Maurer übersetzen.

Daß sich Josef zur Zeit der Volkszählung in Nazareth, also in Galiläa, aufhielt, ist nicht außergewöhnlich. Durch die Jahrhunderte haben die tüchtigen Männer aus Bethlehem überall im Land als geschätzte Baumeister gearbeitet. Nach dem Winter gingen die unverheirateten Männer in die Fremde, um dort Geld zu verdienen. So kann man sich das auch bei Josef vorstellen. Dort in Nazareth lernte Josef Maria kennen und verlobte sich mit ihr. Dann wird der Wunsch bei ihm stark gewesen sein, möglichst bald nach Bethlehem zurückzukehren und dort ein eigenes Heim aufzubauen. Doch wegen der Volkszählung mußte er nun früher als geplant zurück.

Die bevorstehende Heirat war dann auch der Grund, warum er Maria mit sich nahm. Nur wegen der Volkszählung hätte Maria nicht die beschwerliche Reise machen müssen. Ihr Mitgehen gibt nur Sinn, wenn sie in Bethlehem eine Familie gründen wollten. Josef mußte nach Bethlehem, weil er dort Familienbesitz hatte. Maria war die »anvertraute Frau« des Josef. Sie war also nicht bloß Braut, sondern rechtlich seine Ehefrau, wenn auch noch unberührt und nicht im Haus des Mannes lebend.

Es kann von den anschaulichen Krippenspielen der Kinder herrühren, wenn sich das Bild der verschlossenen Türen an den Gasthäusern von Bethlehem so unvergeßlich festgesetzt hat. Die Gestalt des hartherzigen, meist sehr dikken Wirtes, der die Quartiersuchenden mit scharfen, fremdenfeindlichen Worten von seinem Haus weist, mag unter die Haut gehen und oft auch Anlaß zu tiefschürfenden

Sozialappellen in Weihnachtspredigten gegeben haben, in der Bibel steht aber von ihm kein Wort.

Nur von einer Herberge steht im Evangelium, in der sie keinen Raum fanden. Dieses dort gebrauchte Wort ›katalyma‹ meint aber niemals eine Karawanserei oder sonst eine Form eines Beherbergungsbetriebs, für die ganz andere Worte gewählt werden, sondern meint ganz schlicht ein Zimmer oder nur »die gute Stube«. Warum soll das nicht das Haus gewesen sein, in dem Josef wohnte, also das elterliche Haus?

Jetzt ist aber völlig unbegreiflich, warum dort Josef mit seiner hochschwangeren Maria keinen Raum gefunden haben soll. Wenn man den biblischen Bericht aufmerksam liest, dann fällt auf, daß überhaupt nicht gesagt wird, sie seien obdachlos auf der Straße gestanden. Es steht auch nichts von verschlossenen Türen oder von Abweisung. Maria und Josef werden im Haus ihrer Großfamilie Aufnahme gefunden haben, in dem ganz selbstverständlich auch noch die anderen Familien der Großfamilie wohnten, bis sie sich ein eigenes Haus bauen konnten. Ein solches Haus besteht normalerweise aus einem Raum, in dem sich viele Menschen aufhalten, essen und auch nachts schlafen. In dem Haus wohnen nicht nur Menschen. Oft genug holt man auch die Tiere, Kamele, Esel und Ziegen, in das Haus, wenn man keinen eigenen Raum für sie hat, der sich dann meist unmittelbar an die Wohn- und Schlafstube anschließt. Als aber dann der Zeitpunkt der Geburt kam, war die Stube mit den schon angereisten Verwandten nicht der richtige Platz für die Entbindung. Man benützte einfach den Stall mit. Die Futterkrippe bot sich als Babybett an. Auf dem Land vor zweitausend Jahren war man praktisch und genügsam.

So müssen die Bewohner von Bethlehem seit Jahrhunderten völlig zu Unrecht mit dem Makel leben, sie seien fremdenfeindlich und abweisend. Fair ist das nicht, wie man sie auf diese Weise schlechtmacht. Mit dem biblischen Bericht der Weihnachtsgeschichte jedenfalls kann man dies nicht begründen.

Wenn es auch an den völlig überladenen Gabentischen zu Weihnachten passend sein mag, über die schlimme Armut der Welt, über Hungernde und Flüchtlinge zu reden, so sollte man es aber nicht ausgerechnet mit der Weihnachtsgeschichte untermauern. Jesus »entäußerte sich selbst und nahm Knechtsgestalt an, ward den Menschen gleich«.

Das Innere eines Bauernhauses mit Stallung.

So beschreibt es Paulus (PHILIPPER 2,7). Nicht anders will es Lukas berichten, wenn er erzählt, wie Jesus in einfachen Verhältnissen unter der Landbevölkerung so geboren wurde, wie viele andere Kinder in den Häusern von Bethlehem auch. Da gibt es auch nur einen Raum und den Stall. Immer schon verbrachten im Orient Menschen ihr Leben auch in Höhlen, die dann zu Häusern ausgeweitet wurden. Im Sommer ist es dort kühler und im Winter etwas wärmer.

Jede extreme Übersteigerung verlagert die Aussage des Evangeliums und gibt ihr einen sozialkritischen Akzent, der so im Evangelium nicht enthalten ist. Gerade mit seiner ganzen Natürlichkeit ist der Bericht des Lukas so lebensecht, dem wirklichen damaligen Leben nachgezeichnet.

Soll man aber liebgewordene Bilder nun zerstören? Weder soll man die Hilfe für Notleidende und Flüchtlinge kappen, noch sein Mitgefühl für arme Kinder aufgeben. Es muß jedoch die Weihnachtsgeschichte des Evangeliums darin ernstgenommen werden, daß sie vor allem anderen sagen will: »Euch ist heute der Heiland geboren, welcher ist Christus, der Herr, in der Stadt Davids« (LUKAS 2,11). So ist dieser armselige Raum der Herberge erfüllt mit Staunen, Freude und Anbetung Gottes, nicht aber mit Protest und Anklagen gegen die Reichen.

Nun hat man bei Untersuchungen festgestellt, daß jenes alttestamentliche Bethlehem östlich der heutigen Stadt lag. Die heute am östlichen Rand der Stadt liegende Geburtskirche gehörte noch dazu. Das bestätigen Keramik, Scherben, Lampen und Krüge aus der Zeit vom zwölften bis siebten Jahrhundert v. Chr. Die Geburtsgrotte kann ein Stall in Verbindung mit einem Haus gewesen sein und lag innerhalb des alten Bethlehem.

Für die Geburt Jesu in dieser Höhle eines Stalles spricht auch, daß hier an dieser Stelle der Geburtskirche ganz früh alle Maßnahmen ergriffen wurden, um eine christliche Verehrung unmöglich zu machen. Die Römer haben hier eine Kultstätte des Kyrios Adonis eingerichtet. Das war um 135 n. Chr. möglich, als die Römer die Juden endgültig besiegt hatten und an allen heiligen Stätten heidnische Kulte einführten. So stellten die Römer auf dem Tempelplatz in Jerusalem zwei Kaiserstatuen und einen Jupitertempel auf, am Hügel Golgatha das Marmorbild der Venus, am Grab der Auferstehung das Bild Jupiters. Aus dem Siloahteich wurde ein Nymphenbad. Der Teich Betesda wurde zum Äskulapheiligtum umfunktioniert. Sogar in Mamre bei Hebron wurde geopfert. In Bethlehem ist somit das anstößige heidnische Heiligtum für den Geliebten der Venus eine Bestätigung für den Ort der Geburt Jesu.

Von der Höhlengrotte in Bethlehem, in der Jesus geboren ist, reden auch schon früh mit eindeutigen Zeugnissen Justinus Martyr (110 - 165), Origenes (185 - 254) und Eusebius (265 - 339). Viel älter ist allerdings der Bericht des Lukas, der während der zweijährigen Haftzeit des Paulus in Cäsarea genügend Zeit hatte, um diese Ereignisse zu recherchieren.

Kaiser Konstantin errichtete hier dann im 4. Jahrhundert eine Kirche mit achteckiger Apsis über der Grotte. Nach der starken Beschädigung im samaritanischen Aufstand (529) wurde sie neu errichtet von Kaiser Justinian. Sie ist die einzige bedeutende Kirche im Heiligen Land, die dann nicht mehr zerstört wurde. Die heute sichtbare Geburtskirche ist – abgesehen von Anbauten und Veränderungen der Kreuzfahrer – diese Kirche aus der Mitte des 6. Jahrhunderts. In der Mitte des Schiffs kann man unter dem Boden noch Mosaiken von der konstantinischen Kirche finden.

Kaiser Justinian mit Höflingen der Leibgarde, (nach einem Mosaik in Ravenna)

Überraschend wurde die Kirche in Bethlehem von den Persern nicht wie alle anderen Kirchen zerstört, als sie 614 in Palästina einfielen. Die Bilder der Magier aus dem Osten muß sie so beeindruckt haben. So erinnert sich die Synode von Jerusalem im Jahr 836.

Dennoch ist es nicht leicht, sich in der mit vielen Lampen und Prunk überladenen Grotte die Geburt des Gottessohnes Jesus Christus so vorzustellen, wie man es aus dem Neuen Testament kennt. Der erste Pfarrer der evangelischen Kirche von Bethlehem, Ludwig Schneller, gab vor hundert Jahren den Rat: »Wer sich die frohe Andacht der heiligen Weihnacht nicht durch den Anblick von ebensoviel Unfug wie prunkhaften Zeremonien verderben will, tut wohl, in der Christnacht die mit Menschen überfüllten Räume der Geburtskirche in Bethlehem zu meiden.«

Was hat er dann empfohlen? Er riet, in der Nacht nur ins Freie zu treten und im Mondschein hinüberzublicken zu den Moabiterbergen mit dem Nebo über dem Toten

Meer. Dort hat weit über tausend Jahre vor Jesus Bileam seine Weissagung gesprochen: »Es wird ein Stern aus Jakob aufgehen und ein Zepter aus Israel aufkommen« (4. Mose 24, 17). Von dort sind die Weisen aus dem Morgenland gekommen, um Jesus anzubeten. So will Bethlehem das unvergleichliche Evangelium in die Welt hineinrufen: Fürchtet euch nicht! Siehe, ich verkündige euch große Freude: Euch ist der Heiland Jesus geboren! (Lukas 2, 10)

Hirten auf dem Feld, Kaiser Augustus und Magier aus dem Osten

Ausgerechnet Hirten – Die ersten Evangelisten – Die glänzende Herrschaft des »Weltheilandes« in Rom – Der Stern von Bethlehem – Oben über dem Haus – Der andere Weg heim

Östlich von Beit Sahur, das unmittelbar bei Bethlehem gelegen ist, sind nach der Tradition die Hirtenfelder. Noch heute kann man hier den Schäfern zusehen, wie sie ein eben geborenes Lamm auf dem Arm tragen. Man meint, die Zeit sei seit zweitausend Jahren stehengeblieben. Es ist erstaunlich, daß es hier auch noch unbebaute Weideplätze gibt, wo man sich das Geschehen so lebendig und ursprünglich vorstellen kann, wie es wohl damals gewesen sein mag. Bis heute suchen diese Hirten in kalten Nächten mit ihren Herden Zuflucht in den Höhlen.

Hirten wurden von Gott oft zum Dienst gerufen. David war ein Hirte in Bethlehem, der Schafe hütete (1. Samuel 16, 11). Mutig verteidigte er die ihm anvertrauten Tiere. »Und kam dann ein Löwe oder ein Bär und trug ein Schaf weg von der Herde, so lief ich ihm nach, schlug auf ihn ein und errettete es aus seinem Maul. Wenn er aber auf mich losging, ergriff ich ihn bei seinem Bart und schlug ihn tot« (1. Samuel 17, 34 f.).

Es ist bestimmt nicht ohne Bedeutung, wenn an der Krippe die Hirten stehen. Oft spricht man im Zusammenhang mit der Weihnachtsgeschichte nur über ihre sozialen Nöte, ihre Armut und die Geringschätzung, die sie auf Schritt und Tritt spüren mußten.

Man kann aber auch andere Linien der Bibel erkennen. Jesus kommt »aus dem Geschlecht Davids nach dem Fleisch« (Römer 1, 3). Immer wieder hat Jesus dieses Bild des Hirten in Erinnerung an David für sich in Anspruch genommen: »Ich bin der gute Hirte. Der gute Hirte läßt sein Leben für die Schafe« (Johannes 10, 11). Auch die Passion und den Opfertod sieht Jesus darin eingezeichnet.

Das Versagen der Hirten, die Gott über sein Volk Israel gesetzt hatte, wird mit dem Kommen des völlig anderen, selbstlosen Hirten beantwortet: »Und ich will ihnen einen einzigen Hirten erwecken, der sie weiden soll, nämlich meinen Knecht David. Der wird sie weiden und soll ihr Hirte sein« (Hesekiel 34, 23). Besondere Sorgfalt wird dieser kommende gute Hirte auf das Verlorene und Verirrte richten, dem er nachgeht und das er mit Geduld und Liebe zurückbringt, indem er die Wunden verbindet und sie zur grünen Weide führt.

Zwischen dem Hirten Jesus und den Schafen gibt es ein ganz enges Vertrauensverhältnis: »Meine Schafe hören meine Stimme, und ich kenne sie, und sie folgen mir; und ich gebe ihnen das ewige Leben, und sie werden nimmermehr umkommen, und niemand wird sie aus meiner Hand reißen« (Johannes 10, 27 - 30).

Schon im Alten Testament wird der heilige Gott als »guter Hirte Israels« erlebt. »Siehe, der Hüter Israels schläft und schlummert nicht« (Psalm 121, 4). Ganz am Anfang hat es der Patriarch Jakob auf seinem krummen Lebensweg erfahren: »Gott ist mein Hirte gewesen mein Leben lang bis auf diesen Tag« (1. MOSE 48, 15). Er kümmert sich um jedes einzelne Schaf, auch um das, das sich verlaufen hat.

Die draußen in der dunklen Nacht sitzenden Hirten erleben Gottes Hirtentreue, der ihnen nachgeht und sie sucht. Vor ihnen strahlt die Herrlichkeit Gottes auf, jener Lichtglanz des Ewigen. Die Jünger Jesu sahen dieselbe Herrlichkeit in der irdischen Gestalt Jesu von Nazareth aufleuchten: »Wir sahen seine Herrlichkeit, eine Herrlichkeit als des eingeborenen Sohnes vom Vater, voller Gnade und Wahrheit« (JOHANNES 1, 14). Diese Nähe Gottes überdeckt alles Dunkle, Finstere und Unheimliche mit dem Sieg Gottes.

Was da auf dem Hirtenfeld an Glanz aufleuchtet, ist kein Traum. Wenn sie sich aufmachen und dorthin gehen, werden sie das Kind finden, das der verheißene Messias ist und gleichzeitig der Herr, der regiert von Ewigkeit zu Ewigkeit. Er will aller Welt Heiland und Erlöser sein.

Die Hirten kamen eilend und fanden das Kind. Anschließend, nachdem sie es gesehen hatten, wurden sie zu den ersten Evangelisten, die durch Bethlehem gingen und noch in der Nacht von der Freude und dem Frieden redeten, den Gott durch seinen Sohn geben wird (LUKAS 2, 8 - 20).

Nicht allein die Hirten, sondern auch Kaiser Augustus im fernen Rom gehört unverzichtbar zum Evangelium der Geburt Jesu. So beginnt der Bericht des Lukas: »Es begab sich aber zu der Zeit, daß ein Gebot von dem Kaiser Augustus ausging …« (LUKAS 2, 1). Es war eine besondere Zeit damals im riesigen Römerreich. Sehnsüchtig erwartete man in diesem Herrscher Octavian, der sich dann den göttlichen Namen »Augustus« zulegen ließ, den Bringer des neuen Friedensreiches. Tatsächlich waren die Grenzen von Indien bis Britannien offen, so daß später ein Apostel Paulus das Evangelium von Jesus grenzenlos weitertragen konnte.

Als Weltheiland feierte der römische Dichter Virgil den Kaiser Augustus: »Die Zeitenwende ist da!« Als dann noch im Jahr 17 v. Chr. ein Wunderstern am Firmament aufleuchtete, hat Augustus sich vom jubelnden Volk in rauschenden Festen und auf unzähligen Münzen als die Erfüllung aller Sehnsucht in göttlicher Glorie feiern lassen.

Wann hat sich je der Mensch als Tyrann und Herrscher mächtiger entfaltet? Alles, auch die Religion, mußte

Feld der Hirten

dem Staat dienen. Was Herodes, Quirinius oder Pilatus tun, ist nur ein schwacher Abglanz jenes autoritären Menschentyps, in dem alle Hoffnungen zusammenlaufen. Seine Gesetze und Erlasse bestimmen das Schicksal von Millionen Menschen des riesigen Reiches.

In dieser Zeit der 57 Jahre glänzender Herrschaft des Augustus wurde Jesus in der Krippe von Bethlehem geboren. Nicht durch Herrschen wollte Jesus erlösen, sondern durch Dienen. Er erniedrigte sich und wurde gehorsam. Auch Jesus ist König eines Reiches, das aber nicht von dieser Welt ist. Es gründet auf Gerechtigkeit und Wahrheit und lebt von der Gnade Gottes, die Menschen Vergebung schenkt. Herodes starb im Jahr 14 n. Chr. Unter seinem Nachfolger Tiberius zerplatzten alle Träume großer Hoffnungen einer Welterlösung. Es ist die Zeit, da Jesus rief: »Es ist vollbracht!«

Daß Jesus noch in den Tagen von Herodes dem Großen in Bethlehem geboren wurde, berichtet uns Matthäus (2, 1). König Herodes entfaltete die glänzendste und prächtigste Herrschaft über die Juden, die ihn jedoch tief haßten. Er war ein gewissenloser absolutistischer Herrscher und rücksichtsloser Machtmensch, ein Bluthund.

Herodes glaubte, daß die Mächtigen dem Schicksal der Sterne unterworfen sind. So ließ er ganz bewußt im dritten Jahr seiner Herrschaft die Münze mit einem Stern prägen aus Anlaß der Verleihung des Königstitels in Rom.

Münze Herodes des Großen

Vermutlich geschah die Geburt Jesu – infolge der Rechenfehler bei der Kalenderumstellung – im Jahr 7-5 v. Chr. Magier, namentlich nicht bekannte Gelehrte aus dem persischen oder babylonischen Raum, sahen den Stern »des neugeborenen Königs der Juden«. Das kam nicht aus einer überhitzten Phantasie.

Der Astronom Kepler hat für das Jahr 7 v. Chr. die Begegnung der Sterne Jupiter und Saturn im Sternzeichen der Fische zurückgerechnet. Aber auch durch alte babylonische Keilschriften können wir genau den Sternenhimmel von damals rekonstruieren. Dreimal kam es zu dieser »großen Konjunktion« im Sternbild der Fische.

Nach chaldäischer Denkweise hatte damals jeder Stern seine Bedeutung. Jupiter war der Königsstern. Nach altjüdischer Denkweise waren die Fische das Zeichen Israels, des Messias. Der Saturn verkörperte die Zeit und die Geschichte. Damals war der jüdische Einfluß im Zweistromland sehr groß. Wahrscheinlich kannten diese Magier auch die Weissagung vom »Stern aus Jakob« (4. Mose 24, 17).

Am 29. Mai des Jahres 7 v. Chr. sahen die Magier erstmals das sonderbare Sternbild in ihrer Heimat. Als die Sterne am 3. Oktober wieder zusammentrafen, brachen sie zur Reise auf. Es war gerade der jüdische Versöhnungstag. Das wird ihnen zu denken gegeben haben!

In Jerusalem herrschte Entsetzen, als die Magier kamen. Man lehnte dort Astrologie grundsätzlich ab. Aus der Schrift aber konnten die Bibellehrer sagen, daß der Messias aus Bethlehem kommen müsse. Als nun die Magier auf den Weg dorthin aufbrachen, schien es um den 12. November im Jahr sieben v. Chr. wieder so, als ob die Sterne Jupiter und Saturn im Sternbild der Fische stillstehen würden. Ein faszinierendes Lichtzeichen, das sogenannte Zodiakallicht, stand genau im Süden und wies auf Bethlehem. Am

Königshof mußte die Himmelserscheinung große Aufmerksamkeit, ja Betroffenheit auslösen. Für die Magier war damit der Weg gewiesen: »Und siehe, der Stern, den sie im Morgenland gesehen hatten, ging vor ihnen her, bis er über dem Ort stand, wo das Kindlein war« (MATTHÄUS 2, 9).

Natürlich wußten die Magier, daß die Sterne nicht über dem Haus stehen konnten. Aber so wirkte das Zusammentreffen der Sterne auf sie bei der Perspektive, die sie hatten. Für sie war es eine große Ermutigung, daß die Sterne jetzt genau vor ihnen nach Süden wiesen, als sie auf dem alten Karawanenweg aus dem Jaffator nach Hebron hinausritten. So kamen sie genau nach Bethlehem.

Daß Christen dennoch die Astrologie ablehnen, ist kein Widerspruch. Gott ging diesen suchenden Magiern nach und zeigte ihnen den Weg zum Weltheiland Jesus. Sie blieben nicht bei ihren Sternen stehen, sondern fielen vor dem Kind nieder und beteten es an.

Auf einem anderen Weg zogen sie dann wieder in ihr Land, weil Gott ihnen im Traum befohlen hatte, nicht zu Herodes zurückzukehren. Wo war aber dieser andere Weg? Er führt direkt von Bethlehem über die Hirtenfelder, am späteren Kloster des Theodosius vorbei, bis man das tief in die Felsen eingeschnittene Wadi des Kidrontales kreuzt. Dort geht es nach Jerusalem, wo Herodes in seinem Palast vor dem Kind bangt. In südlicher

Karawanenzug in der Wüste

Richtung erhebt sich der Felskegel des Herodium, seine Fluchtburg, die ganz bald sein Grab werden sollte. Dann zogen die Magier in nordöstlicher Richtung weiter, bis man über die 1200 Meter steil abfallenden Berghänge einen Blick nach Jericho und zum Toten Meer hat.

So will dieser Bericht des Matthäus uns nicht die Astrologie wichtig machen, sondern die Weltbedeutung Jesu. Am Anfang seines Evangeliums hält Matthäus dies mit dem Bericht der Magier fest. Nicht anders ist es am Ende seines Evangeliums. Dort übermittelt er uns die Worte Jesu: Mir ist gegeben alle Gewalt im Himmel und auf Erden. Darum gehet hin und macht zu Jüngern alle Völker: Taufet sie auf den Namen des Vaters und des Sohnes und des heiligen Geistes und lehret sie halten alles, was ich euch befohlen habe. Und siehe, ich bin bei euch alle Tage bis an der Welt Ende (Matthäus 28, 18 - 20).

Herodium, die Trutzburg eines prächtigen Tyrannen

Der Kindermord von Bethlehem – Unter dem Schutz Gottes – Jesus als Flüchtling – Der prunkvolle Leichenzug – Der Mord an der Lieblingsfrau

Luxus und Pracht in jeder Form liebte der vom hellenistischen Geist geprägte Herrscher Herodes, der auch der Große sein wollte. Er ließ die schönsten Bauwerke an vielen Orten in Israel errichten, die alles bisher Dagewesene in den Schatten stellten. Gleichzeitig war er von einer unsagbaren Angst besessen, die ihn bedenkenlos morden ließ. Er ahnte, daß die Fundamente seines Imperiums morsch und hohl waren. Dreiunddreißig Jahre herrschte er auf dem judäischen Thron. Das erreichte er durch eine skrupellose, schmeichelnde Diplomatie, die ihm seine Macht bei den einflußreichen Cäsaren in Rom sichern sollte.

Bereits im hohen Alter ordnete Herodes den Kindermord von Bethlehem an. Diese unvorstellbar grausame Tat paßt jedoch zu dem Bild dieses Mannes. »Als Herodes nun sah, daß er von den Weisen betrogen war, wurde er sehr zornig und schickte aus und ließ alle Kinder in Bethlehem töten und in der ganzen Gegend, die zweijährig und darunter waren« (Matthäus 2,16).

Was das Evangelium an Herodes herausstellt, entspricht wirklich seinem Wesen. Er wollte jede Situation unter seine Kontrolle bringen. Eigentlich hätte er ja beim

Kommen der Magier aus dem Osten hellhörig werden müssen, daß hier ein Größerer als er am Wirken ist. Aber nein, auch hier mußte seine Macht siegen. Dafür war ihm kein Mittel zu schlecht. Bald darauf wurde sein toter Leib an Bethlehem vorbei zum Begräbnis auf den Hügel Herodium getragen.

Aber Jesus steht unter dem Schutz Gottes und ist dem Zugriff des Herodes entzogen. Auf die Weisung Gottes hin flieht Josef mit Maria und Jesus nach Ägypten (MATTHÄUS 2,13-15). Auch das Schicksal eines Flüchtlings sollte Jesus durchleiden.

Von den Hirtenfeldern in Bethlehem aus kann man jenen merkwürdigen Kegelberg sehen, der oben platt gemacht wurde. Es ist das Herodium, elf Kilometer hinter Bethlehem, und eine jener neun von Herodes gebauten Burgen, die seine Herrschaft sichern sollten. Dies ist die einzige Burg, die seinen Namen trägt. Sie steht unmittelbar an der Grenze der Wüste Juda zum Kulturland. Hier beginnen die trostlos kahlen Berge, die dann steil zum Toten Meer abfallen.

Die sonderbare Form des gleichmäßig runden Kegels und der oben abgeflachten Spitze war nur durch große Erdbewegungen, Stützen und Mauern möglich. Die Burg muß sagenhaften Reichtum in sich geborgen haben. Nicht allein innen, sondern auch nach außen. Selbst für Wasser war ausreichend gesorgt, um Garten, Thermen und die prächtigen Wohnungen auch für lange Zeit zu versorgen. Ob Herodes hier überhaupt längere Zeit gelebt hat, wissen wir nicht. Aber daß er sich hier hat bestatten lassen, steht fest, auch wenn wir sein Grab nicht kennen.

Herodes starb siebzigjährig in seinem großartigen Schloß in Jericho. Noch fünf Tage vor seinem Tod ließ er seinen ältesten Sohn hinrichten. 15000 Juden waren im Hippodrom in Jericho eingesperrt. Bei seinem Tod sollten sie umgebracht werden, damit unter den Juden kein Freudenfest ausbrechen, sondern geweint werden sollte. Glücklicherweise stoppte seine Schwester Salome dieses furchtbare Morden.

Als dann der Leichenzug von Jericho durch die Wüste Juda zum Herodium zog, lief kein einziger Jude hinter dem Sarg her. So viel kann man sicher sagen: Der Haß war zu groß, auch wenn Herodes, selbst religiös, Jude sein wollte und doch immer fremder Idumäer und seinem Wesen nach noch mehr schöngeistiger, in seinen Taten aber eher ein unheimlicher, wüster Grieche blieb.

Vermutliche Darstellung von Herodes dem Großen

Auch auf der Bahre war der Leichnam voller Luxus, Schmuck und Purpur. Dahinter im Zug all die Söldner und Sklaven, die Gallier, Germanen, Thraker und Galater, nach Nationen geordnet. Unheimlicher kann ein Leichenzug nicht die völlige Armut und Leere von Pomp und Macht ausdrücken. Sein Grab wurde bis heute nicht gefunden. Vielleicht wurde es schon früh ausgeraubt.

Die Frau, die er als einzige von seinen neun Ehefrauen liebte, Mariamne, ließ er hinrichten, weil er hinter ihr eine Verschwörung witterte. Auch ihre Söhne starben, ebenso wie fünf weitere Söhne von anderen Frauen. Herodes litt an maßlosem Verfolgungswahn. »Lieber des Herodes Schwein sein als sein Sohn!« sagte Kaiser Augustus voll Verachtung über Herodes, weil dieser als Jude kein Schweinefleisch aß.

Das war der Herrscher, der den Tempel in Jerusalem so herrlich überragend aufbauen ließ, daß er selbst den Bau des Salomo in den Schatten stellte. Aber gleichzeitig hat das Evangelium mit dem schrecklichen Bericht vom Kindermord in Bethlehem das grausame Wesen treffend festgehalten.

Herodium

Der Herr baut Jerusalem auf!

6000 Jahre alt – Das Erbe Melchisedeks – Der geheimnisvolle Wasserschacht zur Burg Zion – Die stillen Wasser von Siloah und der rettende Tunnel – Die hochgebaute Stadt unten – Das Haus des Kanzlers – Die verbrannte Buchrolle des Propheten – Hoffnung für die zerfallene Hütte Davids

Selbst wenn man alle Schönheiten Jerusalems besucht und sich alle geschichtlichen Ereignisse lebendig vergegenwärtigen könnte, so ist doch auch die 6000jährige Geschichte nur ein Teil der Bedeutung dieser Stadt. Die große Stunde Jerusalems wird in der Zukunft liegen. »Denn siehe, ich will Jerusalem zur Wonne machen und sein Volk zur Freude, und ich will fröhlich sein über Jerusalem und mich freuen über mein Volk«, spricht Gott, der Herr (Jesaja 65, 18 f.). Überall in den prophetischen Weissagungen der Bibel haben diese ihre Mitte in dieser Stadt und seinem Berg Zion.

Schon bei den Patriarchen Israels findet Jerusalem Erwähnung. Um seinen kriegsgefangenen Neffen Lot zu befreien, war Abraham in die Schlacht gegen die Ostkönige gezogen. Als er müde vom Kampf zurückkam, ging ihm Melchisedek, der König von Salem (= Frieden), im Kidrontal, das auch Königstal genannt wurde, entgegen und erquickte Abraham mit Brot und Wein. Er segnete Abraham im Namen des größten und höchsten Gottes, und Abraham gab ihm den Zehnten von seinen Gütern (1. Mose 14, 17 - 20). So geheimnisvoll die Gestalt des Priesterkönigs

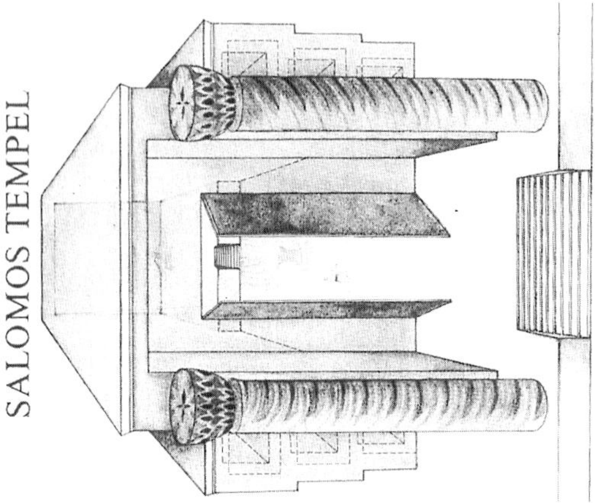

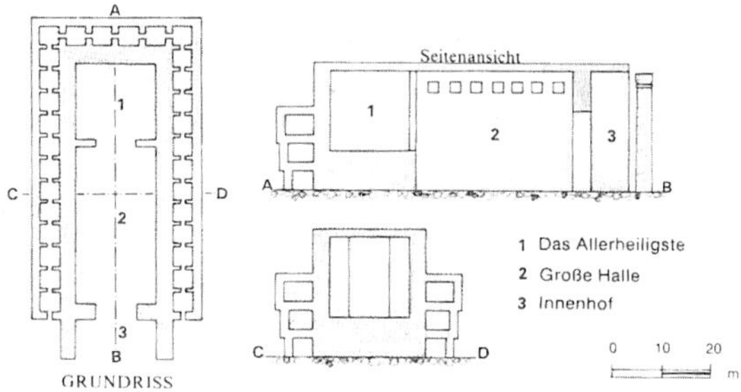

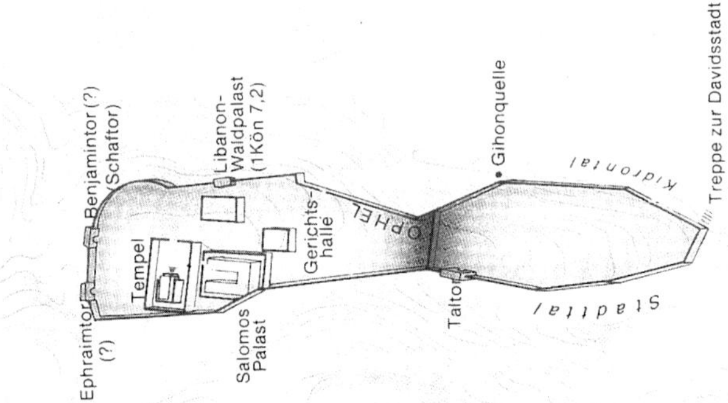

Jerusalem zur Zeit von Salomo und David

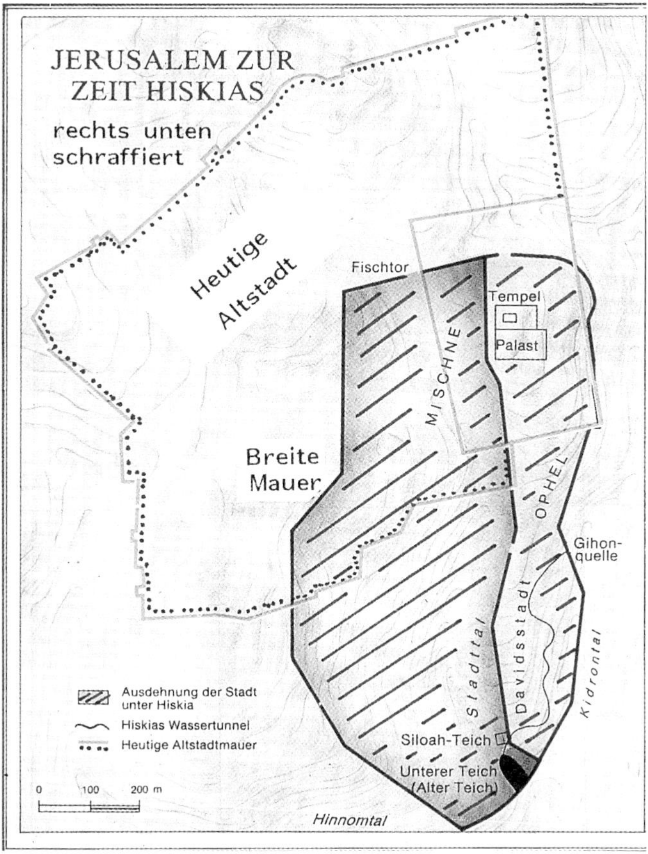

Jerusalem zur Zeit Hiskias

Melchisedek auch bleibt, er wird uns als Vorläufer Davids noch aus der kanaanäischen Zeit gezeigt, der in der Stadt Jerusalem regierte. Das Königtum in Israel war ganz entscheidend geprägt von diesem Urbild des Friedensreiches des Melchisedek, das Gott Abraham offenbarte. Bei der feierlichen Inthronisation Davids wurde dieser später dann ein Priester nach der Weise Melchisedeks genannt (PSALM 110, 4) und hat auch wie sein Nachfolger Salomo priesterliche Aufgaben wahrgenommen (2. SAMUEL 6, 17; 24, 25; 1. KÖNIGE 8, 54 ff.). Im Neuen Testament wird dann gezeigt, daß dieser Melchisedek ein Abbild Jesu Christi ist, der durch sein Opfer eine für alle Zeit gültige Sühne erwirkt hat (HEBRÄER 5, 6.10; 7).

Noch während der Landnahme Kanaans durch die Israeliten wohnten dort die Jebusiter, die nicht vertrieben werden konnten (JOSUA 15, 63; RICHTER 1, 21), auch wenn Adoni-Zedek, der König der Stadt Jerusalem mit seinen Verbündeten von Josua geschlagen wurde (JOSUA 10). Durch die archäologischen Ausgrabungen ist die Lage der alten jebusitischen Stadt Jerusalem bekannt. Sie lag südlich des Tempelbergs auf dem Höhenkamm des südöstlichen Hügels mit der steilen Böschung zum Kidrontal, war 420 Meter lang und 100 Meter breit und mit bis heute erhaltenen Mauern gut befestigt.

David regierte als König zuerst sieben Jahre nur über den Stamm Juda von der südlich liegenden Stadt Hebron aus. Als dann auch die übrigen Stämme Israels ihn zum König bestimmten, suchte er eine neue Hauptstadt auf neutralem Boden und eroberte 997 v. Chr. zu diesem Zweck die zentral gelegene Jebusiterstadt Jerusalem. Die kanaanäischen Verteidiger vertrauten offenbar sicher auf ihre guten Befestigungsanlagen, schützten aber ihren geheimnisvollen Quellgang nicht, den David gekannt haben muß. Überraschend stieg Joab, einer der Heerführer Davids, mit seinen Männern von der Gihonquelle in den 13 Meter hohen senkrechten Wasserschacht und durch weitere 30 Meter eines schrägen Tunnels mit Treppen in das Innere der Stadt, die Burg Zion genannt wird, und öffnete den Belagerern die Tore (2. SAMUEL 5, 6 - 10; 1. CHRONIK 11, 4 - 6).

Wie Jerusalem immer von seinem System der Wasserversorgung abhängig blieb, zeigt die Gihonquelle am östlichen Steilabhang des Bergrückens der Jebusiterstadt bei dem Ort Siloah. Gihon bedeutet »Sprudler« und meint die mehrmals am Tag auftretenden stoßartigen Wasserströme. Unter König Ahas (732 - 715 v. Chr.) floß das Wasser in einem offenen, teilweise aus dem Felsen herausgeschlagenen Kanal zu den Gärten im Kidron-Tal. Hier am Ende der Wasserleitung des oberen Teiches beim Acker des Walkers stand König Ahas mit zitternden Knien, in panischer Angst, während der kriegerischen Belagerung durch die syrisch-ephraimitische Armee (JESAJA 7, 1 - 3). Der Prophet Jesaja rief ihn dann von der ängstlichen Sorge zum glaubenden Vertrauen: Glaubt ihr nicht, so bleibt ihr nicht! (JESAJA 7, 9)

Weil Juda aber nicht glaubte, illustrierte der Prophet an diesem stillen Wasserfluß vom Gihon, wie unvergleichlich mächtiger Gottes Gericht sie heimsuchen wird: »Weil dies Volk verachtet die Wasser von Siloah, die still dahinfließen, und in Angst zerfließt vor Rezin und dem Sohn Remaljas, siehe, so wird der Herr über sie kommen lassen die starken und vielen Wasser des Stromes, nämlich den König von Assyrien und alle seine Macht, daß sie über alle ihre Ränder fluten und über alle ihre Ufer gehen. Und sie werden einbrechen in Juda und wegschwemmen und überfluten,bis sie an den Hals reichen« (JESAJA 8, 6 - 8)

König Hiskia ließ dann wenig später, etwa im Jahr 702 v. Chr., in einer technischen Meisterleistung den 553 Meter

Jerusalem, vom Scopus aus gesehen

langen Hiskia-Tunnel von beiden Seiten her graben, um auch in Belagerungszeiten das dringend benötigte Wasser innerhalb der Stadtmauern schöpfen zu können (2. KÖNIGE 20,20). Wegen der Härte des Gesteins ist der Tunnel vielfach gewunden. Dennoch verfehlten sich die Tunnel-

Teich Siloah

bauer nur um wenige Zentimeter. Die Gihonquelle wurde damit abgedeckt (2. CHRONIK 32, 1-4) und das Wasser in den Teich Siloah geleitet. Die Wanderung durch den geschlängelten Wassertunnel ist nur mit Kerze oder Taschenlampe möglich, wobei neben dem Wasser die geringe Breite zwischen 55 und 65 Zentimetern und die an manchen Stellen nur 1,45 Meter hohe Decke beachtet werden muß.

Jesaja stand diesen Arbeiten ziemlich kritisch gegenüber, weil sie vom größten Übel, nämlich dem sittlichen Verfall der Bevölkerung in Jerusalem ablenkten: »Aber ihr schauet auf die Rüstungen ... Und ihr saht, daß viele Risse in der Stadt Davids waren, und sammeltet das Wasser des unteren Teiches. Ihr zähltet auch die Häuser Jerusalems und brachet sie ab, um die Mauer zu befestigen und machtet ein Becken zwischen beiden Mauern für das Wasser des alten Teiches. Doch ihr saht nicht auf den, der solches tut, und schautet nicht auf den, der solches schafft von ferne her« (JESAJA 22, 8-11).

Etwa 20 Meter oberhalb der Gihonquelle fanden Archäologen ein altes Stadttor aus der Jebusiterzeit, das von zwei Türmen flankiert war. Es handelt sich dabei wohl um das Wassertor, durch das der junge Salomo unter dem Jubel des Volkes ritt, bevor er an der Gihonquelle vom Priester Zadok und vom Propheten Nathan zum König gesalbt wurde (1. KÖNIGE 1,45).

Das Wassertor wird nach der Rückkehr aus der babylonischen Gefangenschaft nochmals bei Nehemia genannt, als das Volk wie ein Mann sich auf dem Platz vor dem Wassertor aufstellt, um die Verlesung des Gesetzes unter Esra zu verfolgen. Auf die große Erschütterung der betroffenen Gewissen der Zuhörer folgte das Evangelium des Nehemia: »Seid nicht bekümmert; denn die Freude am Herrn ist eure Stärke!« (NEHEMIA 8,1.3.10.16)

Fälschlich wird die »Davidsstadt« immer wieder auf den höchsten Hügeln, also in der Oberstadt beim sogenannten »Davidsgrab« vermutet. Schuld daran ist die heute noch gebräuchliche irreführende Bezeichnung »Zionsberg«, die aber erst im 2. Jahrhundert nach Christus aufkam. Die frühere Davidsstadt liegt terrassenförmig abfallend auf dem niedrigeren Südosthügel, südlich des Tempelbergs, entlang des Kidrontals. Für den heute auf dem Ölberg stehenden Betrachter ist dies ungewöhnlich, weil diese alte Davidsstadt jetzt außerhalb der Stadtmauern und »unten« auf dem Hügel liegt.

In der Bibel steht »Zion« zuerst für die Davidsstadt (2. CHRONIK 5, 2f.; PSALM 76, 3). Dann wird der Name der Burg das »heilige Zion«, der heilige Berg (PSALM 2, 6; 48, 3), den der Herr erwählt hat (PSALM 78, 68), vor dem die Macht der Feinde zerbricht. Aber gleichzeitig steht Zion auch für die ganze Stadt und das heilige Volk: »Gott wird Zion helfen« (PSALM 69, 36). »Tu wohl an Zion nach deiner Gnade« (PSALM 51, 20); »Die Tochter Zion verachtet dich« (2. KÖNIGE 19, 21). Und dann wird unzählig oft in der Botschaft der Propheten »Zion« als die messianische Heilszusage Gottes für Jerusalem und sein Volk, die »Tochter Zion«, gebraucht. Das Reich Gottes breitet sich von Zion aus über alle Völker »bis zu den fernsten Inseln«.

Die Davidsstadt (720 m hoch) – und auch der Tempelberg (744 m) – sind nicht die höchsten Berge Jerusalems. Trotzdem heißt es: Jerusalem ist »fest gegründet auf den heiligen Bergen« (PSALM 87, 1). »Wie um Jerusalem Berge sind, so ist der Herr um sein Volk her« (PSALM 125, 2). Der Blick geht da vom Tal hoch zur Davidsstadt. Der südwestliche Hügel mit der heutigen katholischen Dormitioabtei und erst recht der Ölberg (827 m), Skopus-Berg (814 m), auch der Berg des bösen Rates mit dem heuti-

Gärten im unteren Hinnomtal

gen Sitz der UNO (797 m) und der Zitadelle des Herodes (772 m) sind viel höher als die Davidsstadt, ganz abgesehen von der heutigen Neustadt.

Offenbar hat David nur die alte Jebusiterstadt Burg Zion befestigt, nicht aber vergrößert. Von seinen Bauten, einem Palast und einer Kaserne, die mit Bauholz aus dem Libanon gefertigt wurden, ist heute nichts mehr nachzuweisen.

Wenn man von der Gihonquelle über eine Treppe nach oben zur Davidsstadt geht, kommt man zum sogenannten Ofel. Dort ist die Mauer der Jebusiter freigelegt, die aus dem 18. Jahrhundert v. Chr. stammt. Man erkennt sie an den großen, unbehauenen Steinen. Erst im 8. Jahrhundert hat man eine neue Mauer etwas weiter innen gebaut, wie es in der Bibel sehr genau auch mit der Ortsbeschreibung festgehalten ist (2. CHRONIK 27, 3; 33, 14). Der Steilhang der Davidsstadt war ja früher noch viel tiefer als heute. Die dort am Hang gebauten Häuser mußten terrassenförmig errichtet werden, ganz ähnlich wie heute die Häuser am gegenüberliegenden Hang von Siloah. Vermutlich war dies der »Millo«, den Salomo baute (1. KÖNIGE 9, 15; 11, 27; auch 2. CHRONIK 32, 5).

Der interessanteste Teil der Ausgrabungen sind Häuser aus der Königszeit. Dort fand man auch unter den Brandspuren viele Scherben mit gut lesbaren Namen. In einem Haus, das deutlich die Spuren einer früheren Kanzlei aus der Königszeit trägt, findet sich auch der Name: »Gemarja, des Sohnes Schafans« (JEREMIA 36, 10). Der Vater Schafan hatte einst bei Josia tatkräftig bei der Gesetzesreform mitgewirkt.

Weil das Leben des Propheten Jeremia bedroht war, diktierte er seine Botschaften dem Schreiber Baruch. Der las aus der Buchrolle in dem besagten Haus des Gemarja

»bei dem neuen Tor am Haus des Herrn« vor. Von dort kam dann die Rolle in den Palasthof. König Jojakim, der von 609 - 598 herrschte, saß am Kohlenfeuer und ließ von Zeit zu Zeit immer wieder ein Stück der verlesenen Rolle abschneiden und ins Feuer werfen. Nur so konnte König Jojakim mit dem Wort Gottes fertigwerden, das sich in sein Gewissen bohrte. Er mußte es vernichten, um seinen Anspruch zu entkräften. Jeremia aber ließ eine neue Rolle von Baruch schreiben und fügte noch viele ähnliche Worte hinzu (JEREMIA 36, 4 - 32). Dieser König Jojakim war ein Sohn des Reformers Josia, aber aus ganz anderem Holz geschnitzt. Er hielt sich Sklaven und erhob hohe Steuern für seinen verschwenderischen Lebensstil. In **Ramet-Rachel** am Weg nach Bethlehem ließ er sich einen Palast bauen, der ausgegraben wurde. »Weh dem, der sein Haus mit Sünden baut und seine Gemächer mit Unrecht!« rief der Prophet (JEREMIA 22, 13 - 17). Mit Jojakim ist schon der Anfang vom Ende des judäischen Königtums in Jerusalem erreicht. Er starb im Alter von 36 Jahren auf dem Weg in die Gefangenschaft nach Babel.

Um nochmals von den Ausgrabungen am Steilhang der Davidsstadt zu König David selbst zurückzukehren, so verdient zuerst seine politische Leistung eine Würdigung. David schuf ein Riesenreich, das weit über Juda und Israel hinausreichte. Im Norden wurde Syrien bis an den Euphrat unterworfen, im Osten Ammon, Moab und Edom, im Süden Amalek. Das ausgedehnte Reich brauchte eine umfassend funktionierende Verwaltung. Ein Kanzler und ein Staatssekretär (Schreiber) haben neben Räten die verschiedenen Beamten beaufsichtigt (2. SAMUEL 8, 16 f.; 1. CHRONIK 27, 32 - 34; 2. SAMUEL 20, 24).

Die schlimmste Bedrohung kam aus der eigenen Familie. Gott hatte durch den Propheten Nathan dem König

David zugesagt, daß er ihm »ein Haus« bauen will, nämlich seine Familie bestätigen auf dem Königsthron (2. SAMUEL 7). Nun sind es die Kronprinzen selbst, die diese Verheißung durch massive Sünde und Unrecht gefährden. Doch Gott setzt seine Verheißung gegen alle menschliche Bosheit durch.

Wieviel schreckliches Leid lag über dem Palast Davids (2. SAMUEL 13 - 20). David selbst wird von der Sünde mitgerissen und mordet Uria, um Spuren zu verwischen (2. SAMUEL 11). Das sogenannte Absalomgrab im Kidron-Tal erinnert, auch wenn es erst sehr spät ihm zugesprochen wurde, an ein von ihm errichtetes Steinmal im Königstal (2. SAMUEL 18, 18). Im Aufruhr Absaloms muß David aus Jerusalem fliehen. Er geht barfuß den Ölberg hinauf, weinend und das Haupt verhüllt (2. SAMUEL 15, 30).

Schon vor seiner Geburt durch Batseba hat Gott diesen Sohn Salomo zum Nachfolger auf dem Thron und zum König des Friedens und der Ruhe bestimmt (1. CHRONIK 22, 9). Fast hätte Adonija noch durch eine Revolte selbst den Thron an sich gerissen (1. KÖNIGE 1). Aber in allem kommt Gott zu seinem Ziel.

Der »Sonnenkönig« Salomo (965 - 926 v. Chr.) baute dann Jerusalem weit aus, nach Norden bis zum Tempel. Erfahrene Architekten und Handwerker kamen aus Phönizien mit kostbarem Baumaterial vom Libanon. Salomo hält selbst Rückblick: »Ich tat große Dinge: ich baute mir Häuser, ich pflanzte mir Weinberge, ich machte mir Gärten und Lustgärten und pflanzte allerlei fruchtbare Bäume hinein; ich machte mir Teiche, daraus zu bewässern den Wald der grünenden Bäume ... Ich sammelte mir auch Silber und Gold ... beschaffte mir Sänger und Sängerinnen ... und war größer als alle, die vor mir zu Jerusalem waren.« Im Rückblick urteilte er über seine Arbeit: »Siehe, da war es alles eitel und Haschen nach Wind und kein Gewinn unter der Sonne« (PREDIGER 2, 4 - 12).

Die große Prachtentfaltung dauerte keine 70 Jahre, dann rissen sich die zehn Nordstämme vom Haus Davids los und gründeten das Reich Israel im Norden, das dann 722 untergehen sollte. 16 Kilometer nördlich von Jerusalem verlief 200 Jahre lang die Landesgrenze. Nur der Stamm Benjamin blieb bei Juda.

Unglücklich war, daß Rehabeam, der Thronfolger Salomos, kein Verständnis für die unter hohen Steuerlasten murrende Bevölkerung hatte. Er ließ sich im Gegenteil von seinen jugendlichen Beratern zu mehr Härte aufstacheln und verwarf den weisen Rat der Alten (1. KÖNIGE 12).

Der Zerfall des Hauses David hatte erschütternd begonnen. Über den Trümmern des alten wird Gott ein neues Davidsreich aufbauen. Das verkündigt der Prophet Amos, ein Viehhirte aus Tekoa (AMOS 9, 11). Das wird am Ende der Geschichte, am Tag Gottes sein. So geschah es dann bei der Geburt Jesu. Der Bote Gottes kündigte Maria vor der Geburt Jesu an: »Du sollst ihm den Namen Jesus geben. Der wird groß sein und Sohn des Höchsten genannt werden; und Gott der Herr wird ihm den Thron seines Vaters David geben, und er wird König sein über das Haus Jakob in Ewigkeit, und sein Reich wird kein Ende haben« (LUKAS 1, 31 f.).

Aus Zion bricht an der schöne Glanz Gottes

Eine Pestepidemie in Jerusalem – Geheimnisvolle Kanäle und Höhlen im heiligen Felsen – Der Herr ist in seinem heiligen Tempel – Ein König wird aussätzig – Mißverstandener Tempelkult

Beherrschend steht das achteckige Bauwerk des Felsendoms mit der riesigen goldenen Kuppel in der Mitte Jerusalems. Es ist ein moslemisches Heiligtum und gehört nach Mekka und Medina zu den heiligsten Stätten des Islam. Es hat unbegreiflicherweise alle Zerstörungen Jerusalems überdauert, nachdem es 691 durch den Kalifen Abd Al-Malik vollendet wurde. Was ist das für ein Platz, wo heute

Darstellung der Opferung Isaaks als Mosaik aus dem 6. Jahrhundert in der Synagoge von Bet Alfa

dieser Harem esch-Sharif, der Felsendom, steht und neben ihm, kaum weniger wichtig, die große El Aksa-Moschee mit ihrer Silberkuppel?

Es ist der Berg Morija (2. Chronik 3, 1), der Platz, an dem Abraham Gottes Gnade überwältigend erlebte und seinen Sohn Isaak neu aus der Hand Gottes erhielt. Gott, der alles fordern kann, versöhnt uns durch sein Opfer. Wir sind und bleiben die Beschenkten (1. Mose 22).

An diesem Platz stand die Tenne des Jebusiters Arauna. Ein felsiger Boden und ein hochgelegener Ort, über den der Wind weht und die Spreu wegblasen kann, sind für einen richtigen Dreschplatz nötig. Das war an diesem Platz gegeben, wo später der Tempel stand.

Eine schlimme Pestepidemie hatte während der Regierung Davids in kürzester Zeit 70 000 Todesopfer in Israel gefordert. Dahinter stand Gottes hartes Gericht mit seinem Volk. Eben noch hatte der König stolz die Zahl seiner wehrfähigen Männer erheben lassen, offenbar um militärisch besser planen zu können. Gott wollte aber dieses Rechnen mit Macht und Auftrumpfen mit Zahlen nicht. Er sucht nur den Glauben und hilft nicht den Stolzen, Erhabenen und Starken, sondern den Schwachen und Geringen. Mit der Pestwelle kam der Gerichtsengel nach Jerusalem. David sah den Gerichtsengel bei der Tenne Araunas und sprach zu dem Herrn: »Ich habe gesündigt, ich habe die Missetat getan. Was haben diese Schafe getan?« David sprang in die Bresche als Fürsprecher für das bedrohte Volk. Er wollte die Pest, die Gott als Antwort auf seine Versündigung mit der Volkszählung geschickt hatte, stoppen (2. Samuel 24, 16 - 25; 1. Chronik 21, 17 - 30). Und da »reute den Herrn das Übel und er sprach zum Engel: Es ist genug!« So weist auch dieser Bericht sowohl auf Gottes unerbittlich hartes Gericht über alle Versündigung seines Volkes, aber auch auf seine wunderbare und geheimnisvolle Gnade und Barmherzigkeit. Dieses Miteinander von Gericht und Gnade ist dann am eindrücklichsten offenbart worden, als Jesus den Weg zum Kreuz ging, wo Strafe und Freispruch zusammenfallen: »Mit einem Opfer hat er für immer die vollendet, die geheiligt werden« (HEBRÄER 10, 14).

Leider hat der etwa 15 auf 12 Meter herausragende sichtbare Felsen, der einst zur Tenne Araunas gehörte und heute der Mittelpunkt im Felsendom ist, noch nie richtig archäologisch untersucht werden können. Hier muß der Brandopferaltar des salomonischen Tempels gestanden haben. Besonders interessant wäre vor allem die Höhle, die aber durch Wände verkleinert ist. Auch zeigt der hohle Klang der in den Boden eingelassenen weißen Marmorplatte, daß sich darunter eine weitere Höhle verbirgt. Sicher ist auch, daß ein in den Felsen gehauener Kanal nordwärts führt. Nach der jüdischen Überlieferung mußte das Opferblut durch einen Kanal zum Kidrontal abfließen.

Im vierten Jahr seiner Regierung, um 964 v. Chr., begann Salomo mit dem Bau des Tempels des Herrn (1.KÖNIGE 6, 1). Etwa 160 000 Männer arbeiteten sieben Jahre an dem Bau, 80 000 in den Steinbrüchen, 110 000 als Holzfäller im Libanon, 70 000 als Lastträger. Selbst bei dem Behauen der riesigen und wuchtigen Steine hörte man in Jerusalem »weder Hammer noch Beil noch irgendein eisernes Werkzeug« (1. KÖNIGE 6, 7). Sie wurden in unterirdischen Steinbrüchen bearbeitet. Der phönizische König Hiram sandte Künstler und Baumeister und das nötige Zedern- und Zypressenholz. Das Bauwerk des Tempels hatte eine Größe von 31, 5 auf 10, 5 Meter und gliederte sich in Vorhalle, Heiligtum und Allerheiligstes, einem fensterlosen Raum, in dem die Bundeslade, das Zeichen der Gegenwart Gottes, stand.

Ausgerechnet bei diesem größten Bau des glanzvollen Friedenskönigs haben Archäologen nichts erforschen können, weil das Gelände unter dem weiten Plateau des heutigen moslemischen Felsendoms und der Aksa-Moschee liegt und nicht angetastet werden darf. Aber auch von der übrigen gewaltigen und prachtvollen Bautätigkeit Salomos in Jerusalem, seinem »Libanonwaldhaus« genannten Palast, Säulenhalle, Thronhalle, Haus der Tochter Pharaos (1. KÖNIGE 7,2-8), sind abgesehen von einem kleinen Stück einer Säule, die im Geröll gefunden wurde, keine Spuren entdeckt worden, weil alles völlig zerstört wurde. Um einen Innenhof waren das »Libanon-Waldhaus«, eine Säulenhalle und eine Thron- und Gerichtshalle gruppiert.

Zeder

Um einen zweiten Innenhof, der wohl mit dem Wachthof (JEREMIA 38, 6) identisch ist, lag dann Salomos eigener Palast. Der Tempel war somit nur ein Teil der großen Gesamtanlage. Während dies alles nun für Archäologen nicht zu erforschen ist, finden sich außerhalb Jerusalems viele Zeugnisse der Bautätigkeit Salomos.

Was war das Besondere des von Salomo gebauten Tempels? Nicht die auch bei anderen Tempeln gefundenen ähnlichen Baugrundrisse, Altäre oder heiligen Räume, sondern die Gegenwart des unsichtbaren Gottes. Nicht der Bau oder der Ort des Tempels war heilig, sondern er wurde geheiligt durch die Offenbarung und Gegenwart Gottes und durch seine Gemeinde, die dort betete und opferte. Selbst Salomo fragte bei der Einweihung: »Sollte Gott wirklich auf Erden wohnen? Siehe, der Himmel und aller Himmel Himmel können dich nicht fassen – wie sollte es dann dies Haus tun, das ich gebaut habe?« Dann betete er: »Wende dich aber zum Gebet deines Knechts und zu seinem Flehen ... Laß deine Augen offen stehen über diesem Haus Tag und Nacht, über der Stätte, von der du gesagt hast: Da soll mein Name sein« (1. KÖNIGE 8, 27-29). Als aber die Priester die Bundeslade im Allerheiligsten abgestellt hatten, erfüllte »die Wolke« und der Lichtglanz der Herrlichkeit Gottes den Tempel, so daß die Priester nicht zum Dienst hinzutreten konnten (1. KÖNIGE 8, 10 f.).

Nicht Priester und Propheten heiligten den Tempel, sondern der Herr selbst heiligte hier seine Diener. Hier im Tempel hatte ein junger Mann aus gutem Hause namens Jesaja (um 740-690 v. Chr.) seine Berufung zum Prophetendienst im Alter von gerade zwanzig Jahren erhalten. Er sah die gewaltige Allmacht und Größe Gottes, die ihn in ihrer Majestät überwältigte: »Heilig ist Gott der Herr! Alle Lande sind seiner Ehre voll!« (JESAJA 6, 1-8) Darüber er-

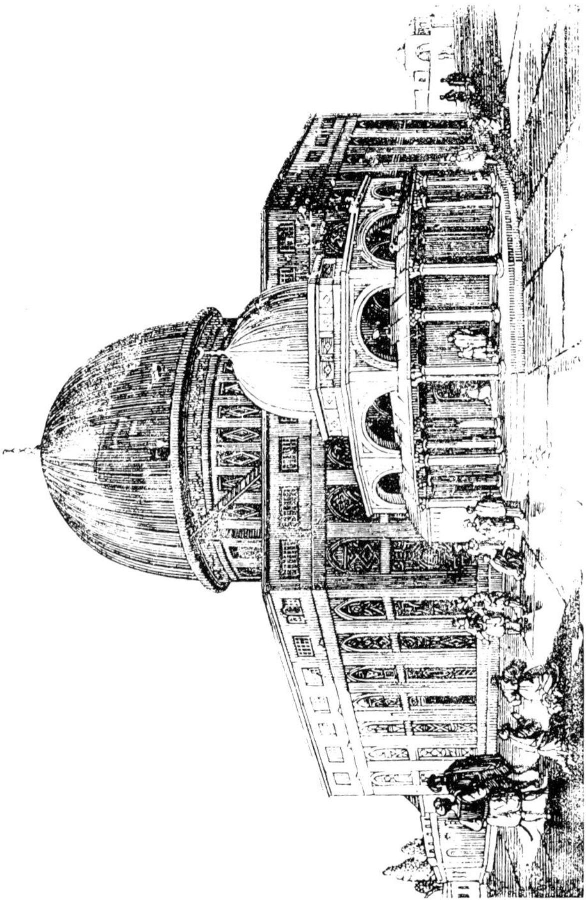

Der Felsendom in Jerusalem

wachte sein Gewissen und er erkannte seine tiefe Schuld vor Gott, so wie es kein Gesetz, sondern nur die Offenbarung der Größe Gottes aufdecken kann. Befreiung von Schuld kann nur Gott schaffen. So erlebte es Jesaja im Tempel. Als Begnadigter hatte er den Mut und die Kraft, sich Gott zum Dienst zu weihen. Prophet kann nur sein, wer mit seinen Brüdern das Verlorensein teilt, aber dann auch die Barmherzigkeit und Vergebung Gottes erfahren hat.

Man kann es mißverstehen, wie wenn Propheten das Gericht Gottes anzukündigen und zu vollstrecken hätten. In Wirklichkeit aber sind Propheten Boten der Barmherzigkeit, die um Gefallene ringen, um sie wieder in den Gehorsam Gottes und damit unter den Segen zurückzubringen.

Leidenschaftlich kämpfte Jesaja im Namen Gottes für eine Erneuerung Jerusalems. Er sah schon, wie zur »letzten Zeit alle Heiden herzulaufen« zum Zion, weil von dort »Weisung ausgehen« wird (Jesaja 2, 1-5). Darum ist Umkehr nötig: »Wascht euch, reinigt euch, tut eure bösen Taten aus meinen Augen, laßt ab vom Bösen! Lernt Gutes tun, trachtet nach Recht!« Und dann das große Angebot, das er befreiend erfahren hatte: »Wenn eure Sünde auch blutrot ist, soll sie doch schneeweiß werden, und wenn sie rot ist wie Scharlach, soll sie doch wie Wolle werden« (Jesaja 1, 16-18).

Tafel am Grab des später umgebetteten aussätzigen Königs Usia auf dem Ölberg: »Hierher wurden die Gebeine Usijas, des Königs von Juda, gebracht. Nicht öffnen!«

Wo aber Menschen im Tempel eigenmächtig, ohne dafür von Gott berufen zu sein, ihm dienen wollen, fallen sie unter sein Gericht. Der mit Eroberungen und mit Bauwerken und Projekten zur Entwicklung des Landes äußerst erfolgreiche König Usija (787 - 736 v. Chr.) wollte auch am Räucheraltar am Tempel sein Opfer selbst darbringen. »Sein Herz überhob sich«, als er mächtig geworden war. Als die Priester ihn vor diesem Schritt warnten: »Geh hinaus, es wird dir keine Ehre bringen!« wurde Usija zornig, als er schon das Räuchergefäß in der Hand hatte. Im selben Augenblick wurde der König aussätzig »vom Herrn« und mußte im Asyl leben und durfte auch nicht bei den Königen bestattet werden (2. CHRONIK 26).

Leidenschaftlich kämpften die Propheten gegen die lasterhafte, verdorbene und genußsüchtige Oberschicht, die nur dem Luxus frönte. Sie brandmarkten die Frauen, die mit lüsternen Augen trippeln und tänzeln. Ihnen wird der Herr allen Schmuck wegnehmen: Hauben und Riechfläschchen, Armspangen und Ohrringe. »Es wird Gestank statt Wohlgeruch sein und ein Strick statt eines Gürtels und eine Glatze statt lockigen Haars und statt des Prachtgewandes ein Sack« (JESAJA 3, 16 - 24).

Was sollte da jener mystische Tempelglaube, der zwar gesetzlich Feste, Opfer und Sabbate regelte, aber das persönliche Leben und Tun nicht bessern wollte? (JEREMIA 7, 3). So stellten sie den ganzen Gottesdienst damit in Frage: »Was soll mir die Menge eurer Opfer? Ich habe kein Gefallen am Blut der Stiere, der Lämmer und Böcke ... Das Räucherwerk ist mir ein Greuel! ... Wenn ihr auch viel betet, höre ich euch doch nicht, denn eure Hände sind voll Blut« (JESAJA 1, 11 - 17). Dies richtet sich nicht gegen den Tempeldienst, wohl aber gegen einen völlig falsch verstandenen äußerlichen Kultdienst. Gott sucht nicht das Opfertier, son-

Gebal
SIDONIER
ARAM-ZOBA
Berota
BET-REHOB
ARAM-DAMASK
Damas
Sidon
Tyrus
Dan
MAACHA
Kedesch
GESCHUR
Akko
Kinneret
See Kinneret
Aschtarot
See Kinneret
Dor
Megiddo
Tob
Bet-Schean
Ramot-Gilead
I S R A E L
Hefer
Sichem
Mahanajim
Afek
Jafo
Bethel
Jordan
AMMON
Rabbat-Ammon
Ekron
Aschdod
Gat
Jerusalem
Medeba
Aschkelon
Gaza
PHILISTER
Hebron
Totes Meer
Aroër
Gerar
JUDA
MOAB
Scharuhen
Beerscheba
Kir-Moab
Bach Ägyptens
Zoar
Tamar
Kadesch-Barnea
Bozra
E D O M
Teman
Elat
Grenzen der Reiche Israel und Juda
Das israelitische Königreich zur Zeit Davids und Salomos einschließlich der eroberten und der unter israelitischem Einfluß stehenden Gebiete
0 25 50 km

dern das gehorsame Herz dessen, der ihm dient. Der Prophet Micha hat es dann einprägsam zusammengefaßt, was gut ist und der Herr fordert: »Gottes Wort halten und Liebe üben und demütig sein vor deinem Gott« (MICHA 6,8).

Jeremia, der Prophet Gottes, mußte seine erschütternde Tempelrede am Tor des Heiligtums halten. Er wandte sich mit seiner harten Kritik gegen die dort angestellten, bezahlten Propheten, denen die persönliche Bekehrung weniger wichtig war als der Tempelkult. »Geht hin an meine Stätte zu Silo, wo früher mein Name gewohnt hat, und schaut, was ich dort getan habe wegen der Bosheit meines Volks Israel ... so will ich mit dem Haus, das nach meinem Namen genannt ist, auf das ihr euch verlaßt ... ebenso tun, wie ich mit Silo getan habe, und will euch von meinem Angesicht verstoßen« (JEREMIA 7,12-15). Ist ein Volk Gott ungehorsam geworden, so kann auch das Heiligtum dieses Volk nicht mehr schützen. Gott hütet nicht Heiligtümer, sondern sucht den Glauben. So war die Zerstörung des Tempels vom Ungehorsam der Gemeinde Gottes selbst unaufhaltsam in Gang gesetzt.

Jeremia mußte ankündigen: »Werdet ihr aber diesen Worten nicht gehorchen, so habe ich bei mir selbst geschworen, spricht der Herr: dies Haus soll zerstört werden« (JEREMIA 22,5). Dieses Wort zitierte Jesus angesichts der Herrlichkeit des dritten Tempels, den Herodes der Große errichtet hatte: »Siehe, euer Haus soll euch wüst gelassen werden« (MATTHÄUS 23,38).

Nach der Reichsteilung die Königreiche Juda und Israel

Die Stadt Jerusalem zertrümmert als Steinhaufen

Geplünderter Tempelschatz – Menschenopfer und Götzendienst – Der Lästerbrief ausgebreitet im Tempel – Das Tal des Grausens – Der zerschmetterte Krug – Wächter auf den Mauern – Deportation nach Babel – Wiederaufbau in 52 Tagen

Es dauerte nur fünf Jahre nach dem Tod des Friedenskönigs Salomo, dann brachen feindliche Heere in Juda ein. Pharao Schischak I. (945 - 924 v. Chr.) plünderte in Jerusalem den Tempel und den Palast: »alles, was zu nehmen war« (1. KÖNIGE 14, 25 - 28).

Auch das benachbarte Brudervolk des Nordreichs Israel zog unter König Joasch (802 - 787 v. Chr.) gegen Jerusalem und riß ein breites Loch in die Mauer. Die Feinde nahmen »alles Gold und Silber und Gerät, das gefunden wurde im Hause des Herrn und im Schatz des Königshauses, dazu die Geiseln« (2. KÖNIGE 14, 13 f.).

Als Grund, daß Gottes Schutz gewichen war, nennen die biblischen Geschichtsschreiber eindeutig und knapp: »Und Juda tat, was dem Herrn mißfiel; und sie reizten den Herrn mehr, als alles ihn reizte, was ihre Väter getan hatten mit ihren Sünden, die sie taten. Denn auch sie machten sich Höhen, Steinmale und Ascherabilder auf allen hohen Hügeln und unter allen grünen Bäumen. Es waren auch Tempelhurer im Lande; und sie taten alle Greuel der Heiden, die der Herr vor ihnen vertrieben hatte« (1. KÖNIGE 14, 22-24). Wie verbreitet der Kult der Aschera oder Astarte in Israel war, zeigen Tausende von Figuren aus Ton. Aschera wird meist als nackte Frau mit langen Haaren dargestellt und gilt als Göttin der Fruchtbarkeit und der Liebe. Die kultische Tempelprostitution von Männern und Frauen lebte immer wieder auf den Höhenheiligtümern in Israel auf (HOSEA 4, 12-14). Das »Huren« ist deshalb nicht bildlich gemeint, sondern wörtlich zu verstehen.

Der Prophet klagt: »Die treue Stadt ist zur Hure geworden. Sie war voll Recht, Gerechtigkeit wohnte darin; nun aber – Mörder« (vgl. JESAJA 1, 21).

Unter dem judäischen König Ahas (741-725 v. Chr.) wurde sogar im Tempel von Jerusalem ein Altar zu Ehren des Siegs der assyrischen Götter aufgestellt, getreu einem Modell in Damaskus nachgebildet. Den eigentlichen Altar des Gottes Israels aber rückte Ahas zur Seite und setzte einfach die Opfer ab (2. KÖNIGE 16, 10-18). Wie hatte der Prophet Jesaja noch um den Glauben dieses Königs Ahas gerungen, als er ihm an der Wasserleitung der Gihonquelle begegnete: »Bleibe still und fürchte dich nicht!« (JESAJA 7, 1-7). Daß dieser Ahas sich nun aus purer Angst vor der Großmacht im Osten lieber Assur unterwarf statt dem lebendigen Gott zu trauen, paßt in das, was die Bibel von ihm berichten kann. Er brachte seinen eigenen Sohn als Menschenopfer dem assyrischen Gott Milkom dar »nach den greulichen Sitten der Heiden« (2. KÖNIGE 16, 3). Wie weit verbreitet der Götzendienst in Israel immer blieb, das bestätigen auch Ausgrabungen am Osthang Jerusalems, wo unter dem Geröllschutt ein heidnischer Kultraum aus dieser Zeit freigelegt wurde. Zwei kanaanäische Kultsteine, sogenannte Masseben, stehen dort aufrecht, obwohl Gott sie doch seinem Volk verboten hat, weil er sie verabscheut und haßt.

Jerusalem, vom Ölberg aus gesehen

Ärgerlich war auch der ganze Lebensstil der führenden Funktionäre der Regierung. Wie hat Jesaja wüten können, wenn er das pompöse Grab »in der Höhe« provozierend sah, das sich der arrogante Hofbeamte Schebna schon zu Lebzeiten im Fels aushauen ließ: »Siehe, der Herr wird dich wegwerfen ... dich zum Knäuel machen ... dich aus deiner Stellung stürzen« (JESAJA 22, 15 - 19). Ein Grab in Siloah am östlichen Kidronhang ist von Archäologen als Grab Schebnas mit den uralten Schriftzeichen wiedererkannt worden.

Welch eine mutige Tat vollbrachte da Hiskia (725 - 697 v. Chr.), der im Alter von 25 Jahren seinem heidnischen Vater Ahas folgte. Er zerstörte die Opferstätten auf den Höhen, zerbrach die Steinmale, hieb das hurerische Bild der Aschera um und löste sich auch ganz aus der Abhängigkeit von Assyrien. Er vertraute dem Herrn wie sonst kein König nach ihm und wich nicht von seinen Geboten (2. KÖNIGE 18, 5 f.). Was das für eine kühne Entscheidung war, kann man kaum in allen seinen Ausmaßen ahnen. Meist sind politische Führer zögernd und gehen nur mit der öffentlichen Meinung. Hiskia ging allein festen Schritts voraus und führte die anderen. Das war nur aus echtem Glauben heraus möglich. Immer wieder redete er auf seine Leute ein: »Seid getrost und unverzagt, fürchtet euch nicht und verzagt nicht vor dem König von Assur noch vor dem ganzen Heer, das bei ihm ist; denn mit uns ist ein Größerer als mit ihm!« (2. CHRONIK 32, 7 f.)

Deshalb hat Hiskia aber sein Königsamt nicht vernachlässigt. Mit einer genialen technischen Leistung ließ er den Siloahkanal aus dem Fels schlagen. Er »besserte alle Mauern aus, wo sie Lücken hatten ... und baute noch eine andere Mauer« (2. CHRONIK 32, 5). Lange Zeit war diese Notiz unverständlich, bis 1970 Archäologen im jüdischen Viertel von Alt-Jerusalem 35 Meter von einem Mauerwall mit etwa 7 Meter Dicke und einer Höhe bis über 3 Meter freilegten, der zu den wichtigen Sehenswürdigkeiten heute gehört. Die ganze Mauer ist acht Meter hoch. Durch Scherben, Schriften und anderes konnte diese Mauer Hiskia zugeschrieben werden. Erst dadurch erfuhr man, wie weit die Stadt sich in dieser Zeit nach Westen ausgebreitet hatte. Viele Flüchtlinge strömten damals, nachdem das Nordreich mit seiner Hauptstadt Samaria von den Assyrern eingenommen war, nach Jerusalem. Jetzt mußte neuer Wohnraum geschaffen und die Mauern erweitert werden. Für den Bau der Mauer wurden Häuser abgebrochen (JESAJA 22,10; JEREMIA 33,4). Damit war am Ende der judäischen Königszeit die ganze Oberstadt schon besiedelt. Diese Oberstadt heißt im Alten Testament dann zweiter Bezirk (2. KÖNIGE 22,14; NEHEMIA 11,9). Der »Mörser«, von dem der Prophet spricht, war die Senke zwischen Oberstadt und Unterstadt, also der Davidsstadt (ZEPHANJA 1,10). Darauf geht auch das Wort zurück, »Jerusalem ist eine Stadt, in der man zusammenkommen soll« (PSALM 122,2 f.), was eigentlich meinte, es sei eine zusammengebaute Stadt.

Nur etwa 40 Meter weiter nördlich kann man unter einem Wohnhaus auf Treppen zehn Meter auf das damalige Niveau hinabsteigen und einen ausgegrabenen Mauerturm besichtigen, der auch zur damaligen Stadtbefestigung gehört. Dort hat man dann auch Brandspuren und Pfeilspitzen der späteren Erstürmung Jerusalems durch die Babylonier im Jahr 587 v. Chr. gefunden (2. KÖNIGE 25, JEREMIA 39; 52).

Zunächst rückte im Jahr 701 v. Chr. dann tatsächlich der assyrische König Sanherib wie befürchtet mit einer riesigen Heeresmacht gegen Jerusalem vor und belagerte die Stadt. Kurz vorher war das Nordreich in Samaria von Sanherib endgültig vernichtet und große Teile der Bevölkerung in die Gefangenschaft deportiert worden. Ausführlich berichtet die Bibel über die inneren Glaubenskämpfe, die sich

Belagerung

im Herzen des bedrängten Königs Hiskia abspielten. Die feindlichen Heerführer machten sich über den König des kleinen Juda lustig: »Wohlan, nimm eine Wette an ... Ich will dir zweitausend Rosse geben, ob du Reiter dazu stellen kannst?« (2. KÖNIGE 18, 23). Und sie spotteten: »Laßt euch nicht vertrösten auf den Herrn!« (2. KÖNIGE 18, 30). Einen ähnlichen Schmähbrief nahm Hiskia nur und breitete ihn im Tempel vor Gott aus (2. KÖNIGE 19, 14). Der Prophet Jesaja unterstützte Hiskia kräftig und verkündete das Wort des Herrn gegen Sanherib: »Die Tochter Zion verachtet dich und spottet deiner« (2. KÖNIGE 19, 21). Tatsächlich erhörte Gott das Gebet Hiskias, und Sanherib mußte seine Belagerung von Jerusalem noch in der Nacht wegen einer Epidemie abbrechen. Er wurde dann 681 v. Chr. in Ninive von seinen Söhnen in einer Palastrevolution umgebracht.

Im Britischen Museum in London steht ein sechsseitiges Tonprisma, das in den Trümmern Ninives gefunden wurde. Darin berichtet Sanherib großmäulig von seinem angeblich triumphalen Sieg über »Hiskia von Juda, der sich meinem Joch nicht unterworfen hatte ... schloß ich wie einen Käfigvogel in Jerusalem, seiner Residenz, ein.« Der ganze assyrische Text beschreibt zwar mit dem Bild vom Käfig die Belagerung, verschleiert aber die wirklichen Geschehnisse, warum Sanherib Jerusalem nicht einnehmen konnte.

Manche meinen, sich den plötzlichen Abzug Sanheribs leichter mit Tributzahlungen Hiskias erklären zu können. Die sind auch nach dem biblischen Bericht gezahlt worden, konnten aber dennoch die anschließende Belagerung Jerusalems nicht aufhalten (2. Könige 18, 13 - 16). Umso unerklärlicher bleibt der überraschende Abzug Sanheribs, als Jerusalem wirklich völlig am Ende seiner Widerstandskraft war. Allein die biblische Erklärung leuchtet ein. Gottes Wort, durch Jesaja geredet, erfüllte sich: »Weil du nun gegen mich tobst ... will ich dir meinen Ring in die Nase legen und meinen Zaum in dein Maul und will dich den Weg wieder heimführen, den du gekommen bist« (Jesaja 37, 29). Welch ein faszinierendes Bild des Glaubens: Die Großmacht Assur wird von Gott vorgeführt wie ein Tanzbär mit dem Ring in der Nase.

Der politische Niedergang Assurs half Juda nochmals zu einer Blüte und großen Ausdehnung unter dem treuen und gehorsamen König Josia (639 - 609 v. Chr.), der mit acht Jahren den Thron in Jerusalem bestieg. Offenbar hatte seine gläubige Mutter seine Erziehung entscheidend geprägt. Sein Vater Manasse war wieder ganz in das heidnische Götzentum zurückgefallen und trieb es dabei auf die Spitze: Er »betete alles Heer des Himmels an und diente ihnen ... er ließ seinen Sohn durchs Feuer gehen und achtete auf Vogelgeschrei ... und hielt Geisterbeschwörer« (2. Könige 21, 1 - 18). Damit sind die Sterngottheiten Assurs angesprochen und die Feueropfer für den Sonnengott. Um die Statue der assyrischen Götzenfigur Ischtar, nichts anderes als die uralte, sinnliche Figur Astarte, tanzten Tempelprostituierte, die in besonderen Häusern beim Tempel ihrem Gewerbe nachgingen. Ganz Jerusalem ließ sich wieder in diesen mitreißenden und ansteckenden Rausch der Fruchtbarkeitsreligion hineinziehen. Alle treuen Mahner Gottes wurden mundtot gemacht.

Jede Generation in Israel mußte sich neu für den Gehorsam gegenüber Gottes Lebensordnung entscheiden. Mit dem Wegwerfen der fremden Götzenbilder war auch die riskante politische Loslösung von Assur verbunden. Josia tat dies ganz konsequent, »obwohl er noch jung war« im Alter von 16 Jahren (2. CHRONIK 34, 3). Er zerstörte die Altäre Baals »vor seinen Augen« und vernichtete die kanaa-

Israelitische Gefangene

näischen Götzenaltäre auf den Höhen, indem er die Knochen der Priester darauf verbrannte. Bei einer groß angelegten Renovation im Tempel wurde das Gesetzbuch Moses wiedergefunden. Getreu dem Gesetz zerstörte Josia – wie auch die Ausgrabungen an anderen Orten in Juda zeigen – konsequent alle Heiligtümer, damit nur noch in Jerusalem geopfert werden konnte (2. CHRONIK 34, 4-7).

An dieser Stelle muß das Tal Ben-Hinnom erwähnt werden, das in einem Bogen südlich der Zitadelle längs der heutigen Stadtmauer um den Zionsberg bis zum Kidron-Tal verläuft. König Josia zerstörte das dort im Tofet (= Feuerstätte) über Jahre hin aufgestellte Kultbild des Moloch, an dem Kinderopfer dargebracht wurden, und machte es unrein (2. KÖNIGE 23, 10). Der Prophet Jeremia unterstützte darin König Josia und griff die langjährige schreckliche Verkehrung des wahren Gottesdienstes hart an. Er drohte, daß man das Tal Ben-Hinnom künftig »Würgetal« nennen müsse, weil man die Masse der Toten im Gericht Gottes nicht mehr beerdigen könne (JEREMIA 7, 29-33). Als symbolische Handlung zerschmetterte Jeremia im Auftrag Gottes in diesem Tal Ben-Hinnom einen neuen Krug: »... so will ich dies Volk und diese Stadt zerbrechen. Und man wird im Tofet begraben, weil sonst kein Raum dafür da sein wird ... Und die Häuser Jerusalems und die Häuser der Könige von Juda sollen ebenso unrein werden wie die Stätte Tofet« (JEREMIA 19, 10-13). Für viele Juden war dieser Ort, der dann auch Gehenna (= Hölle) genannt wurde, ein unreines Tal. Wenn man weiß, daß dort, wo das Tal Ben-Hinnom und das Kidron-Tal zusammentreffen, die Töpfer ihren Platz hatten, so wird diese Demonstration noch lebendiger. Dort war die Quelle Rogel und damit das nötige Wasser vorhanden. Hier kaufte Jeremia den neuen Krug, den er dann zerschmetterte.

Der Prophet Jeremia sah die kommende Katastrophe und völlige Zerstörung Jerusalems deutlich voraus. Gott, »die lebendige Quelle, verlassen sie und machen sich Zisternen, die doch rissig sind und kein Wasser geben« (JEREMIA 2, 13). Sein Ruf »Bessert euer Leben und euer Tun!« (JEREMIA 7, 3), wird mit Redeverbot oder mit Vernichtung seiner Schriften (JEREMIA 36) beantwortet. Jeremia hat furchtbar gelitten an der Gerichtsbotschaft, die er verkündigen mußte. Gleichzeitig hat er aber auf eine ganz einmalige Weise Gottes Erbarmen und Gnade seinem Volk verheißen: »Ich habe dich je und je geliebt, darum habe ich dich zu mir gezogen aus lauter Güte« (JEREMIA 31, 3). Er sieht schon die Zerstreuten Israels aus der Gefangenschaft zurückkehren. Gott wird »ihr Trauern in Freude verwandeln und sie trösten und sie erfreuen nach ihrer Betrübnis« (JEREMIA 31, 13). Mit einem ganz neuen Bund wird Gott sein »Gesetz in ihr Herz geben und in ihren Sinn schreiben ... ich will ihnen ihre Missetat vergeben und ihrer Sünde nimmermehr gedenken« (JEREMIA 31, 33 f.). Die Erfüllung dieser gewissen Zusagen Gottes an sein Volk Israel stehen noch aus. Paulus hat sie ganz neu unterstrichen und bestätigt: »Gott können seine Gnadenverheißungen und Berufung nicht gereuen!« (RÖMER 11, 29)

Schon standen die Wächter auf den Mauern Jerusalems, die Gott an seine Verheißungen erinnern. »Laßt ihm keine Ruhe, bis er Jerusalem wieder aufrichte und es setze zum Lobpreis auf Erden!« Um Zions willen wird Gott auch nach der Zerstörung des Tempels nicht schweigen, und um Jerusalems willen nicht innehalten, bis seine Gerechtigkeit aufgehe wie ein Glanz und sein Heil brenne wie eine Fackel (JESAJA 62, 1-9).

Das schwere Gericht Gottes mußte aber noch in seiner ganzen Tiefe durchlitten werden. Der babylonische

König Nebukadnezar eroberte 598 v. Chr. Jerusalem und nahm den verschwenderischen, geldgierigen und harten König Jojakim gefangen (2. KÖNIGE 23,34-24,6). Das war der König, der Jeremias auf der Buchrolle geschriebene Worte im Kohlenfeuer verbrennen ließ. Nun mußte er das Gericht über das von ihm unschuldig vergossene Blut durchleiden. Sowohl der Tempel- wie auch der Palastschatz, was davon überhaupt noch vorhanden war, wurde geraubt. Handwerker und Soldaten wurden nach Babylon deportiert.

In vier Keilschriften in Babel findet man auch den Namen seines Nachfolgers, des 18jährigen Königs Jojachin von Juda, der dort 37 Jahre als Kriegsgefangener gleichsam in der Geiselhaft mit seinen fünf Söhnen lebte. Erst mit 55 Jahren sollte er in Babel wieder in Würde leben können. Das war in der Tat ein teurer Preis für eine Königsherrschaft von nur drei Monaten und zehn Tagen (2. KÖNIGE 24,6-8; 25,27-30).

Ein dann in Jerusalem als König eingesetzter Onkel Jojachins namens Zedekia ließ sich gegen den dringenden Rat Jeremias zu einer Revolte gegen Babylon hinreißen. Nebukadnezar reagierte schnell, besetzte das ganze Land um Jerusalem. Die gefundenen Tonscherben (Ostraka) von Lachisch dokumentieren die verzweifelte Situation, als der Kommandant berichtete, daß er die Signalzeichen von Aseka nicht mehr sehen könnte. Bei Jeremia werden diese beiden Festungen als die einzigen genannt, die zu diesem Zeitpunkt noch nicht erobert waren (JEREMIA 34,7). Die Brandspuren in den Ausgrabungen von Lachisch zeigen auch diese Eroberung. 587 v. Chr. fällt dann das ausgehungerte Jerusalem. Zedekia wird auf der Flucht bei Jericho gefangengenommen, seine Söhne werden vor seinen Augen getötet, ihm selbst werden die Augen ausgestochen. Jerusalem wurde grausam heimgesucht, geplündert und niedergebrannt, die Stadtmauern zerbrochen, die Bevölkerung nach Babel deportiert.

Blendung eines Feindes

Wie gründlich Jerusalem zerstört wurde, berichtet Nehemia, der zur Gruppe der Deportierten gehörte und es bis zum Mundschenk am Hof des Ataxerxes in Susa brachte. Er motiviert 445 v. Chr. die in Jerusalem verbliebenen Familien: »Jerusalem liegt wüst und seine Tore sind mit Feuer verbrannt. Kommt, laßt uns die Mauern Jerusalems wieder aufbauen« (NEHEMIA 2, 17). In der Rekordzeit von nur 52 Tagen wurde die Stadtmauer wieder aufgebaut. »Mit der einen Hand taten sie die Arbeit, und mit der andern hielten sie die Waffe« (NEHEMIA 4, 11).

Das Entscheidende war aber nicht der äußere Wiederaufbau des Tempels, sondern eine wirkliche geistliche Erneuerung des Volkes. Der Prophet Haggai macht Mut im Namen Gottes: »Mein Geist soll unter euch bleiben.

Fürchtet euch nicht!« (HAGGAI 2, 5). Sacharja weist auf die Bedeutung Jerusalems für die Völkerwelt hin: »Es soll nicht durch Heer oder Kraft, sondern durch meinen Geist geschehen, spricht der Herr Zebaoth« (SACHARJA 4, 6).

Auf der berühmten, fünf Meter hohen Bronzeskulptur der Menora, dem siebenarmigen Leuchter, vor der Knesset (Sitz des israelischen Parlaments) in Jerusalem, steht diese Verheißung Gottes auf den beiden unteren Armen.

Der neue Tempel des Herodes – welch ein Gebäude!

Kümmerlicher Wiederaufbau – Die Bauwut des Herodes – Der große Vorhof mit den Märkten – Das Licht der Welt – Wasser auf das dürre Land – Das knarrende Tor – Zwei alte Menschen und ein Baby – Sich selbst geopfert – Die kleinste Münze – Das Allerheiligste – Der stumme Priester – Jerusalem wird zertreten werden! – Alte Treppen vom Tempel Salomos

Nach der babylonischen Gefangenschaft erließ der persische Herrscher Kyrus 538 v. Chr. ein Edikt, das den Wiederaufbau des Tempels gestattete. Die einst von Nebukadnezar geraubten Gefäße zum Tempeldienst wurden zurückgegeben. Der Wiederaufbau des Tempels kam aber bald wegen der Aktionen der »Widersacher Judas« ins Stocken. »Das machte die Juden mutlos und schreckte sie vom Bauen ab« (Esra 4, 4). Dagegen kämpften die Propheten Sacharja und Haggai an und forderten, sich zuerst um Gottes Reich und sein Haus zu kümmern, dann würde ihnen das Alltägliche auch zufallen. Unter dem persischen Statthalter Serubbabel wurden dann 515 v. Chr. die Arbeiten am Tempel abgeschlossen (Esra 6, 14 f.).

»Meister, siehe, was für Steine und was für Bauten!« (Markus 13, 1) Damit drückten die Jünger Jesu ihre Bewunderung für den einzigartigen dritten Tempelbau aus, den Herodes der Große an der Stelle des zweiten Tempels nach der babylonischen Gefangenschaft errichten ließ. Im Evangelium wird eine Bauzeit von 46 Jahren erwähnt (Johannes 2, 20). Es wurde aber bis kurz vor der Zerstörung im Jahr 70 n. Chr. noch am Tempel gebaut. Der äußere Tempelbezirk wurde vergrößert und damit auf 144 000 Quadratmeter fast verdoppelt. Der eigentliche Tempel, den nur Juden betreten durften, blieb in der alten Größe von 500 auf 500 Ellen (= 262, 5 m auf 262, 5 m) erhalten (Hesekiel 42, 16 - 20). Dazu gehörte auch der Vorhof der Frauen.

Der Zugang von den äußeren Vorhöfen zum eigentlichen Tempelbezirk war für Nichtjuden durch Warntafeln in griechischer und hebräischer Sprache unter Androhung der Todesstrafe verboten. Diese Tafel stammt vom herodianischen Tempel.

Herodes, der selbst kein Jude war und deshalb den inneren Tempelbezirk überhaupt nicht betreten durfte, scheute keine Ausgabe, um die Weissagung des Propheten Haggai zu erfüllen: »Es soll die Herrlichkeit dieses neuen Hauses größer werden, als die des ersten gewesen ist« (2,9).

Für die Verhaftung des Paulus in Jerusalem war ja der Anlaß, daß manche meinten, er hätte Trophimus aus Ephesus als Griechen und Nichtjuden in den Tempel gebracht und damit »diese heilige Stätte entweiht« (APOSTELGESCHICHTE 21,27-30).

Die äußeren Vorhöfe waren an ihren Außenmauern mit schönen Säulenhallen umgeben. Die nach Osten hin, zum Kidron-Tal gelegen, nannte man die Halle Salomos. Man hat sich schon gefragt, ob damals auch Saul von Tarsus in dieser Halle studierte, bevor er vom Wort Jesu getroffen wurde. Bis zu seiner Bekehrung hat er sein Leben in Jerusalem zugebracht, zuletzt im Studium der Theologie zu Füßen der Rabbinen (APOSTELGESCHICHTE 26,4). In dieser Halle führten sie ihre lehrhaften Gespräche.

Dort wurde Jesus am Tempelweihfest (hebr. Chanukka, auch Lichterfest genannt) umringt von Juden, die ihn hart bedrängten: »Bist du der Christus, so sage es frei heraus.« Jesus bekennt sich eindeutig dazu, sagt aber offen, daß ihr Unglaube das Erkennen des Messias unmöglich mache. Nur im Hören und Nachfolgen kann man Jesus als Gottessohn und Messias erkennen: »Meine Schafe hören meine Stimme und ich kenne sie und sie folgen mir, und ich gebe ihnen das ewige Leben, und sie werden nimmermehr umkommen, und niemand wird sie mir aus meiner Hand reißen« (JOHANNES 10,22-30).

In dieser Halle hielt Petrus nach der Heilung des Gelähmten eine große Missionspredigt: »Ihr habt den Fürsten des Lebens getötet! Den hat Gott auferweckt von den Toten ... Und durch den Glauben an seinen Namen hat sein Name diesem, den ihr seht und kennt, Gesundheit gegeben vor euer aller Augen ... So tut nun Buße und bekehrt euch!« (APOSTELGESCHICHTE 3,12-26)

Die ersten Christen von Jerusalem schätzten den Tempel als täglichen Versammlungsort und Anbetungsstätte (APOSTELGESCHICHTE 2,46; 5,12). In einer dieser Hallen saß auch Jesus als Zwölfjähriger inmitten der Rabbinen, hörte ihnen zu und stellte Fragen an sie. »Und alle, die ihm zuhörten, verwunderten sich über seinen Verstand und seine Antworten.« Auf die Vorhaltungen seiner Eltern sagte ihnen Jesus: »Wißt ihr nicht, daß ich sein muß in dem, was meines Vaters ist?« (LUKAS 2,41-52)

An der Seite nach Süden lag die kaiserliche Säulenhalle, die Herodes – anders als den eigentlichen inneren Tempelbezirk – ganz nach seinen prächtigen baulichen Vorstellungen errichten konnte. Ihre 162 Säulen ragten 25 Meter hoch. Sie war etwa doppelt so lang wie der Kölner Dom, um sich die Länge richtig vorstellen zu können. Hier waren wahrscheinlich die Wechsler, die für die Opferstöcke das »reine« Geld eintauschten. Händler verkauften dort blökende und gurrende Opfertiere, weil man hier beim südwestlichen Eck des Tempelplatzes über die Treppe am später sogenannten Wilson-Bogen unmittelbar zum Markt kam. Mit dieser Reinigung des Tempels hat Jesus überhaupt nichts Politisches gewollt, wie ihm zuweilen unterstellt wird, sondern das kommende Gericht angekündigt. Jesus ist für eine tiefe und konsequente Erneuerung des Glaubens in Reinheit, Gebet und Gehorsam gegenüber Gott eingetreten (MARKUS 11,15-17).

Auch Jesus ging zum Laubhüttenfest nach Jerusalem. Es war ein Erntefest der Trauben und Oliven, das beliebteste Fest, voll Dank und großer Freude. Man feierte aber auch im Weinberg oder Obstgarten in kleinen Hütten den Auszug aus Ägypten mit diesem Fest. Man erinnerte sich dabei, daß man selbst Pilger über die Erde ist, wie einst die Väter durch die Wüste. In Erinnerung an die Feuersäule, die dem wandernden Gottesvolk voranzog, stellte man im Frauenhof vier große goldene Leuchter mit goldenen Schalen auf, die über die Mauern das Licht weit hinausstrahlen ließen. Männer tanzten voll Freude mit Fackeln. Leviten machten Musik mit Lauten und Zimbeln. Da hinein sprach Jesus ein Wort, das weit über dieses Fest in Jerusalem hinausweist und die ganze Welt meint: »Ich bin das Licht der Welt. Wer mir nachfolgt, wird nicht wandeln in der Finsternis, sondern wird das Licht des Lebens haben« (JOHANNES 8, 12).

Am siebten Tag des Laubhüttenfestes, »der am herrlichsten war«, stieg am frühen Morgen, bevor das Opfer dargebracht wurde, ein Priester zum Teich Siloah hinunter. In einer feierlichen Prozession zog er dann über den Robinsonbogen, von dem man noch heute das Pfeilerfundament sehen kann, durch das westliche Tor, das heute noch gut an der Mauer unter der heutigen El-Aksa-Moschee zu erkennen ist, unter Begleitung von Musik und Psalmen zum Brandopferaltar und goß das Wasser dort aus. Nur an diesem Fest durften die Männer in den Priestervorhof. Da zogen sie mit einem Feststrauß von Weidenzweigen singend um den Brandopferaltar und freuten sich an Gott, der Wasser im trockenen Land gibt. Dabei wurde auch das Prophetenwort zitiert: »Ihr werdet mit Freuden Wasser schöpfen aus den Heilsbrunnen« (JESAJA 12, 3).

Jesus hat einen tiefen Blick in die Herzen der dort feiernden Menschen getan. Gut, wenn man seinen Durst noch kennt. Darum rief er unter die vielen tausend Feiernden: »Wen da dürstet, der komme zu mir und trinke! Wer an mich glaubt, wie die Schrift sagt, von dessen Leib werden Ströme lebendigen Wassers fließen« (JOHANNES 7,37 f.).

Eins der Tore, das in den inneren, nur für Juden zugänglichen Tempelbezirk führte, war die »Schöne Pforte« am Eingang zum Vorhof der Frauen. Sie hatte ihren Namen deshalb, weil sie die am prächtigsten ausgestaltete Tür war und die einzige von Osten her. Dort saß der Lahme und wartete auf Gaben der Wohltätigkeit. Petrus und Johannes standen vor ihm: »Silber und Gold habe ich nicht; was ich aber habe, das gebe ich dir: Im Namen Jesu Christi von Nazareth steh auf und geh umher! ... Sogleich wur-

So muß man sich den von Herodes dem Großen zur Zeit Jesu errichteten südwestlichen Teil des Tempelplatzes vorstellen. Rechts erkennt man an der Südseite die Treppenaufgänge und zwei Tore, darüber die »Königliche Halle«. Links befindet sich die Westmauer, heute Klagemauer genannt. Die Überreste der Brücke sind als »Wilsonbogen«, der Ansatz des Treppenaufgangs als »Robinsonbogen« noch erkennbar. Für Touristen führt heute der Zugang über eine Rampe in der Mitte zwischen diesen beiden Zugängen durch das Maghrebinertor.

den seine Füße und Knöchel fest, er sprang auf und konnte gehen« (APOSTELGESCHICHTE 3).

Vom Vorhof der Frauen führten fünfzehn niedere, geschwungene Treppen zum »Hof der Israeliten hinauf, dem nur für jüdische Männer reservierten Teil. Das Tor dort war von dem reichen Juden Nikanor aus Alexandria gestiftet, kostbar aus Bronze gestaltet und so schwer, daß zwanzig Männer es morgens öffnen mußten. Das laute Knarren muß in ganz Jerusalem zu hören gewesen sein als ein Zeichen, daß der Tag beginnt. Die Grabstätte des Stifters wurde am Anfang unseres Jahrhunderts auf dem Skopusberg entdeckt.

Dort im Vorhof der Frauen war nach jüdischer Sitte der Platz beim Tor Nikanor, wo neben dem Reinigungsopfer am 40. Tag eines neugeborenen Kindes auch das Lösegeld von fünf Schekel für den Erstgeborenen bezahlt werden mußte. Sehr genau berichtet auch hier Lukas (2, 23 f.) und erwähnt die Vorschriften des Gesetzes in 2. MOSE 13 und 4. MOSE 3, 40 ff. Die Eltern Jesu gehörten zu den armen Leuten und konnten das vorgeschriebene Reinigungsopfer, das aus einem Schaf zum Brandopfer und einer Taube zum Sündopfer bestand, nicht aufbringen (3. MOSE 12, 6 - 8). Sie durften sich dann wegen ihrer beschränkten Mittel mit einem Paar Turteltauben, jener kleinen Zugvögel, und einem Paar Tauben begnügen.

Dabei begegneten sie dem greisen Simeon, der beim Sehen des Kindes Jesus ausrief: »Herr, nun läßt du deinen Diener in Frieden fahren, wie du gesagt hast; denn meine Augen haben deinen Heiland gesehen, den du bereitet hast vor allen Völkern, ein Licht, zu erleuchten die Heiden und zum Preis deines Volkes Israel!« Und zu Maria: »Siehe, dieser ist gesetzt zum Fall und zum Aufstehen für viele in Israel und zu einem Zeichen, dem widersprochen wird.« Auch

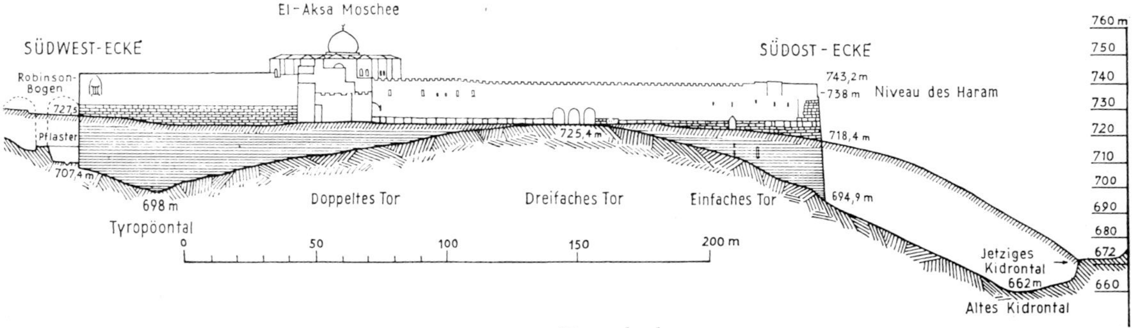

Tempelanlage

die verwitwete alte Prophetin Hanna trat herzu und »pries Gott und redete von ihm zu allen, die auf die Erlösung Jerusalems warteten« (LUKAS 2, 25 - 38). Wenn Lukas auch noch die Namen der Eltern jener betagten Hanna erwähnt, stellt er damit klar, daß er verläßliche Berichte erzählt.

Im Vorhof der Frauen standen dann auch jene dreizehn Opferstöcke, die man wegen ihres Aussehens »Posaunen« nannte. Die Pflichtopfer und die freiwilligen Opfer wurden dort eingeworfen. Jesus sah zu, »wie das Volk Geld einlegte in den Gotteskasten. Und viele Reiche legten viel ein. Und es kam eine arme Witwe und legte zwei Scherflein ein, das macht zusammen einen Pfennig.« Es ist nicht gut, daß diese Geschichte immer wieder als Bettelgeschichte von Predigern gebraucht wird. Was Jesus an dieser Frau zeigen wollte, war ihr Opfersinn. Während die anderen vom Überfluß einlegten, hat diese Frau von »ihrer Armut ihre ganze Habe eingelegt, alles, was sie zum Leben hatte« (MARKUS 12, 41 - 44). Es kommt also Jesus überhaupt nicht auf den Geldbetrag, sondern auf die Hingabe und den Opfersinn im Glauben an.

Was hier von Luther mit »Scherflein« übersetzt wird, ist ein Lepton. Erklärt wird der Wert auch noch: Zwei Scherflein (Lepta) machen einen Pfennig (Quadrans), also den vierten Teil von einem As (MARKUS 12, 41 f.). Man hat kritisch gefragt und bezweifelt, ob es solche kleinen Münzen überhaupt gab, die weniger als 1 Gramm Kupfer ausmachten. Schon in der Armenfürsorge wurde pro Kopf und Tag der 16fache Betrag angesetzt. Tatsächlich wurden solche kleinen Münzen aber zu Tausenden bei Ausgrabungen gefunden. Schon im zweiten Jahrhundert v. Chr. wurden sie geprägt, aber auch unter Herodes dem Großen.

Mit großer und tiefer Ehrfurcht traten die Männer durch das Tor Nikanor. Hier konnte man genau die Prie

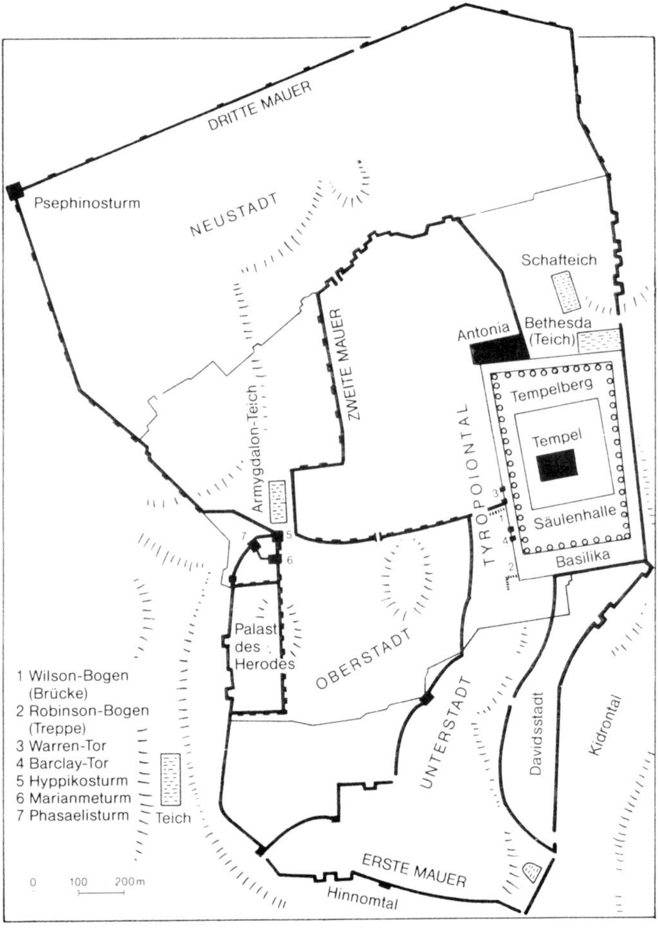

Das herodianische Jerusalem

ster beim Opferdienst am Brandopferaltar sehen. Das Gleichnis vom Pharisäer und Zöllner, das Jesus erzählte, gehört hierher. Der Pharisäer schätzte sich selbst als sehr ordentlich ein und dankte Gott dafür. Der Zöllner blieb draußen im Vorhof der Heiden, wagte nicht, die Augen zum Himmel aufzuheben und betete nur: »Gott, sei mir Sünder gnädig!« »Dieser ging gerechtfertigt hinab«, sagt Jesus, »nicht jener« (LUKAS 18, 9-14).

Der Brandopferaltar stand im Vorhof der Priester, einem Bezirk mit einer Größe von sechzig auf achtzig Metern. Dort stand das »eherne Meer«, ein Becken für die Waschungen der Priester, und der Brandopferaltar. Das war ein riesiger Steinblock, fünfzehn Meter lang und achtzehn Meter breit und sieben Meter hoch, aus rohem Stein. Die Ecken waren hochgebogen als Hörner des Altars. Auf einer Rampe stiegen die Priester zum Altar und brachten dorthin die Opfertiere. An den Seiten waren die Öffnungen, durch die das Opferblut abfließen konnte. Man kann davon ausgehen, daß der heute sichtbare Felsen im Felsendom der Ort des Brandopferaltars ist.

Bruchstück aus dem Relief des Triumphbogens des Titus

Das Heiligtum stand dann nochmals zwölf Stufen erhöht. Die Vorderfront war gleich hoch wie breit, nämlich 100 Ellen. Die Zederntür ins Heiligtum stand immer offen und sollte ein Symbol des offenen Himmels sein. Ein herrlich bestickter Vorhang hing vor dem Allerheiligsten, der nur von den amtierenden Priestern auf die Seite geschoben werden durfte. Als Jesus starb, zerriß dieser Vorhang im Tempel »von oben an bis unten aus« (MATTHÄUS 27,51).

Im Heiligtum stand der Tisch mit den Schaubroten, der siebenarmige Leuchter, der am Triumphbogen des Titus in Rom als Siegesbeute der Römer abgebildet ist, und der ganz vergoldete Räucheraltar. Im davon abgetrennten Allerheiligsten stand nichts, seitdem die Lade, die Tafeln vom Sinai und der Stab Aarons mit dem salomonischen Tempel untergegangen waren. Hier wurde am Versöhnungstag das Rauchopfer dargebracht.

Von dieser feierlichen Zeremonie berichtet das Evangelium, als Zacharias, der Vater von Johannes dem Täufer, verstummte, weil er Gott nicht glaubte. Es war beim Gottesdienst üblich, daß der Priester oberhalb des Vorhofs der Israeliten an die zwölf Treppen trat, um den Segen Aarons zu sprechen. Zacharias konnte das nicht. »Und sie merkten, daß er eine Erscheinung gehabt hatte im Tempel« (LUKAS 1,5-25).

Im Jahr 70 n. Chr. wurde dann bei der Eroberung Jerusalems durch die Truppen des Titus der Tempel ein Raub der Flammen. Die Worte Jesu hatten sich auf eine erschütternde Weise erfüllt: »Es wird die Zeit kommen, in der von allem, was ihr seht, nicht ein Stein auf dem anderen gelassen wird, der nicht zerbrochen werde ... Wenn ihr aber sehen werdet, daß Jerusalem von einem Heer belagert wird, dann erkennt, daß seine Verwüstung nahe herbeigekommen ist ... Denn das sind die Tage der Vergeltung, daß er-

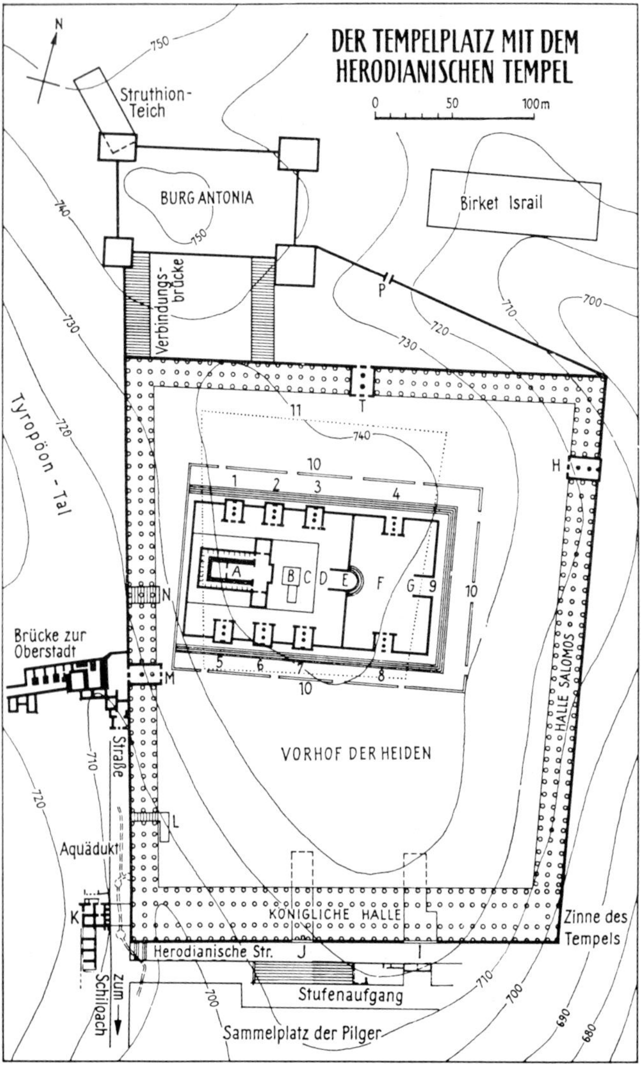

Der Tempelplatz mit dem herodianischen Tempel

füllt werde alles, was geschrieben ist ... und sie werden fallen durch die Schärfe des Schwertes und gefangen weggeführt unter alle Völker, und Jerusalem wird zertreten werden ... bis die Zeiten der Heiden erfüllt sind« (LUKAS 21, 5-24). Im Jahr 135 n. Chr. wurde den Juden verboten, Jerusalem zu betreten. Auf dem Tempelplatz an der Stelle des Allerheiligsten wurde auf Befehl von Kaiser Hadrian ein Jupitertempel errichtet.

Der Tempelplatz zur Zeit Jesu

Das Tempelgelände zur Zeit Jesu läßt sich nur mit Vorbehalten rekonstruieren. Unsicher bleibt die südliche Begrenzung der Burg Antonia, umstritten ist die genaue Lage des Tempelhauses. Die Rekonstruktion stützt sich auf die Angaben bei Josephus, den archäologischen Befund und die topographischen Gegebenheiten.

A Tempel mit Heiligem und Allerheiligstem
B Brandopferaltar
C Vorhof der Priester
D Vorhof der Männer
E Nikanor-Tor
F Vorhof der Frauen
G Schöne Pforte
H Susa-Tor (Goldenes Tor)
I Dreifaches Tor mit unterirdischem Treppenaufgang (Hulda-Tor)
J Zweifaches Tor mit unterirdischem Treppenaufgang (Hulda-Tor)
K Freitreppe in das Tyropöontal (Robinson-Bogen)
L Unterirdisches Tor (Barclay-Tor)
M Coponius-Tor mit Brücke des Xystus (Wilson-Bogen)
N Tor der Vorstadt
P Schaf-Tor
T Tadi-Tor
1-9 Tempeltore
10 Steinbrüstung mit den Warntafeln
11 Gelände des heutigen Felsendoms

Paulus spricht von dem großen Abfall, wenn der Mensch der Bosheit, der Sohn des Verderbens offenbar wird: »Er ist der Widersacher, der sich erhebt über alles, was Gott oder Gottesdienst heißt, so daß er sich in den Tempel Gottes setzt und vorgibt, er sei Gott« (2. THESSALONICHER 2, 4).

Triumphbogen des Titus

Die Westmauer des herodianischen Tempels

Wenn heute das gesamte Plateau des Tempels von islamischen Heiligtümern besetzt ist, so blieb doch vom herodianischen Mauerwerk als einziger Überrest die Westmauer. Durch die Jahrhunderte hindurch wurde diese heute 18 Meter hochragende Mauer für die Juden Symbol und Mahnmal für den zerstörten Tempel und das größte Heiligtum der Juden. Und doch soll der Name Klagemauer heute nicht mehr erwähnt werden.

An der Mauer kann man gut die herodianischen Steinlagen an den großen etwa einen Meter hohen und unterschiedlich langen Steinquadern mit den tiefen Randfugen erkennen. Sie sind so sorgfältig behauen, daß sie ohne Mörtel vermauert werden konnten. Darüber liegen römische, muslimische und auch ganz neue Mauerschichten aus dem 19. Jahrhundert. Unterhalb des jetzt aus Schutt aufgeschütteten Bodens gehen die Mauern noch neunzehn Steinschichten tief bis auf den Felsen.

An der Südwestecke der herodianischen Mauer hat man die ganzen neunzehn Meter unterhalb des Bodens freigelegt. Dabei wurde der größte Stein mit fast zwölf Meter Länge, ein Meter Höhe und drei Meter Breite entdeckt. Ob das der Stein war, der von den Bauleuten verworfen ist und nun zum Eckstein geworden ist? Es würde einleuchten, daß Jesus auf eine allen bekannte Sache anspielte (MATTHÄUS 21,42).

Zu erwähnen sind auch noch die neuen Ausgrabungen an der Südseite der Tempelmauer. Unterhalb der El-Aksa-Moschee erkennt man das Doppelte Tor und das Dreifache Tor. Sie führten durch unterirdische Gewölbe auf den Tempelplatz. Davor wurden weite Teile der Treppe freigelegt, die vermutlich 140 Meter breit war. Man fand hier auch Treppenstufen, die zum Tempel Salomos gehören müssen.

Die Klagemauer

An der Südostecke zum Kidron-Tal hin hat die Tempelmauer die größte Höhe. Nur vierzehn Steinlagen ragen aus dem Boden. 21 Lagen Stein sind noch unter den aufgeschütteten Trümmern verborgen.

Als die Jünger Jesus auf dieses gewaltige Bauwerk des Herodes ansprachen, kündigte er an: »Es wird hier nicht ein Stein auf dem andern bleiben, der nicht zerbrochen werde« (MATTHÄUS 24, 2). Buchstäblich hat sich dieses Wort erfüllt. Nur von der Umfassungsmauer des Tempelplatzes kann man noch die Steine des Herodes sehen, vom Gebäude des Tempels selbst, auch von seinen Hallen, ist tatsächlich kein einziger Stein auf dem andern geblieben.

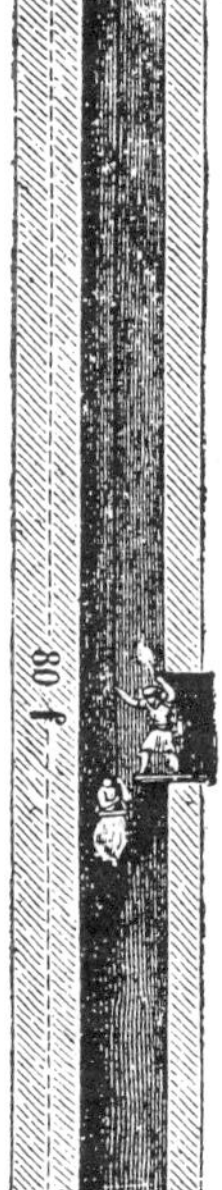

Ein Schacht, um die Tiefe des Schuttes zu zeigen

Immer wieder sprach Jesus von dem neuen Tempel seines Leibes, der nach seiner Auferstehung an die Stelle des alten Tempels treten wird (Johannes 2, 19 - 22). Der »mit Händen gemachte« Tempel von Jerusalem war nur »ein Abbild des wahren Heiligtums«, das »im Himmel selbst« ist (Hebräer 9, 24).

Der Abendmahlssaal auf dem Berg Zion in der Oberstadt

Der wandernde Name – Die Nachthütte im Gurkenfeld – Das Obergemach – Wie Petrus eine Magd erschreckte – Der Irrtum mit dem Davidsgrab – Ein moslemisches Heiligtum – Eine judenchristliche Synagoge – Der Abendmahlssaal bleibt unsicher

Zu Mißverständnissen und Verwechslungen führt die Wanderung des Namens Zion von der Davidsstadt und dem Tempelberg hinüber auf den Südwesthügel der Stadt. Seit dem zweiten Jahrhundert n. Chr. wird nur noch der südwestliche Berg, der jetzt außerhalb der Mauern gelegene Teil Jerusalems, als Zion bezeichnet. Wie kam es dazu?

In einer grausamen Schlacht haben die Römer im Jahr 70 n. Chr. die Stadt Jerusalem fast völlig zerstört. Nur in der Oberstadt auf dem Hügel im Südwesten standen noch einige Häuser. Hier lebten Christen. Man kann annehmen, daß diese Christen ganz bewußt den großen biblischen Namen »Zion« für das neue Jerusalem übernommen haben. So traten sie mit dem traditionsreichen Namen einfach als Glieder des neuen Bundes das große Erbe an. Dazu hat sie die prophetische Weissagung geführt, die auch von ihnen gerne zitiert wurde: »Übriggeblieben ist allein die Tochter Zion wie ein Häuslein im Weinberg, wie eine Nachthütte im Gurkenfeld« (Jesaja 1,8).

In frühester Zeit hat man sich hier auf diesem Südwesthügel der Oberstadt an große christliche Ereignisse erinnert. Schon 130 n. Chr. sei auf dem Zion im sonst fast ganz zerstörten Jerusalem eine kleine Kirche gestanden: »an dem Ort, wo die Jünger, zurückgekehrt vom Ölberg – nach der Himmelfahrt des Erlösers –, in den Obersaal hinaufstiegen«, das schreibt der in Palästina geborene Kirchenvater Epiphanius (307 - 403 n. Chr.). Andere Berichte sagen, daß die erste Gemeinde von Jerusalem sich auf diesem Zionsberg im Haus des Markus versammelt hätte. Man nimmt auch an, daß dort der auferstandene Jesus seinen Jüngern erschienen sei: »Friede sei mit euch! Wie mich der Vater gesandt hat, so sende ich euch!« Thomas, der nicht dabei war, zweifelte. Darum ist ihm Jesus nochmals in dieser ersten kleinen Hausgemeinde erschienen: »Selig sind, die nicht sehen und doch glauben!« Und Thomas fiel nieder und betete Jesus an: »Mein Herr und mein Gott!« (JOHANNES 20, 19 - 31)

Wo dieser Saal genau lag, erfahren wir durch eine Entfernungsangabe. Nach der Himmelfahrt kehrten die Jünger »einen Sabbatweg entfernt« nach Jerusalem zurück und stiegen »hinauf in das Obergemach des Hauses, wo sie sich aufzuhalten pflegten« (APOSTELGESCHICHTE 1, 12 f.). Die Distanz für einen Sabbatweg deutet auf den südwestlichen Hügel der Oberstadt. Dort wurde auch Matthias als zwölfter Apostel für Judas nachgewählt.

Wunderbar wurde Petrus aus dem mit großen Sicherheitsvorkehrungen bewachten Gefängnis in Jerusalem befreit. Petrus kam mitten in der Nacht zum Haus Marias, der Mutter von Johannes Markus. Dort, »wo viele beieinander waren und beteten« (APOSTELGESCHICHTE 12, 12). Eine ganz originelle Erinnerung an diese Nacht wird auch noch übermittelt. Die Magd Rhode hörte das Klopfen am

Hoftor, blickte hinaus, vergaß aber aus lauter Freude die Türe zu öffnen. Sie rannte zu den anderen mit der erregenden Nachricht: »Petrus steht draußen!« Die waren so perplex, daß sie nur einmütig sagten: »Sie ist von Sinnen!« Sie beharrte aber auf der Richtigkeit ihrer Mitteilung. Dann wendete sich die Meinung: »Es ist dann eben sein Engel!« Nur das ausdauernde Klopfen des Petrus verschaffte schließlich Klarheit (APOSTELGESCHICHTE 12, 13-16).

Der Jerusalemer Bischof Cyrill teilt uns 348 n. Chr. mit, daß in diesem Raum nicht nur das Apostelkonzil (APOSTELGESCHICHTE 15), sondern auch die Ausgießung des Heiligen Geistes an Pfingsten gewesen sei. Damals haben am Pfingstfest Prozessionen zur Erinnerung daran auf dem Zionsberg stattgefunden. Nun denken bei dem Pfingstereignis viele Ausleger aber auch an den Tempel, weil dort der Geist Gottes die Apostel sofort zu einem mutigen Bekennen vor den Pilgern aus so vielen Sprachen ohne Dolmetscher befähigen konnte. Was bedeutet dieses Zeichen? Fromme Juden erlauben auch heute im Gottesdienst allein die hebräische Sprache. An Pfingsten, ein Ereignis, das sich dann ebenso in Caesarea und Ephesus wiederholte, hat Gott gegenüber fremden Kulturen dadurch eindeutig erklärt, daß auch durch diese Sprachen sein Evangelium verkündigt und sein Name gepriesen werden soll: »In jedem Volk, wer ihn fürchtet und recht tut, der ist ihm angenehm« (APOSTELGESCHICHTE 10, 35). Es muß nicht allein Hebräisch sein.

Wo es auch war, der Entscheidungsruf des Petrus gilt dann allen: »Tut Buße, und jeder von euch lasse sich taufen auf den Namen Jesu Christi zur Vergebung eurer Sünden, so werdet ihr empfangen die Gabe des heiligen Geistes« (APOSTELGESCHICHTE 2, 38).

Eine Bemerkung aus der Predigt des Petrus hat in der Folgezeit die Gemüter sehr bewegt, als er ausführte: »Laßt mich freimütig zu euch reden von dem Erzvater David. Er ist gestorben und begraben, und sein Grab ist bei uns bis auf diesen Tag!« (APOSTELGESCHICHTE 2, 29)

Wo ist das Grab Davids? Die Archäologen meinen, sie hätten das Grab Davids bis heute nicht entdeckt, noch nicht. Sie seien ihm auf der Spur. Zur Zeit des Herodes muß es gefunden und dann wieder verschlossen worden sein. Ursprünglich lag es in der Davidsstadt (1. KÖNIGE 2, 10).

Warum wird es dann ab dem 11. Jahrhundert auf dem Zionsberg von Juden und Kreuzfahrern verehrt? Vielleicht kam das doch auch aus der mißverstandenen Bemerkung in der Pfingstpredigt des Petrus, als ob das Grab Davids unmittelbar im Haus des »Obergemachs« gewesen sei, wo sich die erste Gemeinde in Jerusalem traf. Dort waren tatsächlich sehr alte Gräber. Daß dort wirklich das Grab Davids ist, bezweifeln heute viele mit guten Gründen, auch wenn die Kreuzfahrer hier einen Kenotaph aufstellten, also den bis heute erhaltenen romanischen leeren Steinsarg.

Dieses von den Kreuzfahrern errichtete Gebäude hält nun mit seinem Obergemach die Erinnerung an die erste judenchristliche Gemeinde in Jerusalem lebendig. Eine stark beschädigte Kirche wurde 1333 vom König von Neapel erworben und den Franziskanern übergeben. Auch wenn sie dann 1524 von den Türken vertrieben wurden, gaben sie doch dem gotischen Saal das heutige Aussehen. Man kann davon ausgehen, daß er tatsächlich an der Stelle des urchristlichen Versammlungsraumes steht. Daß dieser Raum überhaupt unversehrt die Jahrhunderte überdauern konnte, ist dem Umstand zu verdanken, daß er später als moslemisches Heiligtum die Wirren der Zeit überlebte. Wie auch das Davidsgrab im Untergeschoß wurde es von den Moslems jahrhundertelang genutzt, wie man unschwer an den islamischen Inschriften erkennen kann.

Bei der Untersuchung der Synagoge, in der sich das Davidsgrab befindet, hat man festgestellt, daß die Mauern, die ja auch den sogenannten Abendmahlssaal tragen, tatsächlich noch auf die römische Zeit zurückgehen. Unmittelbar nach der Zerstörung Jerusalems war hier schon eine Synagoge. Wem diente sie? Die Juden durften ja nach dem Jahr 135 Jerusalem nicht mehr betreten, ja nicht einmal in

Sichtweite kommen. Offenbar wurde sie dann von der heidenchristlichen Gemeinde weiterbenützt. Es kann sich also nur um eine der auch sonst erwähnten sieben judenchristlichen Synagogen auf dem Berg Zion handeln, von denen um 130 n. Chr. nur noch eine übrigblieb. Dies wird die Synagoge mit dem späteren »Davidsgrab« sein. Tatsächlich finden sich auch an den Wänden christliche Inschriften, so unter anderem der Name »Jesus«.

Man kann also glaubwürdig annehmen, daß diese judenchristliche Synagoge auf dem Berg Zion auch ein »Obergemach« hatte, wo die Jünger sich nach der Himmelfahrt regelmäßig trafen. Theodosius (um 530) nennt dieses »Obergemach« die »Mutter aller Kirchen«. Hier kam die erste christliche Gemeinde von Jerusalem zusammen. Aus frühen literarischen Zeugnissen wissen wir, daß man hier das Kommen des Heiligen Geistes erwartete. Hier lebte die lebendige Gemeinschaft, in der Gemeindeglieder den Erlös ihrer verkauften Häuser und Äcker herbrachten »und ihn den Aposteln zu Füßen legten« (Apostelgeschichte 4, 35). Barnabas, der spätere Seelsorger, der Paulus in die Gemeinde einführte, hat sich hier auch beispielhaft hervorgetan. Hananias und Saphira dagegen, die zu täuschen versuchten, wurden als Tote aus dem Raum getragen (Apostelgeschichte 5, 1 ff.).

Was nun alles genau in diesem Obergemach geschehen ist, wird auch für den Glauben des einzelnen Christen am Ende nicht so wichtig sein wie das Erkennen, daß hier auf dem Zion das Zentrum der judenchristlichen Gemeinde von Jerusalem war. Auch wenn wir die Gestalt des Raumes uns nicht im Baustil der Kreuzfahrer vorstellen dürfen, so scheint doch der Grundriß des Hauses mit der Synagoge und Teile der Mauer unmittelbar auf die Zeit Jesu zurückzugehen.

Ob es aber auch der Abendmahlssaal war, hängt allein von einer Bewertung jener ersten Erwähnung im 5. Jahrhundert ab. Möglich wäre es. Wenn die Evangelisten des Neuen Testaments aber den Ort des Abendmahls offenbar absichtlich nicht erwähnten, so kann er auch ohne großen Schaden mit letzter Sicherheit weiter im Dunkeln bleiben. Jesus selbst gab seinen Jüngern als Ortsbestimmung bei der

Die Ostmauer des »Davidsgrabes« und des Abendmahlssaales (nach L.-H. Vincent OP).
Die großen Steinblöcke stammen von der alten Synagoge aus dem 1. Jahrhundert.

Suche des Abendmahlssaales nur jenes Kennzeichen: »Geht hin in die Stadt, und es wird euch ein Mensch begegnen, der trägt einen Krug mit Wasser; folgt ihm, und wo er hineingeht, da sprecht zu dem Hausherrn ... Er wird euch einen großen Saal zeigen« (MARKUS 14, 12 ff.).

Auch wenn das Abendmahl von Jesus nicht in diesem Raum eingesetzt wurde, so hat sich doch hier die christliche Gemeinde immer Jesu Leiden und Sterben vergegenwärtigt. Der Tod Jesu Christi und die durch sein Blut geschehene Vergebung der Sünden war Mittelpunkt aller Gemeinschaft und Verkündigung. Das Abendmahl gehörte dabei zum wichtigsten Teil des Gottesdienstes, weil darin das durch Jesus geschenkte Heil empfangen und die Gemeinschaft mit dem auferstandenen Jesus Christus als Grund und Fundament des Glaubens erlebt wurde (APOSTELGESCHICHTE 2, 37 - 47).

Von hier aus nahm die einzigartige Botschaft von Jesus Christus, der dem Tod die Macht genommen hat, ihren Lauf in die Weite der Welt: »Und mit großer Kraft bezeugten die Apostel die Auferstehung des Herrn Jesus, und große Gnade war bei ihnen allen« (APOSTELGESCHICHTE 4, 33).

Hier in der judenchristlichen Gemeinde wird auch beim Abendmahl jener Gebetsruf regelmäßig in aramäischer Sprache gesprochen worden sein, der dann sogar noch im griechischen Korinth im ursprünglichen aramäischen Wortlaut in der Abendmahlsliturgie vorkommt: »Maranata!« – Komm bald, Herr Jesus! (1. KORINTHER 16, 22).

Dies vermittelt auf dem Zionsberg auch eine christliche Gedenkstätte, die den meisten Pilgern unbekannt bleibt, da sie von den Reiseführern kaum besucht wird. Hier auf dem Boden einer sechstausendjährigen Weltgeschichte grüßt am Giebel des Toreingangs vom englisch-deutschen Friedhof auf dem Zion: »Selig sind die Toten, die in dem Herrn sterben!« Man erreicht den Friedhof hinter der Bischof Gobat-Schule, dem heutigen American Institute am Weg vom Zionsberg zum Tal Ben-Hinnom, wo im Büro der Schlüssel erhältlich ist. Hier liegen jene evangelischen Pioniere, die im letzten Jahrhundert, noch vor der jüdischen Siedlungswelle, die Aufmerksamkeit der Welt auf das völlig verwüstete Jerusalem richteten und es mit einer Fülle missionarischer Hilfswerke aufbauen wollten:

Die judenchristlichen Missionare Dalton und Nicolayson, wie auch der »ehrenwerte Baumeister der Municipalität Jerusalem«, Conrad Schick, der Mea Shearim erbaute und dem Stadtbild seinen ganz typischen Charakter gab. Ludwig Schneller, der Waisenvater, und Maria Bender, eine abessinische Prinzessin. Viele Namen finden sich auf den Grabsteinen: Diakonissen und Leiter von Aussätzigenasylen, Pfarrer und Missionare, die mit hebräischer, arabischer und deutscher Sprache die großen Verheißungen Gottes vom neuen Jerusalem hier auf dem Acker Gottes unauslöschlich verkündigten: »Das Jerusalem, das droben ist, das ist die Freie: das ist unsre Mutter« (GALATER 4,26).

Der wiederentdeckte Teich von Betesda

Ein Produkt frommer Fantasie? – Wie verläßlich sind die Berichte des Evangeliums? – Alte Lokaltraditionen – Unter mehr als 17 Metern Schutt – Durch Kirchen Erinnerung wachgehalten – Eine Stätte menschlichen Elends – Willst du wirklich? – Jesus, der Gottessohn

Was sich hier am Teich Betesda ereignet hat, ist bedeutsam für das Verständnis der Bibel überhaupt. Lange Zeit haben viele theologische Forscher dem Bericht von der Heilung des Gelähmten grundsätzlich mißtraut und ihn als ein Produkt der frommen Fantasie des Johannes verstanden.

Es gab mehrere gewichtige Gründe, dem Bericht im Johannesevangelium zu mißtrauen:

1. In keinem anderen Evangelium, aber auch sonst nirgendwo in der Bibel wird von einem Teich Betesda berichtet.
2. Auch kein anderer Schriftsteller außerhalb der Bibel, auch nicht Josephus, erwähnt etwas von diesem Teich.
3. Nirgendwo in Jerusalem hatte man Spuren von solch einem Teich gefunden.
4. Erst in sehr späten Lokaltraditionen des 4. Jahrhunderts wird der Teich Betesda erwähnt. Dies ist aber sehr spät und erschien wenig zuverlässig.

Um den biblischen Bericht zu retten, verlegten Theologen den Bericht an den Teich Siloah. Weil der Gihonquell sein

Wasser stoßartig ausschüttet, erkannten sie darin das bewegte Wasser des Teichs. Der Siloahteich liegt aber unten im Kidron-Tal.

Immer wieder gab es aber auch theologische Forscher, die an den biblischen Aussagen festhielten und davon ausgingen: »Es ist aber in Jerusalem beim Schaftor ein Teich, der heißt auf hebräisch Betesda.« Nun ist bei Nehemia ein Schaftor in der Nähe eines Fischtors genannt (3, 3). Das allein half noch nicht weiter. Die einfache Überlegung, daß sich ein Schaftor an der Ostseite der Mauern Jerusalems befinden mußte, war dann wegweisend. Das Kleinvieh mußte von den Weiden im Osten Judäas nach Jerusalem getrieben werden. Noch heute befindet sich der Schafmarkt beim östlichen Stephanstor, ganz in der Nähe des dann später aufgefundenen Teiches Betesda.

In den Jerusalemer Lokaltraditionen wird der Teich Betesda immer wieder erwähnt. Der Kirchenvater Euseb schreibt zwischen 324 und 330: »Bezetha. Ein Teich in Jerusalem, welcher der Schafteich ist und einst fünf Hallen hatte. Er wird noch jetzt dort gezeigt als Zwillingsteich. Jeder der beiden Teiche wird durch die jährlichen Regengüsse gefüllt, der eine hat aber sonderbarerweise rötlich gefärbtes Wasser, eine Spur, wie man sagt, der ehemals getöteten Opfertiere. Darum heißt er auch Schafteich wegen der Opfer.«

Der Pilger von Bordeaux schrieb 333: »Mehr in der inneren Stadt ist ein Zwillingsteich mit fünf Säulenhallen, der Betesda genannt wird. Dort wurden Kranke, die seit vielen Jahren krank waren, geheilt. Das Wasser der Teiche weist scharlachfarbene Wirbel auf.«

Bischof Cyrill, der von 348 - 386 Bischof von Jerusalem war, berichtet: »In Jerusalem war ein Schafteich mit fünf Hallen. Vier liefen ringsherum, die fünfte durch die Mitte; in ihr lag eine Menge Kranker.«

Spätere Berichte geben die genaue Lage nördlich des Tempelplatzes beim heutigen Stephanstor an. Es wird im 5. Jahrhundert der Bau einer Kirche auf dem Teich Betesda erwähnt, die dann später von den Persern zerstört wurde. Die Kreuzfahrer berichten, Reste von Betesda gefunden zu haben. Sie errichteten über der von den Persern zerstörten Kirche eine kleine Kapelle. In der Nähe von Betesda bauten sie die wunderschöne, noch heute erhaltene Annenkirche.

Trotz dieser Angaben gingen die meisten Theologen bis zum Zweiten Weltkrieg davon aus, daß die Angaben des Johannes nicht zutreffen würden. Erst die Ausgrabungen, die sich durch 17 - 25 Meter Schuttschichten von den Zerstörungen in Jahrhunderten durcharbeiten mußten, brachten einen Doppelteich ans Licht. Sowohl der Nordteich wie der Südteich sind trapezförmig. Der gesamte Teich umfaßte etwa 5000 Quadratmeter. Zwischen beiden Teichen war eine 6,5 Meter breite Trennmauer. Darauf stand eine Säulenhalle, die von Herodes prächtig mit über acht Meter hohen Säulen ausgestaltet war. Dazu waren alle vier Seiten des Teiches mit Hallen umgeben, was die insgesamt fünf Hallen ergibt.

Somit kann man davon ausgehen, daß um das Jahr 200 v. Chr. der Hohepriester Simon die zwei Wasserteiche von Betesda anlegen ließ, um den Tempel mit Wasser zu versorgen. Das ist in den Apokryphen festgehalten (SIRACH 50,3). Der Tempel hatte für seine kultischen Zwecke einen hohen Wasserbedarf. Bei den Ausgrabungen fand man auch im Nordteich einen Kanalschacht, der das Wasser zum Tempel leitete.

Daß dieser Teich nun medizinisch von Kranken genutzt wurde, deutet auch der Name Betesda an. Es war ein Haus menschlicher Barmherzigkeit, ein Spital. Daß in Handschriften auch veränderte Namen auftauchen, mag auf Verschreibungen zurückzuführen sein. So hieß nach dem Tod Jesu der Stadtteil Jerusalems, in dem Betesda lag, »Bezetha«. Verständlich ist somit solch eine Verschreibung.

Jenseits der heute vom Stephanstor kommenden Straße hatte Herodes der Große im Zusammenhang mit dem Tempelbau den Israel-Teich anlegen lassen. Es könnte sein, daß dort dann die Schafe für den Tempel gewaschen wurden, während am Teich Betesda nur noch Kranke lagen.

Nach der Zerstörung Jerusalems wurde dann die Stadt eine römische Kolonie mit dem Namen Aelia Capitolina. Auch in dieser Zeit behielt der Teich seine medizinisch-heilende Bedeutung. Die Römer errichteten ein Heiligtum zu Ehren Asklepios, dem Gott der Ärzte und der Medizin. Auch die beim Betesdateich gefundenen jüdischen Bäder in Höhlen wurden später weiter verwendet.

Als dann die Byzantiner ihre Kirche auf dem Teich errichteten, war dieser als Kloake verschmutzt. So ging die Erinnerung an die Heilung des Gelähmten an die neue Kirche über. Auch die später über der zerstörten byzantinischen Kirche erbaute Kapelle der Kreuzfahrer knüpfte noch an den Betesdateich an. Von der Krypta gingen Treppen hinunter in eine Zisterne, die vom früheren Teich abgegrenzt war und an die Heilung des Gelähmten erinnern sollte.

Die übrigen Teile des Teichs waren vom Schutt verdeckt und mit Häusern überbaut.

Wenn man heute an der Ausgrabungsstelle steht, ist das Bild, das sich bietet, verwirrend. Vom Betesdateich ist nur ein kleiner Teil ausgegraben. Man erkennt einen vollständig erhaltenen Pfeiler des südlichen Seitenschiffs der byzantinischen Kirche, deren Mittelschiff auf der Trennmauer der beiden Teiche stand. Auf deren Trümmern wurde

Der Teich Betesda

dann von den Kreuzfahrern die kleine Kapelle errichtet, von der noch einige Mauerreste sichtbar sind. Man kann dort auch jetzt bis zu den Zisternen hinuntergehen, die einen Teil des früheren Betesdateiches darstellten.

In der Nähe dieses Ausgrabungsfeldes steht die andere Kreuzfahrerkirche, die wohl die schönste und am besten erhaltene vom Heiligen Land ist, die Annenkirche.

Als letzte Bestätigung kam dann noch eine literarische Erwähnung des Namens Betesda aus biblischer Zeit. In einer Kupferrolle, die in Qumran gefunden wurde, sind Orte angeführt, wo der Tempelschatz versteckt wurde. In der dortigen Bezeichnung von Betesda klingt auch an, daß es sich dabei um zwei Teiche handelt. So genau haben sich die lokalen Angaben des Johannes bestätigt.

Daß solche Stätten aus dem Trümmerschutt ausgegraben werden, macht uns die biblische Botschaft lebendig. Wenn aber damit in einzigartiger Weise die Zuverlässigkeit des Evangeliums auch in seinen detaillierten historischen und geographischen Aussagen bestätigt wird, ist dies wichtig. Gott hat sich an geschichtlichen Stätten dieser Erde in Jesus offenbart. Die Vertrauenswürdigkeit der biblischen Berichte ist dabei sehr bedeutsam für das, was sie sagen wollen. Dies ist wirklich sehr viel mehr als nur Geographisches.

Nach dem Bericht des Johannes war dieses Haus gar keine Stätte menschlicher Barmherzigkeit, sondern eine Zusammenballung des Elends: da lagen in den Säulenhallen »viele Kranke, Blinde, Lahme, Ausgezehrte«.

Der große und feierliche Gottesdienst des Festes im Tempel war vorüber. Das Brandopfer dargebracht, der Segen gesprochen. In den Synagogen las man das Buch Ester.

Es könnte ein schöner, von warmer Frühlingssonne beschienener Tag gewesen sein. Alle Geschäfte blieben geschlossen. Die Pilger wanderten noch etwas durch die Gassen.

Jesus ging nur wenige Schritte hinüber zu dieser Stätte des Jammers am Teich Betesda. Nur ein Schicksal wurde herausgegriffen: »Es war aber dort ein Mensch, der lag achtunddreißig Jahre krank.« Als Jesus den sah, fragte er ihn: »Willst du gesund werden?« Dieser bejahte das und erklärte, daß ihm immer jemand zuvorkomme, wenn das Wasser sich bewege. So sprach Jesus zu ihm: »Steh auf, nimm dein Bett und geh hin!« Und sofort wurde der Mensch gesund.

Ausgerechnet diese Heilung führte zu einer langen Diskussion im Tempel und letztlich zu einem Strafverfahren gegen Jesus. Der Geheilte erregte Aufsehen, weil er am Sabbat seine Matratze unter dem Arm trug. Schnell wurde Jesus in ein Gespräch hineingezogen, das aber nicht mehr um die Sabbatschändung kreiste, sondern um Jesus, den Gottessohn.

Jesus sagte gleich auf die Vorhaltungen: »Mein Vater wirkt bis auf diesen Tag, und ich wirke auch.« Die Juden verstanden dies sofort und wollten Jesus töten, weil er sagte, »Gott sei sein Vater, und machte sich selbst Gott gleich.«

In feierlicher Weise hat Jesus dies bekräftigt, indem er einleitend zweimal »Amen« sagte: »Der Sohn kann nichts von sich aus tun, sondern nur, was er den Vater tun sieht; denn was dieser tut, das tut gleicherweise auch der Sohn. Denn der Vater hat den Sohn lieb und zeigt ihm alles, was er tut, und wird ihm noch größere Werke zeigen, so daß ihr euch verwundern werdet. Denn wie der Vater die Toten auferweckt und macht sie lebendig, so macht auch der Sohn lebendig, welche er will« (JOHANNES 5, 10-21).

Von Anfang an wird Jesus nicht gehaßt, weil er etwa das Sabbatgebot übertrat, sondern weil er sich als Sohn

Gottes offenbarte. Das wurde auch im Prozeß seiner Verurteilung zum Tod als Anklagegrund genannt: »Er hat Gott gelästert!« (MATTHÄUS 26,65)

So kann es jetzt am Betesdateich nicht allein darum gehen, die exakten Aussagen des Evangelisten Johannes über den Teich zu bestaunen, sondern noch mehr auf das zu achten, was er sagen möchte: Die ganze Auseinandersetzung um Jesus kreist doch nur um die Frage, ob er wirklich der Sohn Gottes ist.

So endet dann diese Heilungsgeschichte sehr erschütternd. Jesus muß seinen Zuhörern sagen: »Die Schrift ist's, die von mir zeugt; aber ihr wollt nicht zu mir kommen, daß ihr das Leben hättet« (JOHANNES 5,40). Schon der Gelähmte am Teich wurde gefragt, ob er will. So sieht Jesus darin den schlimmsten Grund, das Leben nicht zu entdekken. Nicht daß man nicht kann, sondern daß man nicht will. Und so ist über diesem großen Wunder Jesus der Verworfene geworden. An einer Stätte menschlichen Elends hat Gott seine große göttliche Barmherzigkeit offenbart. Aber viele entdecken nicht, wie Gott in Jesus handelt. So entscheidet sich der Glaube immer an Jesus, ob er der Messias Gottes ist.

Der Ölberg, Hoffnungen und Enttäuschungen

Von Betfage nach Jerusalem – Die angeblich demolierten Palmen – Jesus weint – Das Goldene Tor – Was bringt die Zukunft? – Der bittere Kelch – Die Stunde der Finsternis – Die rote Kuh – Greuliche Götzen – Das Gebet des Herrn – Bis an die Enden der Erde

Nicht um Spuren reliquienhafter Überbleibsel zu suchen, die es dort gar nicht mehr geben kann, sollte man über den Ölberg gehen, sondern um das Wort des Evangeliums besser zu verstehen und sich das Geschehen von damals anschaulich zu vergegenwärtigen.

Der Einzug Jesu beginnt in Betanien, wo Jesus gerne mit seinen Jüngern bei Maria und Marta einkehrte. Von hier bis zum Ölberg sind es nur etwa drei Kilometer. Zuerst wird Jesus zu Fuß gegangen sein. Kurz vor dem kleinen Ort Betfage (= Haus der grünen Feigen), in der Nähe des heute arabischen Dorfes et-Tur, sandte Jesus zwei seiner Jünger voraus, um eine Eselin mit ihrem Füllen loszubinden und herzubringen. Sollte jemand fragen, wie sie dazu kämen, dann sollten sie nur sagen: »Der Herr bedarf ihrer!« Sofort würde man sie ziehen lassen.

Auch hier entdeckten die Jünger, daß sich darin Weissagungen der Propheten erfüllten: »Siehe, dein König kommt zu dir, ein Gerechter und ein Helfer, arm und reitet auf einem Esel, auf einem Füllen der Eselin« (Jesaja 62, 11;

Sacharja 9, 9). Beide Prophetenworte kündigen die weltweite Friedensherrschaft des Messias an. Das muß den Jüngern damals bewußt gewesen sein. Aber um Mißverständnisse in der jüdischen Messiaserwartung auszuschließen, übersetzt er die prophetische Ankündigung des »armen« Königs, als »sanftmütig« gewiß im Sinn der Worte Jesu, der sich darin von allen Herrschern der Welt unterscheiden wollte (Matthäus 11, 29).

Es war eine alte, feierliche Handlung, den König zur Einsetzung auf einen Esel zu setzen und vom Kidron-Tal nach Jerusalem hinaufzuführen. So wurde schon Salomo von der Gihonquelle auf einem Maultier zum Thron in Jerusalem geführt (1. Könige 1, 32-35). Als Jehu, der König Israels, inthronisiert wurde, »nahm jeder eilends sein Kleid und legte es vor ihn hin auf die hohen Stufen« und feierte den König mit lautem Rufen (2. Könige 9, 13).

Der Prophet Micha kündigte gleichzeitig mit der Geburt des Messias in Bethlehem die totale Abrüstung an: »Zur selben Zeit, spricht der Herr, will ich deine Rosse ausrotten und deine Wagen zunichte machen« (Micha 5, 9). Auch daraus kann man verstehen, warum Jesus nur auf einem Esel und nicht auf einem Pferd reitet.

Vor zweihundertundfünfzig Jahren hat ein Prediger in der Zeitströmung der Aufklärung aus diesem Abschnitt des Evangeliums als erbaulichen Trost für die Gemeinde bloß herausgelesen, man solle doch keine Bäume schänden. Da dies heute im Zeichen einer starken Verantwortung für die Umwelt erstaunlich aktuell klingt, muß man folgendes klarstellen. Beim Einzug Jesu wurden keine sorgfältig gepflegten Straßenbäume demoliert. Zwar berichtet Matthäus: »Sie hieben Zweige von den Bäumen« (21, 8), aber das können der Bezeichnung nach sehr wohl auch Sträucher gewesen sein. Markus, der sich bei Pflanzen am kor-

Der Ölberg, vom Zion aus gesehen

rektesten ausdrückt, spricht von »grünen Zweigen« (11, 8), was aber auch solche Gräser meinen kann, mit denen man Matten flochte. Was bleibt dann noch von den Palmzweigen? Kritische Leser des Evangeliums haben richtig bemerkt, daß auf dem Ölberg, ja in ganz Jerusalem gar keine Palmen wachsen. Die findet man nur im heißen Klima von Jericho oder En-Gedi. Palmzweige sind ein Symbol der Freude und des Sieges und werden auch noch bei der triumphierenden Gemeinde vor Gottes Thron in der Ewigkeit erwähnt (OFFENBARUNG 7, 9).

Wenn man die Berichte der Evangelien genau liest, fügt sich alles sehr harmonisch zusammen. Johannes berichtet von Festpilgern, die Jesus aus der Stadt entgegenziehen und dabei Palmwedel schwingen (12, 13). Es war ja unmittelbar vor dem Passafest. Die Palmen gehören in den dort benützten Feststrauß, der lange Zeit aufbewahrt wurde (3. MOSE 23, 40). Jeder hat auf seine Weise mit ganz einfachen Mitteln Jesus gepriesen. Wo Zweige extra abgehauen wurden, stammten sie bestimmt nicht von sorgfältig gehegten Bäumen. »Der Herr bedarf ihrer!« hätte natürlich auch den Bäumen sehr wohl gelten dürfen, aller menschlichen Aufklärung und Weisheit zum Trotz.

Nahe beim Ölberg, als man auf Jerusalem blicken konnte, legte die Menge jetzt vor Jesus auch ihre Obergewänder auf den Weg und rief laut den messianischen Jubelruf: »Hosianna dem Sohn Davids!« Von Betfage hatte man noch den weiten Blick bis zu den Bergen Moabs, von der 1200 Meter tiefer gelegenen glitzernden Fläche des Toten Meeres zum grünen Bett des Jordans und bis zu den Bergen Gileads. Erst auf der Höhe des Ölbergs sah man dann auf einmal Jerusalem vor sich. Diese Aussicht über das Kidron-Tal hinweg zum Tempelplatz, bleibt immer überwältigend. Wie war das erst angesichts der von Herodes prachtvoll gestalteten Stadt mit dem herrlichen Bauwerk des Tempels, der in der Sonne funkelte und strahlte.

Wie muß es Jesus bei dem Jubel bedrückt haben: »Jerusalem! Du tötest die Propheten und steinigst, die zu dir gesandt sind! Wie oft habe ich deine Kinder versammeln wollen, wie eine Henne ihre Küken versammelt unter ihre Flügel; und ihr habt nicht gewollt!« (MATTHÄUS 23,37)

Immer wieder zeigt uns das Neue Testament, wie Jesus in der Schrift, im alttestamentlichen Wort, lebte. Bei dem Weg Jesu über den Ölberg wird Jesus auch an Abraham gedacht haben, der hier mit seinem Sohn Isaak zum Berg Moria schritt, als dort noch nicht der Tempel stand, sondern nur der einsame Felsen: »Gott wird sich ein Schaf zum Brandopfer ersehen!« Nun wurde Jesus Christus am großen Passafest das eine große Passalamm (1. KORINTHER 5,7). Es war dem Evangelisten Johannes wichtig zu sagen, daß Jesus an dem Tag gestorben ist, da die Passalämmer geschlachtet wurden (19,31).

Vom Ölberg wird Jesus wohl den südlichen Weg hinuntergeritten sein, der im Bogen um die Prophetengräber herumführt. Der mittlere Weg, den Pilger heute meist gehen, ist für ein Reittier sehr steil und darum unwahrscheinlich für den Zug Jesu.

Lukas erzählt, wie Jesus mitten in den feiernden Jubelrufen in Tränen ausbricht, als vor ihm das großartige Panorama von Jerusalem daliegt: »Wenn doch auch du erkenntest zu dieser Zeit, was zum Frieden dient! Aber nun ist's vor deinen Augen verborgen. Denn es wird eine Zeit über dich kommen, da werden deine Feinde um dich einen Wall aufwerfen, dich belagern und von allen Seiten bedrängen, und werden dich dem Erdboden gleichmachen samt deinen Kindern in dir und keinen Stein auf dem andern lassen in dir, weil du die Zeit nicht erkannt hast, in der du heimgesucht worden bist« (LUKAS 19, 41-44). Die Menge erkannte den Frieden Gottes nicht, den ihnen Jesus anbieten wollte. Sie dachten nur immer an irdischen Frieden und merkten nicht, wie nötig sie die Versöhnung mit Gott hatten. Die kleine Kapelle »Dominus flevit« (= der Herr weinte) mit dem herrlichen Panoramablick über Jerusalem erinnert an diese Klage Jesu über den ausgeschlagenen Frieden und das nun unausweichliche Gericht der Heimsuchung Gottes.

Vom Kidron-Tal kann dann der Weg durch das später sogenannte Goldene Tor unmittelbar in den Tempel geführt haben. Oder aber durch das Schaftor in die Stadt. Wir wissen es nicht.

Die Ostmauer des Tempels hatte nur ein Tor, das heute zugemauert ist: Das Goldene Tor. Das heutige Bauwerk stammt aus dem sechsten Jahrhundet n. Chr., geht aber auf frühere Bauten zurück, die wahrscheinlich bis auf die Zeit Salomos zurückreichen können. Früher hieß es Susa-Tor – zum Andenken der aus dem persischen Susa zurückgekehrten Juden. Mit der Zerstörung Jerusalems durch die Römer im Jahr 70 n. Chr. wurde auch das früher hier stehende Doppeltor zerstört. Nur zwei wuchtige, zehn Meter lange Quaderfundamente blieben stehen. Auf ihnen wurde dann 692 n. Chr. von dem christlichen Kaiser Heraklius das Tor wieder aufgebaut. In dem Irrtum, hier sei die »Schöne Pforte« gestanden, an der einst durch Petrus und Johannes der Lahme geheilt wurde, nannte man das Tor »Goldenes Tor«. Es ist ein geräumiges Gemäuer, das aus der Tempelummauerung heraustritt und innen sechs Hallen hat.

Weil Jesus durch dieses Tor am Palmsonntag eingezogen sein soll, wurde es endgültig durch Saladin zugemauert. Dahinter wird die Furcht vor dem Kommen des

Goldenes Tor um 1839

Messias stehen. Auch der davor angelegte Friedhof deutet darauf hin.

Ein ganz wichtiger Hinweis auf dieses zugemauerte Osttor des Tempels findet sich schon bei den alttestamentlichen Propheten, der sich nach Jahrhunderten buchstäblich erfüllt hat: »Dies Tor soll zugeschlossen bleiben und nicht aufgetan werden, und niemand soll dort hineingehen. Denn der Herr, der Gott Israels, ist dort eingezogen; darum soll es zugeschlossen bleiben« (Hesekiel 44, 1-3).

Mit dem Ölberg verbanden sich schon aus alter Zeit endzeitliche Erwartungen. Darum finden sich am Ölberg auch viele jüdische Gräber. Man erwartet hier den Messias und erhofft die Auferstehung der Toten.

Hesekiel hatte die schwere Vision: »Und die Herrlichkeit des Herrn erhob sich aus der Stadt Jerusalem und stellte sich auf den Berg, der im Osten vor der Stadt liegt« (Hesekiel 11, 23). Die Stadt war gerichtet, weil Gottes Herrlichkeit von ihr ausgezogen war. Die schönsten Gebäude und die festlichsten Gottesdienste können das fehlende Offenbarungswort Gottes nicht ersetzen. Nur auf dem Ölberg im Osten von Jerusalem bleibt Gottes Herrlichkeit.

Der Prophet Sacharja spricht dann von jenen letzten Tagen der Weltgeschichte, wenn alle Nationen der gottlosen Welt gegen Jerusalem, die Stadt Gottes, anstürmen. Dann wird der Herr ausziehen und für sein Volk kämpfen, wie er es für sein Volk Israel so oft tat. »Und seine Füße werden stehen zu der Zeit auf dem Ölberg, der vor Jerusalem liegt nach Osten hin. Und der Ölberg wird sich in der Mitte spalten, vom Osten bis zum Westen, sehr weit auseinander ...« (Sacharja 14, 4). Hier am Ölberg wird Gott seinen Sieg groß machen.

An diese Schriftworte knüpfte Jesus an: »Und als er auf dem Ölberg saß, traten seine Jünger zu ihm und sprachen, als sie allein waren: Sage uns, wann wird das geschehen? Und was wird das Zeichen sein für dein Kommen und für das Ende der Welt?« (MATTHÄUS 24,3)

Der Kontrast konnte krasser nicht sein. Sie saßen am Ölberg im Wissen um die prophetischen Weissagungen. Vor ihren Augen lag das unvergleichlich herrliche Bauwerk des dritten Tempels. Im jüdischen Talmud hieß es: »Wer den Tempelbau des Herodes nicht gesehen hat, der hat noch kein schönes Bauwerk gesehen!« Und Josephus, der selbst den Tempel kannte, schreibt: »Das äußere Ansehen dieses Tempels setzte Geist und Auge in Bewunderung ... Bei Sonnenaufgang strahlte er in feuerähnlichem Glanz, der die Augen der Beschauer gleich den Sonnenstrahlen blendete.«

Jesus gibt seinen Jüngern nicht nur Durchblick bis zur Tempelzerstörung, sondern gleichzeitig bis zu seiner Wiederkunft. Er spricht von Kriegen und Kriegsgeschrei, Verführung durch mancherlei Heilsbringer, nationale Revolutionen, Hunger, Teuerungen, Erdbeben, Aufkommen von Lügenpropheten, die viele mit Zeichen und Wundern verführen. Die Gesetzlosigkeit wird überhand nehmen und »die Liebe wird in vielen erkalten«. Am Ende wird in einer kosmischen Katastrophe Jesus Christus wiederkommen als der Weltenrichter. Himmel und Erde werden vergehen, aber Jesu Worte werden nicht vergehen! Diese Stunde wird plötzlich kommen, unerwartet. Bereit sein, ist alles! (MATTHÄUS 24,1-44)

Auch die drei Gleichnisse vom Weltgericht, von der Bereitschaft der Brautjungfern und von der Rechenschaft über die anvertrauten Zentner wird Jesus hier am Ölberg seinen Jüngern erzählt haben. Hier war die Erwartung auf die Zukunft Gottes besonders lebendig.

Daß Jesus sich oft an den Ölberg zurückzog, mag auch damit zusammenhängen, daß diese Entfernung innerhalb eines Sabbatweges lag. Auch in der Nacht, in der Jesus verhaftet wurde, zog er sich in das Landgut Gethsemane zurück. Wegen des bevorstehenden Passafestes konnte Jesus nicht wie sonst nach Betanien, weil das außerhalb des Bezirks lag, der von den Pilgern nicht verlassen werden durfte.

In den frühen Lokaltraditionen Jerusalems wird der Garten **Gethsemane** bei der Verratsgrotte genannt. In der

Im Garten Gethsemane

Nähe, unter der Kirche der Nationen, fand man Reste einer byzantinischen Kirche aus dem vierten Jahrhundert, die auf einem Felsen stand, wo man den Gebetskampf Jesu vermutete: »Abba, mein Vater, alles ist dir möglich; nimm diesen Kelch von mir; doch nicht, was ich will, sondern was du willst!« (MARKUS 14, 36) Mit Kelch ist der Leidenskelch, der Becher des Zornes Gottes gemeint. Jesus hatte einen tiefen Einblick in die großen Zusammenhänge von Sünde und Tod, Gottes Gericht und seiner Heiligkeit. Die Übernahme der Gewissenslast der Schuld der ganzen Welt lastet auf Jesus.

Der Name Gethsemane (= Kelter für Öle) kommt von einer Ölpresse, die wohl in der Höhle der Verratsgrotte stand. Dort war es auch möglich zu übernachten. Daß Jesus »hinausging«, als die Schar ihn gefangennehmen wollte, könnte auf diese Grotte deuten (JOHANNES 18, 4). Daß die Jünger in dieser schweren Stunde schlafen und nicht beten, bleibt unheimlich schwer. Dreimal muß Jesus sie wecken. Es bleibt der größte Kampf gegen jede noch so geartete Versuchung, sich ganz dem Willen Gottes auszuliefern und dazu »Ja!« zu sagen. »Nicht mein, sondern dein Wille geschehe!«

Das Gut mit den Ölbäumen war mit einer Mauer aus Feldsteinen eingefriedet. Der Garten lag unmittelbar hinter der Brücke über den Kidron (JOHANNES 18, 1 f.). Heute stehen im Garten der Franziskaner noch acht alte Ölbäume, von denen einige aus Stümpfen aus der Zeit Jesu stammen könnten. Bei der Eroberung Jerusalems durch Titus wurden alle Bäume abgeholzt.

Immer wieder spricht es die Bibel freimütig aus, daß es zu dem Schwersten überhaupt gehört, in die Hände der Menschen ausgeliefert zu werden. Das beginnt mit dem verräterischen Gebrauch des Kusses von Judas und endet mit der feigen Flucht der Jünger in die dunkle Nacht. Hinter allem aber sieht Jesus den Kampf Satans mit seiner ganzen Macht, die hier am Werk ist: »Dies ist eure Stunde und die Macht der Finsternis!« (LUKAS 22, 53)

Bei der Verhaftung Jesu durch die Tempelwache, die einzige militärähnliche Truppe der jüdischen Behörden in Jerusalem, handelt Petrus entschlossen und schlägt dem Knecht des Hohepriesters, Malchus, mit einem Hieb das Ohr ab. Jesus stellt für seine Gemeinde für alle Zeiten klar: »Stecke dein Schwert an seinen Ort! Denn wer das Schwert nimmt, der soll durchs Schwert umkommen« (MATTHÄUS 26, 52). Seine Gemeinde soll das Übel erleiden und das Böse ertragen. Ihr ist – anders als dem Staat – kein weltliches Schwert anvertraut. »Da verließen ihn alle Jünger und flohen« (MATTHÄUS 26, 56).

Aus dem Mund der Rabbinen wissen wir, daß der Ölberg für Israel auch eine große Bedeutung am Versöhnungstag hatte. Eine fehlerlose rötliche Kuh, die noch keine Arbeit geleistet hatte, wurde durch das Osttor und über den Bach Kidron auf den Ölberg getrieben. Dann wurde sie zusammen mit scharlachroter Wolle und Ysop verbrannt. Die Asche diente für die notwendigen Reinigungen der Priester (4. MOSE 19, 1 - 10).

Auf dem südlichen Teil des Ölbergs hat Salomo jene schrecklichen Götzentempel für seine Frauen errichtet. Darum nannte man später diesen Teil des Ölbergs, der bei Siloah bis zum Tal Ben-Hinnom hinabreicht, »Berg des Ärgernisses«: »Auch die Höhen, die östlich von Jerusalem waren, zur Rechten am Berge des Verderbens, die Salomo, der König von Israel, gebaut hatte der Astarte, dem greulichen Götzen von Sidon, und Kemosch, dem greulichen Götzen von Moab, und Milkom, dem greulichen Götzen der Ammoniter« (2. KÖNIGE 23, 13).

Nach einer Erwähnung aus dem zweiten Jahrhundert sollen sich die Jünger Jesu in einer Höhle auf dem Ölberg getroffen haben, um sich von Jesus unterweisen zu lassen (MATTHÄUS 24, 3 ff.). Dort wurde dann schon 326 n. Chr. eine der ersten Basiliken des Heiligen Landes von der Mutter des Kaisers Konstantin, Helena, mit dem Namen Eleona (= auf dem Ölberg) errichtet. Diese Kirche wurde 614 beim Einfall der Perser zerstört. Heute steht daneben die Pater-Noster-Kirche (= Vater Unser). Seit den Kreuzfahrern wurde mit der Grotte die Erinnerung verbunden, wie Jesus seine Jünger beten lehrte (LUKAS 11, 1 - 4).

Am Eingang des arabischen Dorfes et-Tur steht an der höchsten Stelle des Ölbergs zwischen einer Moschee und einem Minarett die Himmelfahrtskapelle, die von den Kreuzfahrern errichtet wurde. Im 4. und 5. Jahrhundert standen hier schon Kirchengebäude und Klöster. Der Klosterbau der Kreuzfahrer wurde von Saladin zu einer Moschee umfunktioniert. Auch wenn der dort gezeigte Fußabdruck Jesu abstoßend und anstößig ist, sollte vielmehr an die biblischen Angaben erinnert werden: »Jesus führte seine Jünger hinaus bis nach Betanien« (LUKAS 24, 50). »Und als er mit ihnen zusammen war, befahl er ihnen, Jerusalem nicht zu verlassen, sondern zu warten auf die Verheißung des Vaters ... ihr werdet die Kraft des heiligen Geistes empfangen, der auf euch kommen wird, und werdet meine Zeugen sein« (APOSTELGESCHICHTE 1, 4 - 8). Und als Jesus das gesagt hatte, wurde er aufgehoben und eine Wolke nahm ihn vor ihren Augen weg. Eindeutig ist hier die Ortsangabe: »Da kehrten sie nach Jerusalem zurück von dem Berg, der heißt Ölberg und liegt nahe bei Jerusalem, einen Sabbatweg entfernt« (APOSTELGESCHICHTE 1, 12). Mit der Himmelfahrt Jesu wird nicht nur seine Nähe durch seinen Geist bezeugt, sondern auch gleichzeitig der dringliche Auftrag zur Weltmission »bis an die Enden der Erde« verpflichtend für die Gemeinde Jesu gemacht.

Kaiphas und der Hahnenschrei

Die alte Treppe zur Oberstadt – Durchs Tal von Gehenna – Der Trost vom Wasser Siloah – Der Faustschlag ins Gesicht – Zwei Verhöre und eine offizielle Verhandlung zur Verurteilung – Beziehungen zum Hohenpriester – Die eindeutige »Schuld« Jesu – Einer für alle!

Bevor das Verhör vor dem Hohen Rat begann, wurde Jesus in das Haus des Hannas geführt. Dieses lag nach außerbiblischen Berichten in der Oberstadt, auch wenn man heute nicht mehr genau weiß, wo. Jesus wird wohl, an Stricken gebunden, über den Stufenweg geführt worden sein, der von der Oberstadt zum **Tyropöontal** (= Käsemachertal) und zum Teich **Siloah** hinunterführt. Erst vor einiger Zeit ausgegraben, hat diese Treppe ihren ursprünglichen Charakter aus der Zeit Jesu bewahrt.

Man hat Jesus aus verständlichen Gründen von Gethsemane aus nicht über den Tempelplatz geschleppt, sondern das Kidron-Tal hinunter bis zum Teich Siloah. Hier hatte sich einst der Blindgeborene auf die Anweisung Jesu hin die Augen gewaschen und wurde sehend, zuerst äußerlich, dann aber kam er zum Glauben an Jesus. Damit wurde aber erst recht die Blindheit der anderen Schriftkundigen offenbar. Damals sagte Jesus: »Ich bin zum Gericht in diese Welt gekommen, damit, die nicht sehen, sehend werden, und die sehen, blind werden« (JOHANNES 9,39).Das sollte sich hier auf schlimmste Weise an den geistlichen Führern des Volkes Israel bestätigen.

In dieser Nacht auf dem Weg von Gethsemane zur Oberstadt mußte der Blick auf die endlosen Totenfelder am Ölberg, die zu den ältesten Friedhöfen der Welt gehören und damals schon über tausend Jahre alt waren, und dann in diesen Teil des Tals Ben-Hinnom, der vom Volksmund nur »Gehenna« (= Hölle) genannt wurde, besonders bedrückend gewesen sein. Wie mußte man hier am »Berg des Ärgernisses« die Macht der Sünde und des Aufruhrs gegen Gott bewußt empfunden haben! Aber beim Teich Siloah waren jedem gläubigen Israeliten auch die Worte Jesajas bewußt, der in einer Stunde höchster Gefahr im Jahr 735 v. Chr. klar machte: »Glaubt ihr nicht, so bleibt ihr nicht!« (JESAJA 7, 9)

Später, im Jahr 703 v. Chr., sprach Jesaja von den »Wassern von Siloah« (JESAJA 8, 6), die wegen des geringen Gefälles langsam fließen. So sacht und leise ist des Herrn Macht, nicht wie die großen imponierenden Ströme der Welt: »Durch Stillesein und Hoffen würdet ihr stark sein« (JESAJA 30, 15).

Das Verhör vor den Hohepriestern zerfiel in zwei Teile. Sehr genau berichtet Johannes zuerst von einem Verhör bei Hannas, der vom Jahr 6 bis 15 n. Chr. das Amt versah und als Alt-Hohepriester großes Ansehen genoß. Kaiphas, ein kluger Jurist und gewandter Diplomat, hatte dann dieses Amt von 18 bis 36 n. Chr. inne, sicher auch, weil er der Schwiegersohn von Hannas war. Kein anderer Hohepriester hat sich so lange im Amt halten können. Er schaffte dies wohl durch Anbiederung bei der römischen Besatzungsmacht und mit Bestechungsgeldern.

Johannes wollte mit seiner genauen Unterscheidung von Hannas und Kaiphas sicher die anderen Evangelien ergänzen und auf die zwei verschiedenen Verhöre bei Hannas und Kaiphas hinweisen. Sie dienten der Beweisaufnahme. Die Anklage mußte hieb- und stichfest sein. Ob eines davon in der Privatresidenz stattfand, wissen wir nicht, auch nicht, ob vielleicht Hannas und Kaiphas im selben Palast in verschiedenen Flügeln residierten, was gut denkbar ist. Solange Archäologen nicht verläßlich den Palast des Hohepriesters gefunden haben, wird man sich das Verhör in einem Saal des Palastes und die Gefangenschaft Jesu und seine Verhöhnung in den alten tiefen Felsgemäuern der Kirche »St. Petrus in Gallicantu« (= vom Hahnenschrei) vorstellen können, auch wenn Forscher mit guten Gründen große Zweifel an diesem Ort haben. Sie suchen weiter in der Oberstadt am Rand des Zionsberges.

Die geistlichen Führer suchten noch in der Nacht einen handfesten Anklagepunkt gegen Jesus. Darum fragten sie Jesus. Er aber antwortete sehr freimütig: »Was fragst du mich? Frage die, die gehört haben, was ich zu ihnen geredet habe. Siehe, sie wissen, was ich gesagt habe« (JOHANNES 18,21). Daraufhin gab einer der Diener Jesus einen rohen Schlag ins Gesicht.

Dort im Palasthof des Hohepriesters stand in der kalten Nacht das Verhaftungskommando an einem Kohlenfeuer und wärmte sich. Die Türhüterin, die bei den anderen Evangelisten nur Magd genannt wird, erkannte Petrus: »Bist du nicht auch einer von den Jüngern dieses Menschen?« (JOHANNES 18,17). Petrus leugnete, auch als einer der Tempelwache ihn erkannte. »Und alsbald krähte der Hahn« (JOHANNES 18,27).

Die Tränen des Petrus und sein Versagen wehren jeder Heldenverehrung, die auch bei Christen als Versuchung naheliegen mag. Man möchte stark sein und kann doch nur fest sein, weil Jesus für uns betet, daß unser Glaube auch in den Anfechtungen nicht aufhört (LUKAS 22,32).

Normalerweise wird der Hahnenschrei so verstanden, daß damit der frühe Morgen gemeint ist. Der im letzten Jahrhundert in Bethlehem tätige Pfarrer Ludwig Schneller hat aber in vielen Beobachtungen festgestellt, daß Hähne in Jerusalem auch immer zwischen zehn und elf Uhr abends krähen. Er stellte sich ganz bewußt gegen viele Bibelausleger, wenn er meinte, für Hannas und Kaiphas hätten die Verhöre nicht lange gedauert, da sie ihrer Sache so sicher gewesen seien. Sie hätten bestimmt auch nicht wegen Jesus auf ihren Schlaf verzichtet, und das noch vor dem Fest! Um Mitternacht seien dann die beiden Verhöre zu Ende gewesen. Die offizielle Verurteilung durfte nach jüdischen Regeln nicht nachts stattfinden. Darum wurde Jesus am Morgen in das offizielle Gerichtsgebäude gebracht. Die Gerichtsdiener benützten dann die Haftzeit Jesu von mehreren Stunden in einer Zelle, um ihn mit Spott und Hohn zu überschütten: »Weissage, wer ist es, der dich schlug?« (LUKAS 22, 63 f.)

Es ist überhaupt nicht merkwürdig und sonderbar, wenn die Evangelisten kein umfassendes und ungekürztes Protokoll jedes Verhörs dieser Nacht oder eine Wegbeschreibung vorgelegt haben. Ihnen geht es doch um den Anspruch Jesu, Gottes Sohn zu sein. Darum haben sie das Entscheidende herausgestellt und das übrige nur – soweit überhaupt nötig – berichtet.

»Und als es Tag wurde, versammelten sich die Ältesten des Volkes, die Hohenpriester und Schriftgelehrten und führten ihn vor ihren Rat« (LUKAS 22, 66). Vorher hat dann Jesus noch einige Stunden in einer Gefangenenzelle zugebracht. In den Kellergewölben der Hahnenschreikirche kann man sich das anschaulich vorstellen. Dann wurde Jesus in aller Frühe in das offizielle Gebäude des Synhedriums gebracht. Nach außerbiblischen Überlieferungen, die auch hier verschiedene Orte angeben, hat sich dieser »Rat« entweder im inneren Vorhof des Tempels in einem Raum getroffen, der »Quaderhalle« genannt wurde, oder außerhalb bei der Südwestecke des Tempelplatzes, am heutigen Eingang zum jüdischen Viertel. Vom Synhedrium mit 71 Mitgliedern mußten für ein Urteil wenigstens 23 Ratsherren anwesend sein und bei einem Schuldspruch mit zwei Stimmen Mehrheit beschließen.

Dort wurde Jesus direkt vom Hohepriester Kaiphas gefragt: »Ich beschwöre dich bei dem lebendigen Gott, daß du uns sagst, ob du der Christus bist, der Sohn Gottes. Jesus sprach zu ihm: Du sagst es. Doch ich sage euch: Von nun an werdet ihr sehen den Menschensohn sitzen zur Rechten der Kraft und kommen auf den Wolken des Himmels« (MATTHÄUS 26,63f.). Da war der Punkt klar herausgestellt, warum Jesus sterben mußte. Der Hohepriester zerriß seine Kleider und rief: »Er hat Gott gelästert! Was bedürfen wir weiterer Zeugen? Jetzt habt ihr die Gotteslästerung gehört!« Alle waren jetzt für die Todesstrafe wegen dieser Gotteslästerung. Damit war die Schuld Jesu unzweifelhaft festgestellt und eindeutig. Sie konnten sich auf keine anderen Zeugen berufen, das sagen auch die anderen Evangelien immer wieder, nur auf das Wort Jesu und seinen unverhüllten Anspruch, Sohn Gottes und Weltenrichter zu sein. Daran scheiden sich Glaube und Unglaube.

Daß in der Bibel von mehreren Hohepriestern auch beim Prozeß Jesu gesprochen wird, hat schon Verwirrung und Unverständnis angerichtet. Mit Kaiphas waren wahrscheinlich noch fünf Ex-Hohepriester am Prozeß gegen Jesus beteiligt. Das kann man aus den außerbiblischen jüdischen Quellen vermuten. Dann gehörte auch noch der Tempeloberst Jonatan zum Hohen Rat, der ein Schwager des Hannas war und in der Nacht die Verhaftung Jesu leitete, und weitere Mitglieder der Familie Hannas. Einige Namen werden bei der späteren Verhaftung von Petrus und Johannes im Tempel erwähnt (APOSTELGESCHICHTE 4,6).

Schon seit der Auferweckung des Lazarus in Betanien war im Synhedrium die Entscheidung gefallen: »Von dem Tage an war es für sie beschlossen, Jesus zu töten« (JOHANNES 11,53). Im Hohen Rat war nur einer, der Jesus nicht schon vorverurteilt hatte, das war Josef von Arimathäa (LUKAS 23,50f.).

Daß aber in diesen unheimlichen Verhandlungen Gott seine Heilsgeschichte durchführt, wird an diesem kühl machtpolitisch denkenden Kaiphas deutlich. Er hatte schon früher geraten, es »ist besser für euch, ein Mensch sterbe für das Volk, als daß das ganze Volk verderbe« (JOHANNES 11,50-52). Damit hat für ihn der Zweck die Mittel geheiligt. Das Evangelium sagt aber, daß er dieses Wort »einer für alle!« als Hohepriester prophezeite, ohne zu wissen, was er damit aussagte. Er kündigte Jesu Tod stellvertretend für die ganze Welt an. Darum wurde auch angefügt, was die Prophetie des Kaiphas wirklich beinhaltete: »Denn Jesus sollte sterben nicht für das Volk allein, sondern auch, um die verstreuten Kinder Gottes zusammenzubringen«. Selbst dieser unheimlich taktierende Kaiphas ist noch Gottes Werkzeug zum Heil und zur Erlösung für die Völker der Welt.

Interessante Funde kamen bei Ausgrabungen im jüdischen Viertel im sogenannten »Verbrannten Haus« ans Licht. Nur 170 Meter vom Tempel entfernt kann man heute die Spuren der Zerstörung im Jahr 70 n. Chr. besichtigen: Ton- und Steingefäße, Gewichte, Handmühlen, Meßgefäße und viele Münzen. Auf einem Gewicht steht der Name »Bar Kathoros«. Man kann davon ausgehen, daß hier das Haus des Hohepriesters Kathoros stand, der auch im Talmud unter anderen als Inhaber dieses hohen Amtes zur Zeit des Kaiphas genannt ist. Unter den Spuren der Vergangenheit sind auch Hand- und Armknochen eines Mädchens erhalten geblieben.

Die luxuriöse Festung Antonia mitten in der Stadt

Wo war das Prätorium? – Das Steinpflaster Gabbata – Gefoltert und mit Dornen gekrönt – Die einzige Anklage gegen Jesus – Ein Römer mit einem jüdischen Brauch – Von Legionären gerettet – Beinahe gefoltert wider das Recht – Hungerstreik – Abschied für immer

Zur Zeit Jesu wurde der herrliche Tempel, den Herodes errichtet hatte, am nordwestlichen Eck des Tempelplatzes von einer mächtigen Festung überragt, der Burg Antonia. Von hier aus kontrollierten die römischen Legionäre die Stadt und vor allem auch die Gottesdienste im Tempel, zu denen sich an großen Festtagen vielleicht eine halbe Million Pilger versammelten. Weil sich so viele nicht gleichzeitig auf dem Tempelplatz aufhalten konnten, mußte der Gottesdienst dreimal abgehalten werden. Das Fünffache der Einwohnerzahl Jerusalems strömte an solchen Tagen in die Stadt. Die Wachen auf der Antonia waren Tag und Nacht im Einsatz, um die zum Aufstand bereiten Sikarier in Schach zu halten. Die Amtskleider des Hohepriesters wurden hier in der Antonia von den römischen Legionären bewacht und nur zu den drei großen Festen und zum Versöhnungstag herausgegeben. Weil der Hohepriester ohne sein Ornat nicht die nötige Autorität hatte, übten die Römer mit dieser Praxis sehr massiv Druck aus.

Diese Burg wird in der Bibel erstmals bei der Rückkehr aus dem babylonischen Exil erwähnt. Nehemia brauchte Balken, um diese Festung wieder instand zu setzen. Von Norden her war Jerusalem am leichtesten zu erobern und besonders der Tempelplatz gefährdet.

Man nimmt an, daß hier früher schon zur Zeit des ersten Tempels der Hananel-Turm stand, der die Stadt schützte (JEREMIA 31,38; SACHARJA 14,10).

Später haben dann die Seleukiden, jene hellenistischen Herrscher in der Nachfolge Alexanders des Großen, die Burg 167 v. Chr. zerstört und als Festung neu aufgebaut. Der römische Feldherr Pompejus ließ 63 v. Chr. hier einen Wall aufwerfen und eroberte die Burg. Herodes der Große machte daraus eine imposante und eindrucksvolle Residenz, in der er bis 23 v. Chr. wohnte, bis er in der Zitadelle dann seinen Palast beziehen konnte. Herodes achtete überall auf eine absolut sichere Verteidigung. Die Burgfestung stand auf einem 25 Meter hohen Felsen. Außen war die Antonia somit festungsartige Burg, innen mit luxuriösen Repräsentationsräumen ausgestattet. Herodes nannte die Festung nach seinem römischen Gönner Antonius. Die ganze Festung sah wie ein dicker Turm aus, hatte aber an allen vier Ecken wieder 35 Meter hohe Türme, von denen man den ganzen Tempelplatz überblicken konnte.

Lange Zeit war es unter Archäologen sehr umstritten, ob hier das Verhör Jesu durch den Statthalter Pontius Pilatus stattgefunden hat. Dabei ging es vor allem um die Frage, ob die Burg Antonia Prätorium genannt werden konnte. Nach dem Evangelium heißt es: »Da führten sie Jesus von Kaiphas (dem Hohepriester) zum Prätorium« (JOHANNES 18,28). Die gebräuchlichen Übersetzungen mit »Richthaus« sind nicht treffend. Es handelte sich beim Prätorium um den offiziellen Amtssitz des römischen Statthalters. Einen solchen gab es in Cäsarea am Mittelmeer, aber auch in Jerusalem. Man dachte lange an die Zitadelle, vermutet jetzt aber diesen Amtssitz ziemlich wahrscheinlich auch in dem Stadtteil Jerusalems, das heute »jüdisches Viertel« genannt wird und der Westmauer des Tempels gegenüber liegt. Auch die anderen Evangelien berichten es so: »Die Soldaten aber führten ihn (Jesus) hinein in den Palast, das ist ins Prätorium« (MARKUS 15, 16).

Wahrscheinlich ist es den meisten Pilgern nicht so wichtig, ob sie nun ganz genau am richtigen Platz des Geschehens stehen. Es ist für sie bedeutsamer, sich an einem Ort das im Evangelium bezeugte Geschehen besser vergegenwärtigen und dadurch eindrücklicher verstehen zu können.

Genau dies ist in den Gemäuern der französischen Zionsschwestern am Beginn der Via dolorosa auf unvergeßliche Weise möglich. An der Stelle der Antonia-Burg liegt heute eine moslemische Koran-Schule. In unmittelbarer Nähe steht der »Ecce-Homo-Bogen« (= Seht, welch ein Mensch!), der ursprünglich auf die Zeit Hadrians, des römischen Kaisers nach der Zerstörung Jerusalems, zurückgeht oder auch auf König Agrippa I. (41 - 44 n. Chr.). Nur zu einem Teil ragt er über die Straße. Der andere Teil des Bogens ist in der Kirche der Schwestern sichtbar. Die dort gezeigten überdimensional großen Pflastersteine gehörten zu einem Marktplatz aus dieser Zeit des 2. Jahrhunderts nach Christus. Sie vermitteln einen Eindruck vom Geschehen der Verurteilung Jesu: »Pilatus führte Jesus heraus und setzte sich auf den Richtstuhl an der Stätte, die da heißt Steinpflaster, auf hebräisch Gabbata« (JOHANNES 19, 13).

In die Straßensteine sind Quadrate, Dreiecke, eine Krone und anderes eingeritzt. Sie wurden als Brettspiele der römischen Wachtmannschaften gedeutet, die meist bei den Saturnalienspielen ihren Platz hatten. Rillen auf den Steinen sollten das Ausrutschen der Pferde verhindern.

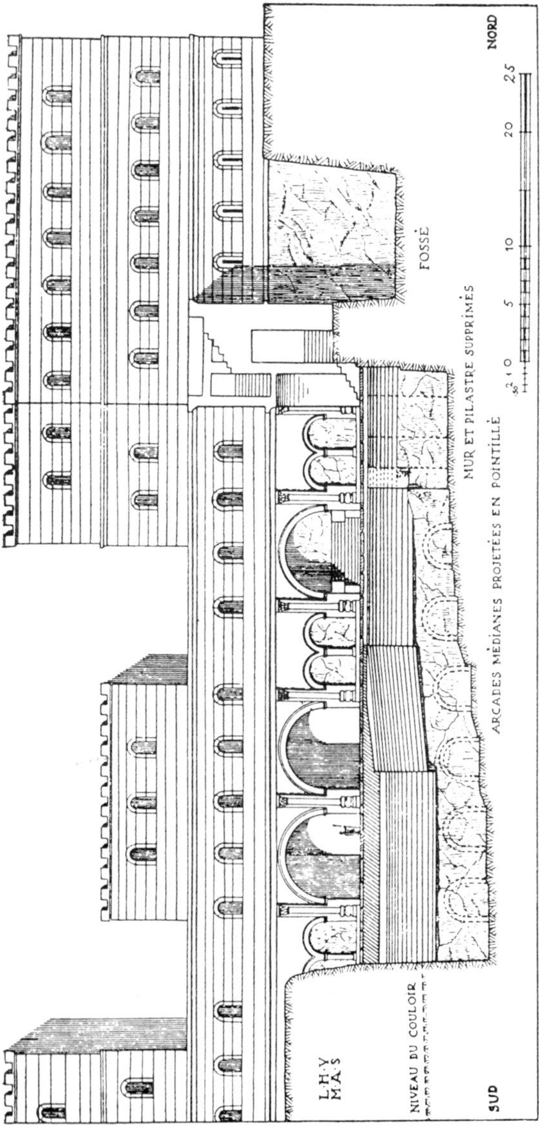

Rekonstruktion der Burg Antonia

Mit nur einem Vers wird in den Passionsberichten die Geißelung Jesu erwähnt. Es handelte sich dabei um eine ganz brutale Folterung. Mit Lederriemen, in denen Knochenstücke, Bleikugeln oder Stacheln eingearbeitet waren, wurde der entkleidete Gefangene so lange gepeitscht, bis er blutüberströmt am Boden lag. Danach war auch Jesus so geschwächt, daß er den schweren Kreuzesbalken nicht mehr tragen konnte.

»Sie zogen Jesus einen Purpurmantel an und flochten eine Dornenkrone und setzten sie ihm auf und fingen an, ihn zu grüßen: Gegrüßet seist du, der Juden König! Und sie schlugen ihn mit einem Rohr auf das Haupt und spieen ihn an und fielen auf die Knie und huldigten ihm. Und als sie ihn verspottet hatten, zogen sie ihm den Purpurmantel aus und zogen ihm seine Kleider an« (MARKUS 15, 17 - 20). Das könnte man sich gut aus den Saturnalienspielen vorstellen, die manche Ähnlichkeit mit Fasching haben.

Dornen könnten irgendwo im Keller der Soldatenunterkünfte gelegen haben, weil man mit denen in den kalten Tagen oft Feuer machte. In der Nacht wird keine Zeit gewesen sein, solche Dornenzweige noch zu suchen.

»Seht, welch ein Mensch!« Dies meinte der Statthalter Pilatus nicht mitleidig, sondern verächtlich: Das kann doch nicht ein König sein! »Als ihn die Hohepriester und Diener sahen, schrien sie: Kreuzige! Kreuzige!« (JOHANNES 19, 5 - 7) Als Pilatus weiterhin die Verurteilung Jesu von sich schieben will mit der Bemerkung: »nehmt ihr ihn hin und kreuzigt ihn« (Vers 6), da verweisen sie auf das Gesetz, nach dem Jesus sterben muß. Ob sie an das Wort dachten: »Wer des Herrn Namen lästert, der soll sterben« (3. MOSE 24, 16)?

Wieder wird deutlich, daß die einzige Grundlage der Anklage gegen Jesus war: »Er hat sich selbst zu Gottes Sohn gemacht« (JOHANNES 19, 7).

Wie tief waren die Gespräche Jesu mit Pilatus gewesen, in denen Jesus unzweideutig klar macht, daß er nichts mit politischen Kämpfen um irdische Reiche zu tun haben wollte: »Mein Reich ist nicht von dieser Welt« (JOHANNES 18,36). Auch später dann zu dem römischen Statthalter, der so stolz auf seine Entscheidungsbefugnis pocht: »Du hättest keine Macht, wenn sie dir nicht von oben her gegeben wäre« (JOHANNES 19,11). So spricht kein zelotischer Freiheitskämpfer, so spricht allein Jesus, der den Herrschern der Welt deutlich macht, daß alle Macht nur von Gott verliehen und anvertraut ist.

»Als aber Pilatus sah, daß er nichts ausrichtete, sondern das Getümmel immer größer wurde, nahm er Wasser und wusch sich die Hände vor dem Volk und sprach: Ich bin unschuldig an seinem Blut! Seht ihr zu! Da antwortete das ganze Volk und sprach: Sein Blut komme über uns und unsere Kinder!« (MATTHÄUS 27,24 f.)

Da sich Pilatus in dem Tumult nicht mehr verständigen konnte, wird er einen jüdischen Brauch aufgegriffen und seine Hände in Unschuld gewaschen haben (5. MOSE 21,6).

Die trotzige Zwingburg Antonia hat auch für die erste Gemeinde in Jerusalem eine große Bedeutung gehabt. War hier oder in der Zitadelle Petrus inhaftiert? Fand hier die wunderbare Befreiung durch den Engel aus dem gutbewachten Gefängnis statt? Wo wurde Jakobus hingerichtet (APOSTELGESCHICHTE 12)? Bei dem Missionar und Apostel Paulus wissen wir genau, welch eine wichtige Rolle die Antonia in seinem Leben gespielt hat. Hier war während des Pfingstfestes des Jahres 59 n. Chr. der römische Tribun Claudius Lysias verantwortlich für seine militärische Eingreiftruppe. Seine Wachtposten konnten vom Turm aus plötzlich den Auflauf einer fanatisierten Masse auf dem Tempelplatz beobachten.

Paulus wurde von allen Seiten mit Füßen getreten. Er war im Tempel, um ein jüdisches Reinheitsgelübde zu erfüllen, das er um des Friedens willen mit den strengen Judenchristen eingegangen war. Jetzt aber entdeckten ihn dort Juden aus Ephesus, die ihn verdächtigten, er hätte den Tempel entweiht und einen Nichtjuden hereingebracht, was völlig unsinnig war.

Plötzlich standen die großen römischen Legionäre mitten in dem Tumult. Über eine Treppe kamen sie direkt von der Antonia auf den Tempelplatz. Die römischen Soldaten hatten immer Angst vor einem plötzlichen Aufstand jüdischer Freiheitskämpfer, der sich leicht am Tempel entzünden konnte.

Die Massen der Tempelbesucher standen so dicht und waren so haßerfüllt, daß Paulus auf den Schultern der Legionäre die Treppen zur Antonia getragen werden mußte. Dort stellte sich dann schnell im Verhör mit dem römischen Kommandanten heraus, daß Paulus kein mutmaßlicher jüdischer Terrorist war, sondern aus der griechischen Kultur stammte. Der Tribun war ganz erleichtert und hatte keine Bedenken, Paulus von der Brüstung der Antonia aus zum Volk reden zu lassen. Dann begann Paulus in hebräischer Sprache: »Männer, Brüder, Väter! ... In dieser Stadt bin ich erzogen als Schüler des Rabbi Gamaliel und habe aufs sorgfältigste unser väterliches Gesetz studiert.« Und dann erzählt er zeugnishaft, wie er entdeckte, daß der totgeglaubte Jesus wirklich lebt.

Als er dann von seinem Auftrag sprach, zu den nichtjüdischen Völkern zu gehen, ging der Tumult wieder los. »Weg mit ihm! Bringt ihn um!« Der Tribun war ratlos. Er konnte ja nicht verstehen, was Paulus in seiner hebräischen Rede gesagt hatte. Jetzt packten ihn harte Soldatenhände und zogen ihn in die Antonia. Man wollte ihn peitschen und dann mit Fesseln binden. Jetzt fragte Paulus den Offizier: »Ist es erlaubt bei euch, einen Menschen, der römischer Bürger ist, ohne Urteil zu geißeln?« Sofort wurde der Tribun geholt. Der wollte es nicht glauben, daß Paulus von Geburt aus römischer Bürger sei. Er selbst hatte dies nur mit viel Geld erreicht.

Paulus wurde dann am nächsten Tag ins Synhedrium zur Verhandlung vor dem Hohen Rat geführt. Es war wohl derselbe Saal, in dem die Prozesse gegen Jesus, aber auch gegen Petrus und Johannes verhandelt wurden. Auch hier endete die Verhandlung im Tumult, der über den Worten des Paulus entstanden war. Wieder mußten römische Legionäre eingreifen und Paulus retten.

Wie hart wird es für den unermüdlichen Weltmissionar Paulus gewesen sein, nun die Stille des römischen Gefängnisses auf der Antonia in den Kasematten zu ertragen. Da stand ihm in der Nacht der Herr bei: »Sei getrost! Denn wie du für mich in Jerusalem Zeuge warst, so mußt du auch in Rom Zeuge sein« (Apostelgeschichte 21, 27 - 23, 11).

Als dann vierzig jüdische Männer in einen Hungerstreik traten, um Paulus umzubringen, ließ der römische Tribun Paulus mit einer großen militärischen Schutztruppe von 400 Soldaten der Infanterie und 70 berittenen Legionären nach Cäsarea in den Palast des Statthalters Felix bringen. Auch die Uhrzeit ist noch festgehalten im Bericht des Lukas (Apostelgeschichte 23, 23). Es war abends um neun Uhr und schon dunkel, als Paulus durch die Gassen Jerusalems ritt. Hinter ihm lag der Tempel und der Ölberg. Es sollte ein Abschied für immer sein.

Was fromme Hingabe und Verehrung in der Grabeskirche verdecken

Ein verwirrender Flickenteppich – Zerstrittene Kirchen – Der Schädel von Golgatha – Alte Spuren aus der Zeit Jesu – Der Venustempel der Christenverfolger – Das Gartengrab – Archäologie ist nicht alles

Maßlos enttäuscht können Christen sein, die erstmals den Ort des Sterbens Jesu Christi und seiner Auferstehung besuchen. Hineingezwängt in die engen Gassen der Altstadt besteht dieses verwirrende Bauwerk aus einem ganzen Flickenteppich von großen und kleinen Kapellen, Nischen, Kuppeln und Dächern, Treppen und Altären, die mit Lampen, Kerzen, silbernen und vergoldeten Kultgegenständen und mit unzähligen Bildern geschmückt sind. Das kann je nach Tradition eine Andacht sehr stören.

Nicht selten wird dies alles das wirkliche Geschehen an diesem Ort völlig zudecken, weil man nur noch überladenen Kirchenkult sieht, wo allein das Leiden Jesu vor Augen stehen sollte. Im Streit der uneinigen christlichen Konfessionen um menschliche Macht und Eitelkeit ist diese Stätte schon fast verfremdet. »Denn sie wissen nicht, was sie tun!« So drängt es einen hinaus an einen stillen Platz am Ölberg oder beim Tal Ben-Hinnom, um dort frei von aller historischen Erinnerung die Worte des Evangeliums zu lesen.

Eingang zur Grabeskirche

Und doch muß man die Grabeskirche verstehen und lieben lernen. An vielen Tagen des Jahres wird man am frühen Morgen oder sogar am Nachmittag selbst hier in der belebten Grabeskirche an manchen Stellen ganz allein sein zum Gebet und zum Hören des Wortes: »Und als sie kamen an die Stätte, die da heißt Schädelstätte, kreuzigten sie ihn dort und die Übeltäter mit ihm, einen zur Rechten und einen zur Linken. Jesus aber sprach: Vater, vergib ihnen; denn sie wissen nicht, was sie tun! Und sie verteilten seine Kleider und warfen das Los darum. Und das Volk stand und sah zu« (LUKAS 23, 33-35).

Ist hier wirklich der Ort von Golgatha? Zur Zeit Jesu war dieses Gebiet, wo heute die Grabeskirche steht, ein Steinbruch außerhalb der Stadtmauern: »Jesus trug sein Kreuz und ging hinaus zur Stätte, die da heißt Schädelstätte, auf hebräisch Golgatha ... die Stätte, wo Jesus gekreuzigt wurde, war nahe bei der Stadt« (JOHANNES 19, 17.20). Der hohe Golgathafelsen war wegen seines schlechten Steinmaterials stehengeblieben. Er ist aber für den Besucher wegen späterer Gesteinsauffüllungen nicht mehr sichtbar. Ausgrabungen bestätigen seine Höhe mit zehn Metern und seine Ähnlichkeit mit einem Schädel, von dem er seinen Namen hat (LUKAS 23, 33). Römer richteten ihre Hinrichtungsstätten gerne unmittelbar bei belebten Straßen ein: »Die aber vorübergingen, lästerten ihn und schüttelten ihre Köpfe« (MATTHÄUS 27, 39). Auch Markus hat dies festgehalten: »... Ha, der du den Tempel abbrichst und baust ihn in drei Tagen, hilf dir nun selber und steig herab vom Kreuz!« (15, 29 f.)

Einer der beiden Schächer neben Jesus erkennt nicht einmal im Sterben seine verlorene Lage und sein Elend: »Hilf dir selbst und uns!« Wie anders klingen die Worte des anderen Hingerichteten neben Jesus: »Wir sind mit Recht in der Verdammnis. Wir empfangen, was unsre Taten verdienen; dieser aber hat nichts Unrechtes getan. Und er sprach: Jesus, gedenke an mich, wenn du in dein Reich kommst!« Da sagte Jesus zu ihm, was die ganze Welt aufwiegt und von niemand außer Kraft gesetzt werden kann: »Wahrlich, ich sage dir: Heute wirst du mit mir im Paradies sein« (LUKAS 23, 39 - 43).

Nicht die Steine können den Glauben fest machen, allein das Wort Jesu, das gehört und geglaubt wird, schafft und wirkt Glauben: »Es ist vollbracht!« (JOHANNES 19, 30)

Auch vom Felsengrab ist fast nichts übriggeblieben, weil es im Jahr 1009 von Moslems zerstört wurde. Daß dieser Felsen, wo heute das Grabmal im merkwürdigen türkischen Rokoko-Stil aus dem Jahr 1810 steht, der Bestattungsort Jesu ist, sind die Archäologen übereinstimmend überzeugt.

Schon in der ersten judenchristlichen Gemeinde von Jerusalem wurde das Grab Jesu verehrt. Um 135 n. Chr., als alle Juden aus Jerusalem vertrieben wurden und die Stadt neu als römische Kolonialstadt Aelia Capitolina aufgebaut wurde, ließ der römische Kaiser Hadrian das Grab Jesu zuschütten und einen Venustempel darüber errichten. Auch Golgatha wurde zugeschüttet und in den Tempeldienst seiner Lieblingsgöttin Aphrodite einbezogen. Das hatte nur den einen Grund, die christliche Anbetung und Verehrung hier für immer zu zerstören.

Heute muß man sagen, daß gerade diese große Terrasse, die hier zehn Meter hoch aufgeschüttet wurde, die alten Stätten erhalten hat und auch den Ort sicher lokalisieren läßt. Archäologen haben Reste der hadrianischen Mauern auch am Golgathafelsen gefunden.

Mit Kaiser Konstantin wurde 313 n. Chr. im Römerreich endlich das Christentum eine erlaubte Religion. Im Jahr 326 ließ dann Konstantin, angeregt durch seine Mutter Helena, die alten Götzentempel abreißen und eine macht-

Grabeskirche

volle Basilika errichten, »um die hochheilige Stätte des Todes und der Auferstehung des Erlösers dem Blick und der Verehrung aller darzubieten«. So wird es aus damaligen Tagen berichtet. Sie wurde beim Einfall der Perser (614) zerstört, wieder aufgebaut, wieder zerstört (1009). Der Rundbau über dem Grab wurde nach der konstantinischen Kirche vom 4. Jahrhundert wieder aufgebaut. Die Kreuzfahrer bauten dann eine romanische Kirche an den Rundbau an. Nach einem Brand 1808 wurde sehr viel stil- und auch geschmacklos gebaut. Schon im letzten Jahrhundert mußte die Kuppel durch eine Eisenkonstruktion getragen werden. Weitere Schäden sind wegen der schwierigen Besitzverhältnisse nur schlecht zu beheben.

Wenn man von den vielen Zeugnissen der Verehrung absieht, von denen die tiefgelegene Helenakapelle zu den ältesten und das »Dachkloster« der Abessinier zu den ärmsten gehört, so bleibt dieser Ort aus biblischer Zeit der Ort des Leidens und Sterbens, aber auch der Auferstehung Jesu. Das Größte kann nicht sichtbar gemacht werden: »Wir haben nicht einen Hohenpriester, der nicht könnte mit leiden mit unserer Schwachheit, sondern der versucht worden ist in allem, wie wir, doch ohne Sünde. Darum laßt uns hinzutreten mit Zuversicht zu dem Thron der Gnade, damit wir Barmherzigkeit empfangen und Gnade finden zu der Zeit, wenn wir Hilfe nötig haben!« (Hebräer 4, 15 f.)

Wenn man enttäuscht aus der sogenannten Engelskapelle tritt, die an das Grab Jesu erinnert, dann möge man die Worte der Boten Gottes hören: »Was sucht ihr den Lebenden bei den Toten? Er ist nicht hier, er ist auferstanden!« (Lukas 24, 5 f.)

So wird häufig der Gang zum **Gartengrab** zu einem neuen Entdecken der frohmachenden Osterbotschaft. Etwa 300 Meter nördlich des Damaskustores an der Conrad-

Schick-Straße, die von der Nablus Road abzweigt, liegt dieser Garten hinter der arabischen Busstation. Es stört viele Gläubige nicht, wenn Archäologen sagen, daß dieser Platz nicht mit dem historischen Grab oder dem Hügel Golgatha identisch ist. Was ist es dann, was biblisch Denkende hierher zieht?

Hier hat man ganz anders vor Augen, wie alles gewesen sein könnte. Es ist die in den Fels gehauene Grabanlage mit zwei Kammern. Die Sorge der Frauen am Grab wird da verständlich: »Wer wälzt uns den Stein von des Grabes Tür?« (MARKUS 16,3) Der Felsabsturz über dem arabischen Busbahnhof erinnert wirklich auch an den Schädel von Golgatha.

Dann ist es zudem eine Oase der Stille mitten im geschäftigen Leben und Treiben der Stadt. Wie wohl tut die Ruhe inmitten blühender Büsche und Bäume. Manche Gruppen halten an einem abgelegenen Platz im Garten das Abendmahl, um Jesu Nähe und seine Vergebung in Brot und Kelch zu schmecken und zu fühlen.

Bei aller Ehrfurcht vor altersgrauen Kirchen und der Schönheit der in Jahrhunderten gealterten Bauwerke, so kommt doch die größte Freude und aller Mut aus der Begegnung mit dem lebendigen und auferstandenen Jesus Christus in seinem Wort: »Da wurden die Jünger froh, daß sie den Herrn sahen« (JOHANNES 20,20).

Der Glaube lebt nicht vom Rückblick auf das Vergangene. Er blickt auf den lebendigen Herrn Jesus, der vor seinem Volk hergeht. »Seid ihr nun mit Christus auferstanden, so sucht, was droben ist, wo Christus ist, sitzend zur Rechten Gottes. Trachtet nach dem, was droben ist, nicht nach dem, was auf Erden ist. Denn ihr seid gestorben und euer Leben ist verborgen mit Christus in Gott. Wenn aber Christus, euer Leben, sich offenbaren wird, dann werdet ihr auch offenbar werden mit ihm in Herrlichkeit« (KOLOSSER 3,1-4).

Das Prätorium des Statthalters in Jerusalem

Die Zitadelle als Zwingburg – Überfluß an Luxus – Neue Entdeckungen im jüdischen Viertel – Ein Brief, der alles sagt – Gemeinsam gegen Jesus – Die Herren dieser Welt gehen

In Jerusalem residierte der Statthalter Pilatus in dem luxuriösen Palast, den Herodes in der Zitadelle errichtet hatte. Das Aussehen der heutigen Burg geht auf die Mamelukken im 14. Jahrhundert zurück und hat seit der Zeit Jesu viel Zerstörung und Wiederaufbau erlebt. Die Zitadelle war von Herodes als machtvolle Zwingburg gebaut, um Jerusalem in Schach zu halten.

Der gewaltige terrassenförmige Unterbau des Herodespalastes wurde südlich der Zitadelle im Gelände des armenischen Klosters, aber auch dort, wo die englische Kirche steht, entdeckt. Der Palast reichte bis zur südlichen Mauer. Durch außerbiblische Zeugnisse können wir die Pracht noch ahnen: Rasenflächen, Springbrunnen, Parkanlagen, Wasserteiche, Speisesäle für Hunderte von Gästen, kunstvoll geschnitzte Holzdecken. Kein Wunder, daß sich die römischen Statthalter hier im Herodespalast wohlfühlten, anders als Herodes, der in seiner Angst und Mordgier nirgends Ruhe fand.

In der Nähe des Eingangs soll sich eine erhöhte Terrasse befunden haben, jene Gerichtsstätte »Gabbata«. Nach der Meinung der meisten Forscher wusch sich Pilatus hier seine Hände in Unschuld (Matthäus 27,24).

Die Zitadelle (sogenannte Davidsburg) von Jerusalem

Auffallend ist allerdings, daß in all den Jahrhunderten – mit Ausnahme der Zeit der Kreuzritter – zu keiner Zeit der Ort der Verurteilung Jesu durch Pilatus in der Zitadelle gesucht wird. Deshalb muß man auf neue Ausgrabungen im Gebiet des jüdischen Viertels von Jerusalem gespannt sein. Der dort vermutete Hasmonäerpalast könnte auch das Prätorium sein. Große aufgefundene Mosaiken, die denen von Masada ähnlich sind, deuten auf ein palastartiges Haus hin. Wahrscheinlich wird man hier am Abhang des jüdischen Viertels, das dem Tempelberg gegenüberliegt, noch weit mehr entdecken, was den Ort der Verurteilung Jesu dort vermuten läßt.

Irgendwann, als Pilatus auf dem Richterstuhl saß, schickte seine Frau die Botschaft: »Habe du nichts zu schaffen mit diesem Gerechten; denn ich habe heute viel erlitten im Traum um seinetwillen!« (MATTHÄUS 27, 19) Was ist da im Gewissen dieser Frau klar erkannt worden! Wenn Mauern reden könnten, dann käme zum Vorschein, wie auch hier Pilatus etwas vom Gnadenangebot Gottes ahnen mußte. Aber er, der unbeugsame und harte Herrscher, wollte nichts von Jesus. Er ließ sich vom Volk treiben und mußte nach ihrer Pfeife tanzen. So schwach und machtlos war er wirklich.

Oder residierte Herodes Antipas während der Festtage im Hasmonäerpalast? Wir können hier nur vermuten. Zu ihm wurde Jesus am Morgen seines Todestages gesandt. Jesus antwortete ihm nichts. Herodes zeigte daraufhin Jesus seine Verachtung. Daß darin auch Gottes Weissagung sich erfüllte, konnte Herodes nicht ahnen (MATTHÄUS 20, 19 und LUKAS 18, 32). Über diesem kurzen politischen Akt wurden Herodes und Pilatus nach einer Feindschaft wieder Freunde. Es genügte, daß jeder den anderen anerkannte. Sie hatten in der Feindschaft gegen Jesus eine ähnliche Wellenlänge. Darin fanden sie sich sympathisch. Auch hier erfüllte sich die Weissagung: »Die Könige der Erde lehnen sich auf, und die Herren halten Rat miteinander wider den Herrn und seinen Gesalbten« (PSALM 2, 2).

Die judenchristliche Gemeinde hat dieses Zeichen gut verstanden, besonders als Petrus und Johannes inhaftiert wurden. Da betete die Gemeinde: »Sie haben sich versammelt in dieser Stadt gegen deinen heiligen Knecht Jesus, den du gesalbt hast, Herodes und Pontius Pilatus mit den Heiden und Stämmen Israels« (APOSTELGESCHICHTE 4, 27).

Unmittelbar an die Zitadelle schloß der obere Markt an. Das war ein exquisites Basarviertel für gehobene Ansprüche und wohlhabende Käufer. Hier könnte Josef von Arimathäa noch am Karfreitag seine Einkäufe gemacht haben, bevor mit Einbruch der Dunkelheit der Sabbat anbrach. Er brachte die Leinentücher, in die der Leib Jesu gehüllt wurde (JOHANNES 19, 38 ff.). Maria Magdalena und die anderen Frauen kauften hier vielleicht die wohlriechenden Öle und Salben (LUKAS 23, 56).

In der Unterstadt gab es noch den unteren Markt, wo man preisgünstiger die Waren für den täglichen Bedarf kaufen konnte.

Mächtigstes Überbleibsel dieser Staatsmacht, die Jesus zum Tod verurteilte, bleibt der heute »Davidsturm« genannte eigentliche Phasaelturm. Er ist unten ganz aus Stein gemauert ohne jeden Hohlraum. Hier war nichts mehr zu zerstören. Wer den zerschlagen wollte, mußte einen Berg wegschieben. Und so steht er heute noch da, auch wenn ihm die Türken eine andere Spitze gegeben haben. Jedoch ist schon wenige Jahre nach dem Tode Jesu alle Macht der Zitadelle durch den römischen Eroberer Titus gebrochen worden. So zeugt heute das Trümmerfeld von einer verflossenen Größe und Herrlichkeit. Was geblieben ist, ist das

Reich Jesu, das nicht von dieser Welt ist. Wie hat damals Pilatus über das Königsamt Jesu mitleidsvoll gelächelt! Aber es ist wahr, die Herren dieser Welt gehen, unser Herr kommt!

Der Tod des Judas und der Blutacker

Vom christlichen Zionsberg schaut man auf Hakeldamach (= Blutacker) an der jenseitigen Talseite des Tales Ben-Hinnom hinunter. Dort steht heute in der Nähe der Rogelquelle das griechisch-orthodoxe Kloster Onuphrius mit einem riesigen Grabgewölbe aus der Kreuzfahrerzeit. Westlich davon liegt der Blutacker.

Als Judas sah, daß Jesus wegen seines Verrats zum Tod verurteilt wurde, »reute es ihn« und er brachte die dreißig Silberstücke den Hohenpriestern und Ältesten zurück und sprach: »Ich habe Unrecht getan, daß ich unschuldiges Blut verraten habe« (Matthäus 27,3-10). Man hat darauf hingewiesen, daß es im damaligen Geschäftsleben möglich war, von einem Handel dadurch zurückzutreten, daß man das Geld in den Tempel brachte, wo es dann der Verkäufer wieder abholen konnte. Das entspräche dann unserem heutigen vertraglich garantierten Rückgaberecht bei mangelnder Vertragserfüllung. Die Summe von 30 Schekeln waren 60 Drachmen, eine lächerliche Summe gegenüber den 300 Denaren, was das Salbungsöl von Maria in Betanien wert war.

Im mosaischen Gesetz entsprach diese Summe von 30 Schekeln der Haftpflichtsumme für einen getöteten Sklaven (2. Mose 21,32). Für einen freien Mann wurde schon 1300 Jahre früher der Preis viel höher vereinbart.

Die Hohenpriester und Ältesten wollen das Geld nicht annehmen. Sie spüren, daß dieses Geld »stinkt«, und wollen darum auch den Betrag nicht zu den übrigen Gaben des Opferkastens tun. Sie betrachten das Geld als herrenloses Gut. So wird der Blutacker zur Bestattung der auswärtigen Pilger gekauft, die während der Feste in Jerusalem starben. Ausdrücklich wird hier noch festgehalten, daß es ein Friedhof für »Fremde«, also für Nichtjuden ist (MATTHÄUS 27, 7).

Erschütternd ist auch, wie wenig diese geistlichen Führer einem unter der Schuld verzweifelten Gewissen helfen können: »Da sieh du zu!« Wirklich vergeben kann nur Jesus. Judas aber ging nicht zu Jesus. Auch für ihn wäre dort Vergebung gewesen. Er sagt am falschen Ort zu den falschen Seelsorgern: »Ich habe gesündigt!« Allein Jesus Christus kann durch seine Vergebung in der völligen Verzweiflung über die eigene Schuld das Leben neu schenken.

Hier erfüllte sich die Prophetie Sacharjas mit den 30 Silberlingen (11, 12 f.). Wegen der Lage dieses Ackers beim Töpfertor werden aber auch die alten Worte Jeremias nach über 700 Jahren erschütternd aktuell. Die Töpfer hatten ihren Platz bei der Rogelquelle, wo das Tal Ben-Hinnom und das Kidron-Tal zusammentreffen (JEREMIA 19, 1 ff. und 32, 9).

Auch in der Apostelgeschichte berichtet Petrus im Jüngerkreis über den tragischen Selbstmord des Judas. Man braucht darin keinen Widerspruch zu sehen. Es wird nicht gesagt, daß der schreckliche Tod des Judas dort auf diesem Blutacker geschehen sei (APOSTELGESCHICHTE 1, 16 - 20).

Die Heimat von Johannes dem Täufer in En Kerem

Die Erinnerung an die Geburt Johannes des Täufers wird in En Kerem (= Quelle des Weinbergs) lebendig gehalten. Dieser Ort liegt malerisch zwischen Hängen mit Ölbäumen und Zypressen im judäischen Bergland, etwa sieben Kilometer westlich von Jerusalem, in einer Talmulde. Die Terrassen erinnern an Weinberge, die hier früher einmal gewesen sein müssen. Theodosius nennt um 530 diesen Ort als Wallfahrtsort, »wo die heilige Elisabeth, die Mutter Johannes des Täufers, wohnte«. Erfrischend ist das Wasser aus der Quelle von En Kerem.

Im Evangelium ist kein Ort namentlich genannt. »Maria aber machte sich auf in diesen Tagen und ging eilends in das Gebirge zu einer Stadt in Juda« (LUKAS 1, 39). Nichts von Josef oder von den Eltern Marias wird erwähnt. Sie handelt ganz bewußt und selbständig. Sie wußte ja noch nicht, wie sich ihre ganze Situation lösen wird. Mit großer Zurückhaltung und Behutsamkeit wird das biblische Geheimnis der Jungfrauengeburt im Evangelium behandelt (LUKAS 1, 39-45).

Elisabeth weiß schon vor der Geburt, wen Maria trägt. Darum preist sie Maria. Gottes Geist wirkt in den Frauen und an den Kindern, die sie tragen. Das war auch Elisabeth angekündigt worden: »... er wird schon von Mutterleib an erfüllt werden mit dem heiligen Geist« (LUKAS 1, 15).

Hierher gehört auch die Geburt Johannes des Täufers, die im Evangelium so anschaulich beschrieben ist. Der stumme Vater schreibt gegen die laut vorgebrachte Meinung der ganzen Verwandtschaft auf die Tafel: »Er heißt Johannes.« Da wurde sein Mund aufgetan. Auch hier deutet wieder viel in dem Bericht auf diesen Ort: »Diese ganze Geschichte wurde bekannt auf dem ganzen Gebirge Judäas« (LUKAS 1, 65).

Auch Zacharias singt nun das große Loblied der Barmherzigkeit Gottes »vom heiligen Geist erfüllt«: »Gelobt sei der Herr, der Gott Israels! Denn er hat besucht und erlöst sein Volk ... durch die herzliche Barmherzigkeit unseres Gottes, durch die uns besuchen wird das aufgehende Licht aus der Höhe, damit es erscheine denen, die sitzen in Finsternis und Schatten des Todes, und richte unsere Füße auf den Weg des Friedens« (LUKAS 1, 67-79).

Auch wenn die Erinnerung an Johannes nicht in jenem anderen Bet-Kerem hat heimisch werden können, so soll es doch erwähnt werden. Manche Forscher sehen als Heimat von Johannes dem Täufer den Ort Bet-Kerem beim Kibbuz Ramat Rahel am Ausgang von Jerusalem nach Bethlehem. Dort gibt es seit 450 n. Chr. eine Kirche zum Gedenken an den Rastplatz der Maria. Auch wegen der Nähe zu Tekoa und den Schriftstellen von JEREMIA 6, 1 und NEHEMIA 3, 14 hat man sich für diesen Ort entschieden, der aber sonst wenig Bedeutung erlangte.

Herr, bleibe bei uns, denn es will Abend werden!

Emmaus ist doch überall – Ein kleiner Schreibfehler – Der gute Schächer – Der Herr ist wahrhaftig auferstanden!

Vielleicht war es gut, daß man nicht genau wußte, wo Emmaus liegt. Schuld daran war nicht der Bericht des Neuen Testaments, sondern die durch die Moslemeinfälle abgebrochenen Lokaltraditionen. So hat man an mehreren Orten Emmaus gesucht und mit guten Gründen gemeint, das könnte dieser liebliche Ort gewesen sein. Das besondere an Emmaus war ja nicht irgendeine äußerliche Besonderheit, sondern das Erkennen des Auferstandenen über dem Brechen des Brots. So kann und muß Emmaus wirklich überall sein.

Die Kreuzfahrer bauten bei Kirjat-Jearim eine eindrucksvolle Kirche in dem Araberdorf, das nach einem berüchtigten Räuber namens Abu-Gosch benannt ist, weil sie hier Emmaus vermuteten. Manche Kreuzfahrer suchten den Ort bei El-Kubebe nordwestlich davon. Die Franziskaner bauten dort auf den Resten der Kirchen der Kreuzfahrer eine neue Kirche. Man orientierte sich beim Suchen an den 60 Stadien, »von Jerusalem etwa zwei Wegstunden entfernt« (LUKAS 24,13). Insgesamt dreizehn Handschriften des Neuen Testaments, darunter der Codex Sinaiticus, den Tischendorff im Sinaikloster fand, schreiben 160 Stadien, was etwa 23 Kilometer sind. Das paßt dann genau auf das

Lastkamele auf dem alten Saumpfad zwischen Jaffa und Jerusalem

arabische Dorf Amwas, das dem Namen Emmaus entspricht. Auch findet sich dort eine heiße Quelle. Der Name Emmaus bedeutet »warme Quelle«. Schon am Beginn der konstantinischen Zeit mit der Anerkennung des christlichen Glaubens war hier um 325 n. Chr. ein Bischofssitz.

Auch wenn man heute den Weg auf der großen Autobahn von Jerusalem in die Ebene nach Latrun in schneller Fahrt zurücklegt, so kann man doch noch die stille Schönheit des Wanderwegs durch die judäischen Berge ahnen. Es ist ein fruchtbares Tal, durch das jene beiden Männer wanderten, als sie Jerusalem verließen. Dann ging es in vielen steilen Kehren hinauf nach Kastell. Hier hatten die Römer eine Festung. Auch nach der Unabhängigkeitserklärung Israels im Jahr 1948 wurde in harten Kämpfen um diese Höhe gerungen. Dann ging es über Abu Gosch und Kirjat-Jearim durch die Schlucht des Wadis von Latrun, der späteren »Straße der Tapferkeit«, hinaus aus den judäischen Bergen. Der Name Latrun kommt von »Räuber«, die hier früher die Gegend unsicher gemacht haben. Es gibt auch alte Überlieferungen, daß der Schächer am Kreuz, den Jesus mit sich in die Herrlichkeit nahm, aus Emmaus stammte. So nannten die Kreuzfahrer das Kastell, das an diesem strategischen Punkt wichtiger Straßenverbindungen steht und die Ebene und den Zugang zu den judäischen Bergen beherrscht, das »Kastell zum guten Schächer«.

Wie die zwei Männer damals am Ostersonntag voll Traurigkeit diese Strecke wanderten, trat Jesus zu ihnen, ohne daß sie ihn erkannten. Auf die Frage Jesu, was sie da reden, sagte Kleopas: »Bist du der einzige unter den Fremden in Jerusalem, der nicht weiß, was in diesen Tagen dort geschehen ist?« Und dann brach die ganze Enttäuschung aus diesen Männern heraus: »Wir aber hofften, er sei es, der Israel erlösen werde.« Dann erzählen sie, wie auch die

Frauen sie mit der Nachricht erschreckt hätten, den Leib nicht im Grab gefunden zu haben. »O ihr Toren, zu trägen Herzens, um all dem zu glauben, was die Propheten gesagt haben!« sagte ihnen Jesus und sieht das Problem des fehlenden Verstehens nicht im Verstand, sondern im Herzen. »Mußte nicht Christus dies erleiden und in seine Herrlichkeit eingehen?« So legte Jesus ihnen die ganze Schrift dar. Es muß ein gewaltiger, kurzer Bibelkurs gewesen sein! Wie sie dann nahe an Emmaus waren, wollte Jesus weitergehen. Sie aber sprachen jenes bittende Wort: »Bleibe bei uns; denn es will Abend werden und der Tag hat sich geneigt.«

Erst als Jesus das Brot nahm, dankte, es brach und ihnen gab, erkannten sie ihn. Da ließ Jesus sie allein. Die beiden sagten: »Brannte nicht unser Herz in uns, als er mit uns redete auf dem Wege und uns die Schrift öffnete?« Und sie liefen zurück nach Jerusalem, um die Nachricht den anderen Jüngern zu bringen: »Der Herr ist wahrhaftig auferstanden!« (LUKAS 24, 13-35)

Daß sich nicht freuen die Töchter der Philister!

Kreter und Pleter – Ein Athlet Gottes mit Schwächen – Pech mit der Bundeslade – Erfolgreiche Partisanen – Die List mit der Geisteskrankheit – Ein König krank und abergläubisch – Das Rauschen in den Bakabäumen

In einer grausamen Schlacht zu Wasser und zu Lande besiegten die Ägypter unter Ramses III. 1188 v. Chr. die eindringenden Seevölker. An den Wänden seines Tempels hat dieser Pharao auf Reliefs seinen Sieg in anschaulichen Bildern dargestellt. Große schlanke Gestalten, einen Kopf größer als die ägyptischen Krieger, so kann man sie heute bewundern. Der Weg nach Ägypten war diesen Seevölkern nun versperrt. So blieb ihnen nur noch das gleiche Ziel wie dem Volk Israel, wo sie sich niederlassen und ausdehnen konnten: Kanaan.

Die Philister begnügten sich in den ersten 100 Jahren von 1150 bis 1050 v. Chr. mit dem Beherrschen der Küstenebene. Ausgerechnet in dem Jahrhundert, als Israel seine eigene Unabhängigkeit leben wollte, dehnten die Philister ihren Einfluß auch auf das Bergland aus. Es mußte zu schweren Auseinandersetzungen und Kämpfen kommen.

Woher diese »Philister« genannten Seevölker kommen, sagen die ägyptischen Quellen nicht. In mehreren biblischen Berichten werden sie direkt mit Kreta (= Kaftor) in

Verbindung gebracht. Noch zur Zeit Davids nannte man Philister Kreter (1. SAMUEL 30, 14). Darauf weist auch die Art der in ihren Städten gefundenen Keramik. In der Bibel wird ihre Söldnertruppe Kreter und Pleter (= Kreter und Philister) genannt (2. SAMUEL 8, 18 und 15, 18).

In einer politischen und militärischen Allianz waren die fünf Philisterstädte in der fruchtbaren Küstenebene im Süden Kanaans zusammengeschlossen: **Aschkelon, Aschdod, Ekron, Gat und Gaza**. Die Eroberung des Küstenlandes durch die Kaftoriter (Philister) wird schon von Mose erwähnt (5. MOSE 2, 23), das Mittelmeer bereits beim Wüstenzug »Philistermeer« genannt (2. MOSE 23, 31). Beim Auszug aus Ägypten konnte Gott die Israeliten nicht den direkten Weg am Meer entlang führen, weil er durch das Land der Philister führte (2. MOSE 13, 17).

Josua mußte als alter Mann nach dem Einzug ins gelobte Land und jahrelangen Kämpfen um Siedlungsraum seinem Volk mitteilen, daß sehr viel vom Land noch nicht eingenommen werden konnte. Dazu gehörte zuerst das Philisterland (JOSUA 13, 1 f.), das ein Dorn im Fleisch Israels blieb. Dadurch sollten die Israeliten geprüft werden, »ob sie auf dem Weg des Herrn bleiben und darauf wandeln«. Tatsächlich hat sich in der Geschichte jeweils die neue Generation von dem Glauben der Väter und den Geboten Gottes losgerissen und ging den »halsstarrigen« Weg der Anbetung fremder Götter (RICHTER 2 und 3, 1 - 6). Befreiung war nur möglich, wenn Gott auf ihr Gebet und Flehen einen Richter sandte, der sie retten konnte.

Die Geschichten des starken Helden Simson sind eng mit der Philisterstadt Gaza verknüpft. Er stammte aus dem Stamm Dan, der das ihm zugewiesene Gebiet wegen der Philister nicht ganz erobern konnte. In einem eigentümlichen Kontrast zu Simsons Körperkraft steht seine Schwäche gegenüber Frauen, die seine Berufung als »Geweihter Gottes« und sein Amt, »Israel aus der Hand der Philister zu erretten« (RICHTER 13,5) sehr einschränkt. Seine Heirat mit einem jungen, ungläubigen Mädchen der Philister verteidigt er vor den warnenden Eltern mit der Bemerkung: »sie gefällt meinen Augen« (RICHTER 14,3). Die Ehe scheitert schon kurz nach der Heirat. Die Philister verheiraten Simsons Frau ohne seine Zustimmung mit einem Brautführer.

In der fruchtbaren Ebene der **Schefala**, dem Schwemmland an der Küste, rächte sich Simson an den Philistern. Er fing dreihundert Füchse, band je zwei am Schwanz zusammen und steckte dazwischen eine brennende Fackel. Dann ließ er sie in die üppig wachsenden Kornfelder laufen (RICHTER 15,4-8).

Als Simson ein ungutes Verhältnis mit einer Frau in Gaza hat, wird er dort festgesetzt. Er befreit sich aber und hängt das gesamte abgeschlossene Stadttor mit seinen Rahmenpfosten aus und trägt es auf den Berg vor Hebron (RICHTER 16,1-3). Auch wenn seine neue Freundin Delila keine Philisterin war, so hat sie ihn doch mit weiblicher List gefangennehmen lassen. Er rächt sich in neu gewonnener Glaubenskraft an den Philistern in Gaza und bringt das Haus durch das Umwerfen der tragenden Säulen über sich und der Festgesellschaft zu Ehren des Götzen Dagon zum Einsturz (RICHTER 16,23-30). An Simson wird deutlich, wie Gott ganz verschieden begabt, aber auch wie Gefallene durch Gottes Gnade wieder aufstehen und am Ende siegen können.

Eine schwere Niederlage erlitten die Israeliten um 1050 v. Chr. bei **Afek**, vier Kilometer östlich von Petach Tiqwa, in der Ebene Scharon am Nordrand des Herrschaftsgebietes der Philister, nördlich von Jaffa.

Heute sieht man am Rande des Schlachtfeldes von damals die Trümmer der späteren Kreuzfahrerburg Mirabel und der Burg von **Antipatris**, die Herodes der Große errichtete. Der Ort lag zu allen Zeiten strategisch sehr günstig, weil das Küstenland hier zwischen Bergen und Meer sehr schmal wird. Hier führte eine alte Heerstraße durch, die schon für die Philister wichtig war. Sie verband dann zur Zeit Jesu Jerusalem und Cäsarea. Über tausend Jahre später wurde Paulus als Gefangener in der Nacht zu diesem Militärstützpunkt Antipatris gebracht. Hier auf halbem Weg nach Cäsarea kehrten die Soldaten der Infanterie wieder um und allein die 70 Reiter brachten Paulus ans Mittelmeer (APOSTELGESCHICHTE 23, 31-33).

Elfhundert Jahre zuvor holten die Israeliten zu ihrer Unterstützung hierher auf das Schlachtfeld von Afek die Bundeslade von Silo. Als diese ins Lager kam, »jauchzte das Volk«. Sie wurde von Priestern getragen und war ein rechteckiger Kasten in der Größe 122 x 76 x 76 Zentimeter. Der Name Bundeslade oder auch Lade des Zeugnisses rührte von den beiden Tafeln des Gesetzes Moses her, die darin aufbewahrt lagen (5. MOSE 31, 26). Außerdem bewahrte man dort auch noch einen Krug mit Manna, dem Himmelsbrot der Wüste, und den Stab Aarons auf. Der Deckel, auch Gnadenthron genannt, bestand aus einer Goldplatte mit zwei sich gegenüberstehenden Engeln, die ihre Flügel ausbreiteten. Nun mußte die hier verbürgte Gegenwart Gottes sein Volk in höchster Aussichtslosigkeit retten.

Aber der Schock kam. Die Philister raubten die Bundeslade, weil Gott nicht mit noch so frommen Maßnahmen über sich verfügen läßt. Im Triumph stellten sie die Lade in den Tempel des Gottes Dagon in Aschdod. Erst jetzt in dieser völligen Niederlage handelte Gott. Im Tempel Dagons, aber auch in den Städten der Philister, ereigneten sich

Unglück und Krankheit. Darum wollten die Philister die Lade möglichst schnell wieder loswerden. Sie schickten sie nach sieben Monaten auf einem führerlosen Ochsenwagen zurück (1. SAMUEL 5 f.). Als Bauern von **Bet-Schemesch** mitten bei ihren Erntearbeiten die Bundeslade sahen, freuten sie sich. Die Lade wurde weiter nach Kirjat-Jearim, etwa 12 Kilometer von Jerusalem entfernt, an der Hauptstraße zum Mittelmeer gelegen, gebracht, wo sie 20 Jahre aufgestellt war, bevor David sie dann nach Jerusalem überführte (2. SAMUEL 6). An den biblischen Namen **Kirjat-Jearim** erinnert heute noch das 1952 dort gegründete Jugenddorf. Sonst heißt der Ort heute arabisch Abu Gosch mit einer Kirche der Kreuzfahrer.

Wie weit die Philister durch ihren Sieg ins Land eingedrungen sind, zeigen die im judäischen Bergland aufgestellten Wachtposten (1. SAMUEL 10, 5; 13, 3). Auf den großen Druck des Volkes hin salbte Samuel schließlich den begabten, großen, jungen und schönen Saul zum König (1. SAMUEL 9, 2). Sein Sohn Jonatan vertrieb in mutiger Partisanentaktik die Philister (1. SAMUEL 13, 3; 14, 1-15), die sich dann vom Bergland zurückzogen.

Der Kampf Davids mit Goliat wurde im **Ela-Tal** in der fruchtbaren Küstenebene **Schefala** ausgefochten. Goliat stammte aus der Philisterstadt **Gat** (1. SAMUEL 17, 4) und war mit seiner Größe von etwa 2, 80 Meter Nachkomme der hier noch verbliebenen Anak-Riesen (JOSUA 11, 22). David war von seinem Vater zum Heer Israels geschickt worden, um den kämpfenden Brüdern geröstete Körner, Brot und für den Hauptmann zehn Käse zu bringen. Über der Schmähung Goliats erschraken die Kämpfer Israels und verloren allen Mut. Nur David wagte es, ihm entgegenzutreten: »Du kommst zu mir mit Schwert, Lanze und Spieß, ich aber komme zu dir im Namen des Herrn Zebaoth, des Gottes des Heeres Israels, den du verhöhnt hast« (1. SAMUEL 17, 45).

David suchte später ausgerechnet bei Achisch, dem feindlichen Philisterkönig in Gat, Zuflucht vor Saul, der ihn so hart verfolgte. Damals stellte sich David geisteskrank, um nicht von den Philistern umgebracht zu werden. In großer Dankbarkeit für die Bewahrung dichtete er dann den Psalm: »Ich will den Herrn loben allezeit« (PSALM 34; 1. SAMUEL 21, 11 - 16). David eroberte später Gat (1. CHRONIK 18, 1). Nachdem dann die Stadt wieder in die Hände der Feinde gefallen war, wurde sie vom judäischen König Usija niedergerissen (2. CHRONIK 26, 6).

Die Philisterstadt **Askalon** (Aschkelon) hat immer den Angriffen der Könige Israels trotzen können. Erst Nebukadnezar brach ihre Mauern nieder. Herodes der Große liebte seine Geburtsstadt und baute sie prunkvoll mit Thermen und Säulen, Palästen und Theatern aus. Heute geht man durch großartige Ausgrabungen, zertrümmerte Stadttore und künstlerisch gestaltete Hausreste von Römern, Byzantinern und Kreuzfahrern. Aus der biblischen Zeit erinnert die Stadt an Simson, weil er dort in seinem Zorn für das verratene Rätsel 30 Mann erschlug (RICHTER 14, 19). Längst ist heute Askalon (Aschkelon) eine moderne Stadt geworden mit Fabriken und Autobussen, Hafen und Mietshäusern. Man muß an die Worte des Propheten Zephanja denken, der über diesem einst feindlichen Philisterland angekündigt hatte, daß hier sich einmal die Übriggebliebenen vom Hause Juda erquicken, wenn Gott ihre Gefangenschaft wenden wird (ZEPHANJA 2, 7). Der Ruinenpark von Askalon (Aschkelon) ist heute voller fröhlicher Familien, die sich mitten in den alten Trümmern unbeschwert erholen.

Ekron, die nicht am Meer liegende Philisterstadt, betete als Lokalgottheit Baal-Sebub an. Für den Propheten

Elia war es ein unglaublicher Skandal, daß Ahasja, der König von Israel, nach einem Unfall ausgerechnet diesen Götzen der Philister über die Chancen seiner Genesung befragen wollte. Allein mit seinem Machtwort verhinderte Elia dies und schickte die Boten zurück (2. KÖNIGE 1, 2 - 8). In Israel wurde dieser Baal von Ekron als »Gott der Fliegen« verspottet. Die Pharisäer haben später Jesus unterstellt, er treibe böse Geister durch Beelzebul aus. Diese Vorstellung von Beelzebul als dem Obersten der Geister und Satan scheint auf Baal Sebub zurückzugehen. Jesus gibt eine schlagkräftige Antwort: Der Teufel würde nie seine eigenen bösen Geister austreiben! (MATTHÄUS 12, 22 - 30)

Eine sehr kleine Philisterstadt war Ziklag, wo David während seiner Verfolgung durch Saul Zuflucht fand und König dieser Stadt der Philister wurde (1. SAMUEL 21, 11; 27, 1 - 6).

Saul kämpfte seine letzte Schlacht mit Jonatan gegen die Philister auf dem Gebirge Gilboa (1. SAMUEL 31). Erst David konnte die Philister endlich vernichtend schlagen. Das war nicht sein heldenhaftes Verdienst, sondern Gottes Güte, Barmherzigkeit und Wunder, denn der Herr sprach zu ihm: »Ich werde die Philister in deine Hand geben.« David dankte nach der ersten Schlacht bewegt: »Der Herr hat meine Feinde vor mir durchbrochen, wie Wasserfluten durchbrechen.« Als die Philister nochmals angriffen, führte der Herr auch dabei David zum Sieg: »Und wenn du hörst, wie das Rauschen in den Wipfeln der Bakabäume einhergeht, so eile; denn dann ist der Herr ausgezogen vor dir her, zu schlagen das Heer der Philister« (2. SAMUEL 5, 17 - 25).

Die öde Straße nach Gaza

Von Jerusalem über das judäische Bergland zog jener nubische Finanzminister wieder in seine afrikanische Heimat. Er gehörte zur Regierungsmannschaft der Königin Kandake und wird in der Bibel »Kämmerer und Mächtiger am Hof« genannt. Die große Karawanenstraße am Mittelmeer wird, je weiter man in den Süden kommt, immer einsamer.

Der Evangelist Philippus wurde von Gott aus seiner großen Arbeit in Samaria nach Süden in die verlassene Gegend geschickt. Zuerst muß ihm der Auftrag schwer verständlich gewesen sein. Was sollte er in dieser weiten Einsamkeit? (Gaza war im Jahr 96 v. Chr. von dem hamonäischen König Alexander Jannäus belagert und dann nach einem Jahr völlig zerstört worden.) Doch dann sah Philippus plötzlich den prachtvollen Wagen, der auf der Straße daherkam.

Welch eine Sehnsucht nach Gott hatte diesen hochgestellten Minister so weit bis nach Jerusalem getrieben! Und dann war ihm der Tempel versperrt! Als hoher Hofbeamter bei der Königin Kandake war er – wie damals üblich – zum Eunuchen gemacht worden. Der Zutritt zum Tempel in Jerusalem und zur Gemeinde war ihm damit verwehrt: »Kein Entmannter oder Verschnittener soll in die Gemeinde des Herrn kommen« (5. Mose 23, 2). Enttäuscht machte er sich wieder auf den Heimweg. Wie Philippus neben dem Wagen herlief, hörte er, wie der Minister laut aus einer Schriftrolle des Propheten Jesaja las, die er sich offenbar in einem Laden des Bazars in Jerusalem gekauft hatte.

»Verstehst du auch, was du liest?« fragte Philippus. »Wie kann ich, wenn mich nicht jemand anleitet«, antwortete der Kämmerer mutlos. Man muß dazu wissen, daß früher im Altertum fast immer laut gelesen wurde. Man versteht dann viel mehr. So war es für Philippus schon überraschend, die vertrauten Worte des Propheten Jesaja aus dem Mund des schwarzen Ministers zu vernehmen.

Gerne setzte sich dann Philippus auf den Wagen und »predigte ihm das Evangelium von Jesus«. Als sie an einem Wasser vorbeikamen, fragte der Fremde: »Was hindert's, daß ich mich taufen lasse?«

Der Wagen hielt an. Beide stiegen in das Wasser, und Philippus taufte den afrikanischen Minister. Als sie aus dem Wasser stiegen, war eine große Veränderung mit dem fremden Jerusalem-Pilger geschehen: »Er zog aber seine Straße fröhlich« (Apostelgeschichte 8,39).

Jaffa, die älteste Hafenstadt der Welt

Holz für den Tempelbau – Flucht nach Tarsis – Eine Frau hinterläßt eine Lücke – Eine unappetitliche, eklige Mahlzeit – Auch Fromme müssen sich bekehren – Weltmission unter allen Völkern

Jüdische Überlieferungen führen die Stadt **Jaffa** auf Jafet, den Sohn Noahs zurück, wofür es aber keine biblischen Hinweise gibt. Der hohe Felshügel von Jaffa unterbricht die gerade Küste mit ihren Sanddünen. Die ins Meer hineinragenden Felsklippen bilden einen natürlichen Wellenbrecher. Der Hafen liegt an der großen Handelsstraße der Via Maris zwischen Syrien und Ägypten und war auch für das über fünfzig Kilometer entfernte Jerusalem lange Zeit der einzige Hafen.

Genaueres über den Hafen erfahren wir in der Bibel erstmals aus der Zeit des 10. Jahrhunderts, als Salomo über diesen Hafen »**Jafo**« das Holz aus dem Libanon für den Bau des großen Tempels importieren ließ. Der Hafen war damals im Besitz der Phönizier, die bis dahin den Transport mit Flößen besorgten. Auch das Auseinanderlegen des Zedern- und Zypressenholzes im Hafen besorgten die Phönizier (2. KÖNIGE 5, 22 - 24). »Von da mußt du es hinauf nach Jerusalem schaffen«, sagte der phönizische König Hiram zu Salomo (2. CHRONIK 2, 15).

Ganz ähnlich war es dann nach der babylonischen Gefangenschaft. Als Serubbabel um 515 v. Chr. den Tempel wieder aufbauen ließ, transportierte man das Zedernholz vom Libanon auf dem Seeweg bis Jafo (ESRA 3,7).

In Jafo wollte der Prophet Jona dem Auftrag Gottes entfliehen. Dort fand er ein Schiff, das nach Tarsis segelte. Wo Tarsis lag, in Sardinien oder Spanien, ist noch nicht eindeutig lokalisiert worden. Durch einen schweren Seesturm brachte Gott Jona zum Bekennen seiner Schuld und schließlich zurück zu seinem Auftrag, Ninive Buße zu predigen.

Jaffa (Joppe)

Im Neuen Testament heißt die Stadt dann griechisch **Joppe**. Hier lebte eine Jesusjüngerin mit Namen Tabita (= Gazelle). Sie war mit ihrer dienenden Liebe das Herz der Gemeinde. Als sie plötzlich starb, holte man Petrus aus der Stadt Lydda. Der erkannte in dem Trauerhaus, welch eine Lücke diese stille Frau hinterlassen hatte. Unzählige Witwen hatte diese Tabita durch ihr Nähen und Schenken unterstützt und versorgt. Petrus kniete am Leichnam zum Beten nieder. Dann rief er: »Tabita, steh auf!« Und das Wunder geschah, sie schlug ihre Augen auf und war fortan wieder ganz in der Gemeinde der Christen (APOSTELGESCHICHTE 9,36–43).

An diesem Bericht kann man erkennen, wie rasch sich die Christengemeinden nach der Auferstehung Jesu ausbreiteten. Auch in **Lydda**, dem heutigen Lod am Rand der Scharon Ebene, wo sich heute in der Nähe der große Flughafen Ben Gurion befindet, gab es schon vor 44 n. Chr. eine Gemeinde von Gläubigen. Der Apostel Petrus besuchte im Rahmen seiner evangelistischen Dienste in der Scharon-Ebene auch die Gemeinde in Lydda. Dort lag Äneas seit acht Jahren gelähmt im Bett. Petrus sprach zu ihm: »Äneas, Jesus Christus macht dich gesund; steh auf und mach dir selber das Bett!« Das hat in Lydda und auch in Scharon bewirkt, daß sich viele zu Jesus bekehrten (APOSTELGESCHICHTE 9,32–35).

Petrus blieb lange Zeit in Joppe. Er wohnte im Haus des Gerbers, das man durch die Gerüche in der Stadt leicht finden konnte. Beim Mittagsgebet hatte Petrus eine Vision. Er sah in einem an vier Zipfeln gehaltenen Leinentuch »allerlei vierfüßige und kriechende Tiere«. Eine Stimme sprach: »Steh auf, Petrus, schlachte und iß!« Petrus wehrte ab: »O nein, Herr; denn ich habe noch nie etwas Verbotenes oder Unreines gegessen.« Dreimal geschah dies. Petrus war ratlos, was das bedeuten sollte, bis ihm der Geist Gottes sagte: »Siehe, drei Männer suchen dich!« An der Haustüre standen tatsächlich schon die Boten des römischen Hauptmanns Kornelius aus dem 50 Kilometer nördlich gelegenen Cäsarea.

Dieser Römer war ein edler und hilfsbereiter Charakter, fromm und gottesfürchtig, ein treuer Beter mit einer sozialen Gesinnung. Dennoch fehlte ihm das Wichtigste, der persönliche Glaube an Jesus Christus. Deshalb mußte Petrus mit in die heidnische Kaserne, was ihm als Judenchrist zuerst ganz gegen sein Empfinden ging. Durch die Vision aber war er darauf vorbereitet, nicht zwischen vermeintlich »reinen Juden« und »unreinen Heiden« zu trennen. Er wußte plötzlich, »daß Gott die Person nicht ansieht, sondern in jedem Volk gilt: wer ihn fürchtet und recht tut, der ist ihm angenehm.« So verkündigte Petrus dem Kornelius, wie man Frieden mit Gott findet durch Jesus Christus. In dem Augenblick kam der heilige Geist über die gesamte Versammlung. Auch hier machte das Wunder der Sprachenrede angesichts der heidnischen Kulturen deutlich, daß Gott auch in diesen fremden Sprachen gepriesen sein will. Dann taufte Petrus den Kornelius (Apostelgeschichte 10). Der Weg zur Mission unter den Weltvölkern war gewiesen.

Die weite Küstenebene **Scharon** ist heute sehr fruchtbar. Besonders durch die ausgedehnten Zitrusplantagen ist der Name Jaffa sehr bekannt geworden. Die Ebene wird im Norden durch den Karmel, im Osten durch das samaritanische Bergland, im Süden durch den Nebenfluß des Jarkon und im Westen durch das Mittelmeer begrenzt. Dieses Gebiet war der ursprüngliche Siedlungsraum für den Stamm Dan, der aber dann nach Norden abgedrängt wurde. Diese Ebene ist der am dichtesten besiedelte Teil Israels. Im Großraum Tel Aviv mit umgebenden Städten und Orten lebt etwa ein Drittel der Bevölkerung Israels. Die größte Stadt Israels, Tel Aviv, unmittelbar bei Jaffa, wurde 1909 gegründet und bedeutet »wieder grünender Schutthaufen«. Der Name war früher im babylonischen Exil ein Ortsname am Fluß Kebar (Hesekiel 3, 15).

Die Scharon-Ebene wird in der Bibel erwähnt und war für ihren Baumreichtum bekannt. Noch vor der Zeit Jesu wurden die Sümpfe trockengelegt. Die Landwirtschaft breitete sich aus. So werden die Rinder der Scharon-Ebene erwähnt (1. Chronik 27, 29). Nachdem der Prophet klagt: »Das Land sieht traurig und jämmerlich aus ... Scharon ist wie eine Steppe« (Jesaja 33, 9), kündigt er dann mit seiner Weissagung an: »Und meinem Volk, das nach mir fragt, soll Scharon eine Weide für die Herde werden« (Jesaja 65, 10).

Cäsarea – alte Pracht und Herrlichkeit im Sand verweht

Luxuriöse Paläste aus Marmor – Großzügiges Hafenbecken und moderne Wasserleitungen – Große Worte und nichts dahinter – Wer ist eigentlich der Gefangene und wer der Freie? – Unrecht, Sex und Geld – Ein wirklich lohnendes Leben

Ohne auf die empfindlichen Gefühle gläubiger Juden Rücksicht nehmen zu müssen, hat Herodes der Große hier im Sand der Küstenebene Scharon am Mittelmeer gebaut, was sein ehrgeiziges Herz begehrte. Zur Zeit des Alten Testaments ist dieser Ort unbekannt. Die Phönizier haben hier im 4. Jahrhundert einen Ankerplatz mit einem Kastell, dem Stratonsturm, gehabt, mehr nicht. Alles, was dann geschaffen wurde, geht auf Herodes zurück. Unzählige Schiffe brachten den kostbaren Marmorstein aus fernen Ländern.

Er ließ an der Küste, die über keine natürliche Bucht verfügte, einen Hafen bauen, größer als der berühmte griechische Hafen von Piräus in Athen. Mit riesigen, bis zu zehn Meter ins Meer versenkten Steinquadern, fünfzehn Meter lang, fast drei Meter hoch und über drei Meter breit, schuf er einen wellenbrechenden Damm mit 62 Metern Breite als künstliches Riff. Rund um den Hafen ragten aus dem Meer hohe Türme, deren Fundamente auf der gewaltigen Steinmauer unter Wasser errichtet waren. Viele

Schiffe konnten hier ankern. Schon bei der Hafeneinfahrt standen auf beiden Seiten je drei kolossale Marmorstatuen.

Von diesem Hafen aus, der dann im Jahr 130 n. Chr. durch ein Erdbeben schwer zerstört wurde und heute ganz überflutet ist, reiste einst Paulus nach Tarsus (APOSTELGESCHICHTE 9,30). Hier landete er auch am Ende der zweiten und dritten Missionsreise. Bei seiner letzten Ankunft im Hafen von Cäsarea brachte er auch die Spendensammlung der jungen Gemeinden von Europa und Kleinasien für die Armen in Jerusalem mit (1. KORINTHER 16,3 f.; RÖMER 15,25-28).

Die Häuser an der Straße am Hafen waren luxuriöse Paläste aus poliertem weißem Marmor. Zwei große Aquädukte brachten zwölf Kilometer weit frisches Quellwasser von den Bergen des Karmel in die Stadt. Abwasserkanäle durchspülten regelmäßig die unterirdischen Teile der modernen Gebäude und der großzügig geplanten Straßen, die zu den Hafenpromenaden führten.

Im Süden der Stadt baute Herodes das restaurierte und heute noch benützte Theater, in dem 5000 Menschen Platz finden. Die Pferderennbahn faßte 20 000 Zuschauer. Auf einer mit großartigen Gewölben gefertigten Terrasse, einem künstlichen Hügel, stand in der Nähe des Herodespalastes der berühmte Tempel für den Kaiser mit einer kolossalen Statue des Zeus und der Göttin Roma. Die Steine der Bauwerke sind dann später in den Bauwerken der Kreuzfahrer wieder verwendet worden.

Herodes Agrippa I. hatte 44 n. Chr. in dieser prächtigen Stadt seinen großen Auftritt, als er sein Königsgewand anlegte und vom Thron aus eine unvergeßliche Rede hielt, die das Volk zu Begeisterungsstürmen hinriß: »Das ist Gottes Stimme und nicht die eines Menschen!« In diesem Augenblick sackte Agrippa tot zusammen, »weil er Gott nicht die Ehre gab. Und von Würmern zerfressen, gab er seinen Geist auf« (APOSTELGESCHICHTE 12, 19-24).

Außer dem römischen Militär wohnten noch etwa 50 000 Menschen, meist syrische Hellenisten, in der Stadt. Aber auch eine kleine jüdische Minderheit lebte hier.

Paulus besuchte dort das Haus von Philippus, dem Evangelisten – nicht zu verwechseln mit dem Jünger und Apostel –, der zu den ersten Diakonen der frühen christlichen Gemeinde von Jerusalem gehörte. Philippus hatte einst in Samaria bei einer großen Erweckung tätig sein können, bevor er nach Cäsarea zog (APOSTELGESCHICHTE 8, 40). In sein Haus kam dann auch der Prophet Agabus, der sich mit dem Gürtel des Paulus Hände und Füße band, um ihm seine künftige Verhaftung anzukündigen (APOSTELGESCHICHTE 21, 8-14). Auch eine christliche Gemeinde gab es in der Stadt (Vers 16).

Beherrschend war aber in Cäsarea das römische Militär. Dort in der Stadt lebte Kornelius, römischer Hauptmann, »der fromm und gottesfürchtig war« und einen guten Ruf bei den Juden hatte. Gott machte Petrus in der Begegnung mit Kornelius die drängende Aufgabe der Heidenmission wichtig. Petrus taufte dort nicht allein den Kornelius, sondern auch seine Freunde und Bekannten, die zum Glauben an Jesus Christus gekommen waren (APOSTELGESCHICHTE 10).

Im Prätorium, dem glänzenden Palast von Herodes, residierten die römischen Prokuratoren, die Judäa verwalteten. Ein 1961 in Cäsarea gefundener Stein nennt Pontius Pilatus als Präfekten in Verbindung mit dem Kaiser Tiberius. Es ist die einzige Namensinschrift, die auf diesen Statthalter in Jerusalem zum Zeitpunkt der Hinrichtung und des Todes Jesu hinweist und sie damit erstmals auch archäologisch bestätigt.

In die Verließe dieses kaiserlichen Palastes wurde der Apostel Paulus nach seiner Verhaftung aus Jerusalem überführt, um Mordanschlägen seiner Feinde zu entgehen. 200 Schützen, 70 Reiter und 200 Soldaten brachten ihn bei Nacht von Jerusalem nach Cäsarea. Der römische Prokurator Felix setzte eine Verhandlung an. Mitten in dieser pompösen Macht des Römerreichs sprach Paulus von der großen Hoffnung der Christen. Er blickte weit hinaus über die zerbrechende Trümmerfassade von Cäsarea. Ihn interessierten keine Throne, Titel, Steine und Macht. Er wußte um Gottes letztes Gericht. Darum sprach er von der Auferstehung der Gerechten und Ungerechten. Deshalb übte er täglich sein Gewissen im Licht Gottes, damit er es »unverletzt« bewahre (APOSTELGESCHICHTE 24).

Der römische Prokurator Felix war ein freigelassener Sklave mit guten Beziehungen zum Kaiser. Er trat das Recht mit Füßen und war sehr habgierig. Der römische Schriftsteller Tacitus urteilte über ihn: »Mit Wildheit und Gier übte er die Macht eines Königs mit dem Gemüt eines Sklaven aus.« Seine Frau Drusilla war ein blassierter Teenager, gerade 20 Jahre alt. Sie war eine der schönsten und besonders der Verführung kundigen Frauen der damaligen Zeit. Sie stammte aus der Herodesfamilie, hatte aber ihre jüdische Kindheit bewußt verdrängt, um einen Römer, also einen Heiden, zu heiraten.

Ihr Mann konnte ohne Zögern Hunderte umbringen lassen. Auch ihr Vater hatte offenbar ohne Bedenken den Apostel Jakobus getötet. Wie Paulus aber schließlich vor diesen beiden reden darf, bettelt er nicht um Freiheit. Trotz seiner Ketten ist er so frei, daß er der Welt ihr Urteil spricht. »Als aber Paulus von der Gerechtigkeit und der Enthaltsamkeit und von dem künftigen Gericht redete, erschrak Felix und antwortete: Für diesmal geh!« Jetzt wurde auf einmal sichtbar, wer wirklich gebunden war. Felix, der im Reichtum schwelgte, hoffte noch, von dem armen Apostel Paulus Bestechungsgeld zu bekommen. Deshalb beugte er das Recht und verschleppte den Prozeß.

Zwei lange Jahre, von 58 - 60 n. Chr., war Paulus unter dem Präfekten Felix im Gefängnis des alten Herodespalastes in Cäsarea. Und doch war es keine verlorene Zeit. Selbst das schlimme Unrecht konnte ihm nicht schaden, es mußte ihm zum Besten dienen, weil er unter Gottes persönlichem Schutz stand. Es war nicht einmal vergeudete Zeit, weil Gott diese Jahre ganz besonders benützte und füllte.

Paulus wurde in leichtem Gewahrsam gehalten. Manche Freiheiten wurden ihm gewährt. »Er (Felix) befahl ... niemand von den Seinen zu wehren, ihm zu dienen« (APOSTELGESCHICHTE 24, 23). Seine besten Freunde Trophimus, Epaphras, Aristarch, Tychikus und Timotheus werden täglich um ihn gewesen sein. Zwei von ihnen bezeichnet er in seinen Briefen auch ausdrücklich als »Mitgefangene« (KOLOSSER 4, 10; PHILEMON 23).

Seine »Sorge für alle Gemeinden« führte zu dem ausgedehnten Briefwechsel, bei dem er, wie er immer in den Briefköpfen schreibt, seine Mitarbeiter an seinen Darlegungen beteiligte. Man kann mit guten Gründen annehmen, daß die Briefe an die Kolosser und Epheser, wohl auch an die Philipper, sicher aber an Timotheus und Philemon hier entstanden sind. Hier hat Paulus die Größe und Weite des Evangeliums in der Freude des Glaubens immer wieder durchdacht und beschrieben.

Am wichtigsten scheint diese Zeit aber für den Reisebegleiter Lukas geworden zu sein, der sich ganz bewußt der Schriftstellerei hingab. Er hatte schon auf der Reise die wichtigsten Erfahrungen im »Wir-Stil« festgehalten und die Ereignisse in Jerusalem und Cäsarea besonders ausführlich dargestellt (APOSTELGESCHICHTE 21-26). Bei seinem Interesse für die vielen Berichte und Erzählungen von Jesus wird er hier Zeit gehabt haben, viele Zeugen der Geschehnisse zu befragen und Näheres zu erkunden (LUKAS 1, 1-4; APOSTELGESCHICHTE 1, 1 f.). Mit manchen der Apostel, vielleicht sogar mit der Mutter Jesu, wird er noch gesprochen haben. Da er so viel von den Ereignissen um die Geburt Jesu aus Nazareth und Bethlehem berichtet, muß man das vermuten. Darüber hinaus schrieb er auch manche andere Berichte auf, wie die Geschichte vom 12jährigen Jesus im Tempel, von Maria und Marta, von der Totenauferweckung in Nain, die Gleichnisse vom verlorenen Sohn oder Schaf, vom barmherzigen Samariter und vom reichen Mann und armen Lazarus. Diese und manches mehr finden sich nur in seinem Evangelium. Nein, das war keine ärgerliche Zeit, wie schwer auch die Haft gewesen sein mag!

In den Fall des Untersuchungsgefangenen Paulus kam erst wieder Bewegung, als Porzius Festus anstelle des abgesetzten Felix Prokurator wurde. Schnell griff er in fairer Weise den Prozeß auf, wollte aber, da er von der Unschuld des Paulus überzeugt war, ihn auch noch dem König Herodes Agrippa II. und dessen Frau Berenike vorstellen. Lukas erzählt, wie die »mit Gepränge« und der ganzen Schickeria im Gefolge im Palast auftraten.

Paulus aber ließ sich nicht blenden. Er trug keine Orden und Ehrenzeichen, sondern die Wundmale Jesu. Er sah die ganze innere Not dieser pompös und eitel auftretenden Herrscher. Darum sagte er freimütig, wie dringend nötig eine klare Bekehrung ist, von der Finsternis weg und aus der Gewalt Satans heraus. Das Steuer muß herumgerissen werden!

Die schöne und ziemlich raffinierte Berenike, übrigens die Schwester von Drusilla, der Frau des Vorgängers Felix, war auch erst 20 Jahre alt. Jetzt lebte sie nach verschiedenen Scheidungen in einem anstößigen eheähnlichen Verhältnis mit ihrem leiblichen Bruder Agrippa zusammen. Später war sie die Geliebte des römischen Kaisers Titus und wäre fast noch Kaiserin geworden. Als Paulus dieser Frau gegenüberstand, war er durch und durch Seelsorger. Er wollte nicht unverbindlich palavern, er wollte das Gewissen dieser beiden Menschen treffen. Diese beiden, Agrippa und Berenike, durften doch nicht verloren gehen. Er wollte aus der Macht Satans retten. Darum schmeichelte er nicht, sondern sprach ungeschminkt von Sünde, Buße und dem nötigen Auftun der Augen, um mitten im Dunkeln das helle Licht des Evangeliums zu erkennen. So wie es ihm selbst widerfahren war.

Er, der Gefangene, bot der im Überfluß lebenden »Creme der Gesellschaft« das einzig wirklich reiche und lohnende Leben an: »Ich wollte, daß über kurz oder lang alle ... das würden, was ich bin, ausgenommen diese Fesseln« (APOSTELGESCHICHTE 25 und 26).

Aber sie ergriffen das ihnen so eindrücklich und leidenschaftlich von Paulus angebotene neue Leben nicht. Paulus wurde dann vom alten Hafen in Cäsarea in einem Gefangenentransport nach Rom gebracht, wo er sich vor dem kaiserlichen Gericht verantworten mußte. Auch die Begleiter des Paulus durften mit auf das Schiff. Lukas und Aristarch werden erwähnt. Paulus bekommt die nötige Freiheit, um schon im nächsten Hafen Sidon seine Freunde zu besuchen (APOSTELGESCHICHTE 27,1-3).

Viele der von Herodes so kostbar gestalteten Säulen und Steine wurden im Lauf der Jahrhunderte weggebracht. In Jaffa und Akko sieht man sie in Uferbefestigungen und

Schutzmauern. Längst ist das gewaltige römische Reich, seine Macht und Pracht elend zerfallen und besiegt. Nur das Wort jenes gefangenen Apostels Paulus ist heute so aktuell wie damals, jeden Morgen neu. Es gilt nicht nur den Mächtigen von damals, sondern jedem Menschen heute.

Menschliche List und Gottes Offenbarung in Gibeon

Riesige Weinkeller – Der Trick mit den alten Lumpen – Das durchdachte System der Wasserversorgung – Der lange Tag der Schlacht – Die Blutspur hemmungsloser Machtgier – Ein König voller Demut – Gott erhört Gebet – Falsche Prophetie

Nördlich von Jerusalem, an der westlich vor Ramallah nach Latrun abzweigenden Straße, liegt beim arabischen Dorf El Jib das alte Gibeon. Auch heute ist diese Gegend fruchtbar. Weinberge und Obstgärten bedecken den Hügel. Ein riesiger Weinkeller mit einem Fassungsvermögen von über 100 000 Litern Wein, eine Kelter und viele Tonkrüge, auf denen der Name Gibeon und der Name des jeweiligen Weinbauern stand, wurden ausgegraben. Der Weinbau machte die Stadt sehr reich. Zur Zeit des Einzugs der Israeliten war Gibeon die stärkste Stadt im Umkreis von Jerusalem und von Hiwitern, einem kanaanäischen Stamm, bewohnt.

Die hörten, wie Israel unter Josua die Städte Jericho und Ai eroberte und fürchteten sich, als nächste besiegt zu werden. Da verfielen sie auf eine List. Sie verkleideten sich mit alten Kleidern und zerrissenen Schuhen, nahmen geflickte Wasserschläuche, alte Säcke und hartes, zerbröckeltes Brot. So kamen sie zu Josua: »Wir kommen aus fernen Landen!« Dazu erzählten sie bewegende Lügengeschichten über die weite Wanderschaft. Ihr Ziel war ein Schutzbund mit Israel, der ihnen das friedliche Überleben sichern sollte. Das gelang auch durch diesen Betrug. Erst drei Tage später durchschaute Josua den Trick. Dennoch blieb er gebunden an sein Wort. Zur Strafe bestellte er sie als Holzhauer und Wasserträger am Heiligtum Gottes in Gibeon (Josua 9).

Schon in kanaanäischer Zeit, um 1200 v. Chr., wurde ein großer Schacht über zehn Meter tief und über elf Meter breit in den Felsen gegraben. Dieser Wasserspeicher, Teich von Gibeon, genannt, wird in der Bibel mehrfach als das Kennzeichen Gibeons erwähnt. Eine Spiraltreppe an der Wand des Brunnens führte hinunter zum Wasser. Später, im neunten oder achten Jahrhundert, als das Regenwasser zur Versorgung der großen Stadt nicht mehr ausreichte, wurde ein fünfzig Meter langer und zwei Meter hoher Stollen mit Treppen gegraben, der unterirdisch zur außerhalb der Mauer liegenden Quelle führte. Im Kriegsfall konnte das Wasser auch über einen Kanal zur Zisterne, dem »Teich von Gibeon«, geleitet werden. Hier ist das vielleicht interessanteste Wasserversorgungssystem der Antike zu besichtigen.

Die Amoriter, kanaanäische Fürsten des Südlandes, wollten sich an den Gibeonitern rächen, weil sie Frieden mit Josua gemacht hatten. So zogen sie mit einem großen Heer gegen Gibeon und belagerten es. Da kam Josua ganz plötzlich und unerwartet in der Nacht Gibeon zu Hilfe. Die entscheidende Tat wirkte Gott. Er »erschreckte« die Amoriter vor Israel, so daß sie flohen. Dort hat dann Josua zum Herrn gebetet: »Sonne, steh still zu Gibeon, und Mond, im Tal Ajalon!« (Josua 10, 12) Mit diesem Sieg war das ganze Südland in der Hand Israels.

Wenn in der Bibel die grausamen und blutigen Verbrechen geschildert werden, die sich in Gibeon ereigneten, so wird da ganz deutlich, daß sie nur der Eifersucht um weltliche Herrschaft entsprangen und eindeutig gegen

Gottes Willen waren. Es sind typische Ereignisse, die Menschen eigenmächtig tun, um Gewalt an sich zu reißen. Abner, der Feldherr Sauls und jetzt im Dienst seines Sohnes Isch-Boschet, wollte zuerst, ohne nach Gott zu fragen, seine ganz eigensüchtigen Machtansprüche durchsetzen. Er traf dann »am Teich von Gibeon« auf den nicht weniger ehrgeizigen General Joab. Die beiden verabredeten ein Kampfspiel, aus dem plötzlich blutiger Ernst und ein schreckliches Morden wurde (2. SAMUEL 2, 12 - 32). Immer wieder hat David die Härte und die Machtgier der »Söhne der Zeruja«, zu denen die dort kämpfenden Joab, Abisai und Asahel gehörten, verurteilt (2. SAMUEL 3, 39; 16, 10). David wollte doch die Krone über die zehn Stämme Israels nicht aus Mörderhand empfangen. Immer wieder zeigt die Bibel, wie schädlich menschlicher Fanatismus für die Sache Gottes ist.

Noch einmal mordete der heimtückische Joab »beim großen Stein in Gibeon«. Diesmal ging es um einen lästigen Kollegen im Offizierskorps. David hatte Amasa zum militärischen Befehlshaber berufen. Der zwielichtige Joab, der General der Söldnertruppe Davids war, brachte raffiniert unter dem Deckmantel eines Bruderkusses seinen Konkurrenten um (2. SAMUEL 20, 8 - 12). Damit war Joab wieder der unbestrittene Führer des Militärs. Wenn die Bibel uns diese schrecklichen Geschehnisse schildert, möchte sie zeigen, wie Gott gegen alle menschliche Bosheit, Tricks und Leidenschaften dennoch seinen Heilsplan mit Israel zum Ziel bringt. Gott läßt sich nicht beirren, er wird David zum König machen, wie es einst in der Salbung durch Samuel bestimmt war. Es muß alles nach dem Wort des Herrn geschehen.

Auch die Blutschuld Sauls an den Gibeonitern läßt David büßen. Das einst von Josua gegebene vertragliche Wort darf nicht gebrochen werden (2. SAMUEL 21, 1 - 9).

Als Salomo die Königskrone übernehmen sollte, belastete ihn die schreckliche Blutschuld der Militärs aus der Ära seines Vaters David. Es sollte sich zeigen, wie in Gibeon ein völlig anderer Weg beschritten wurde. Dort stand die Stiftshütte, jenes aus der Wüstenwanderung mitgebrachte Offenbarungszelt Gottes (2. CHRONIK 1, 3), nicht aber die Bundeslade. Die war ja in Jerusalem. Salomo suchte diesen Ort vor seiner Krönung mit vielen aus dem Volk auf. Endlich sollte Gottes Willen auch die Politik bestimmen. Das war der erste Schritt in die richtige Richtung. Aber wie sollte es weitergehen?

In der Nacht erschien der Herr dem jungen Kronprinzen Salomo im Traum dort in Gibeon: »Bitte, was ich dir geben soll!« Welch ein Angebot an einen jungen Menschen! Salomo aber betete: »Ich bin noch jung, weiß weder aus noch ein ... So wollest du deinem Knecht ein gehorsames Herz geben, damit er dein Volk richten könne und verstehen, was gut und böse ist.«

Wie deutlich hatte das Salomo an der Lebensgeschichte seiner Vorgänger Saul und David erkennen können, wie alles Hindern des Wirkens Gottes in dieser Welt immer vom eigenen bösen Herzen kommt, das grundsätzlich erneuert werden muß. Darum hat schon David gebetet: »Schaffe in mir, Gott, ein reines Herz, und gib mir einen neuen, beständigen Geist« (PSALM 51, 12).

Dieses Gebet Salomos bestätigte Gott: »Siehe, ich gebe dir ein weises und verständiges Herz ... dazu gebe ich dir, worum du nicht gebeten hast, nämlich Reichtum und Ehre, so daß deinesgleichen keiner unter den Königen ist zu deinen Zeiten« (1. KÖNIGE 3, 5 - 15).

Aus Gibeon stammte auch jener Prophet Hananja, der offen gegen Jeremia auftrat und im Namen Gottes den schrecklichen Rat zum Abfall von den Babyloniern gab.

Das hat dann in kürzester Zeit zum Untergang von Juda unter Zedekia geführt. Für Jeremia muß es furchtbar gewesen sein, wie Gottes Wort so offensichtlich manipuliert wurde. Er konnte ihm nur sagen: »Der Herr hat dich nicht gesandt; aber du machst, daß dies Volk sich auf Lügen verläßt« (JEREMIA 28,15).

Im Jahr 589 v. Chr. wurde Gibeon erobert und seine Bewohner in die Gefangenschaft nach Babel gebracht. Nachher gab es noch eine Schlacht bei Gibeon, nachdem der von Nebukadnezar eingesetzte Statthalter umgebracht wurde (JEREMIA 41,12). 95 Familien kehrten dann zur Zeit der Perser wieder nach Gibeon zurück (NEHEMIA 3,7). Damit war die geschichtliche Bedeutung von Gibeon zu Ende.

Gott in Silo mit Füßen getreten

Die Trümmer als Warnsignal – Eine Tempelpredigt macht Furore – Priester, die nur ihren Genuß suchen – Der Fetzen vom zerrissenen Mantel – Eine Frau sieht klar

Daß vom Heiligtum in Silo selbst keine Spuren ausgegraben werden konnten, kann nicht überraschen. Auch wenn man davon ausgehen kann, daß in Silo die Stiftshütte durch einen Tempel mit einer festen Türe und Türpfosten ersetzt wurde, wie berichtet wird (1. SAMUEL 1,9), so konnte auch diese nicht die nachfolgende Zerstörung überdauern.

Silo war um 1175 v. Chr. besiedelt und wurde dann etwa um 1080 v. Chr. völlig zerstört. Das bestätigen Brandspuren, die bei archäologischen Ausgrabungen gefunden wurden. Für alle folgenden Generationen stehen die Trümmer des Heiligtums von Silo als Mahnzeichen, als ein Ort des unbeugsamen Gerichts Gottes. Schon die Erwähnung des Schicksals von Silo brachte Schrecken und Erschütterung. Der Prophet Jeremia hatte Jahrhunderte später in Jerusalem am Eingangstor zum Tempel nur an das Schicksal Silos erinnert und vor einem falschen Vertrauen auf die vermeintliche Sicherheit einer heiligen Stätte gewarnt: »Bessert euer Leben und euer Tun, so will ich bei euch wohnen an diesem Ort … Geht hin an meine Stätte zu Silo, wo früher mein Name gewohnt hat, und schaut, was ich dort getan habe wegen der Bosheit meines Volks Israel« (JEREMIA 7,3.12).

Schon allein dieses Erinnern an das allen bekannte Schicksal Silos diente zur Gefangennahme des Propheten. Das konnte der König von Juda nicht öffentlich als Gottes Rede einfach stehen lassen: »Werdet ihr mir nicht gehorchen ... so will ich's mit diesem Hause machen wie mit Silo und diese Stadt zum Fluchwort für alle Völker auf Erden machen« (JEREMIA 26, 4.6).

Josua brachte mit dem Einzug der Israeliten ins verheißene Land die Stiftshütte nach Silo, nur wenige Kilometer abseits der Straße von Nablus nach Jerusalem, 27 Kilometer nördlich von Ramallah. Dort war es um 1175 v. Chr. als wichtiger Mittelpunkt der Stämme Israels und Wallfahrtsort eingerichtet worden (JOSUA 18-21). Dieses mit leinenen Zelttüchern leicht zu transportierende Heiligtum hatte die Israeliten auf der langen Wanderschaft durch die Wüste begleitet. Das Besondere daran war aber die Gegenwart Gottes, die erst das Heiligtum zum Ort der Begegnung und Offenbarung Gottes machte. »Die Herrlichkeit des Herrn erfüllte die Wohnung« (2. MOSE 40, 34 ff.).

Die Ehre Gottes wurde aber durch den selbstsüchtigen Dienst der Söhne des alten Priesters Eli, Hofni und Pinhas, mit Füßen getreten. Sie kümmerten sich nur um die Befriedigung ihrer Begierde an geraubtem Opferfleisch. Der schwache und vergreiste Vater wollte oder konnte dieser Verwilderung der Sitten nicht entgegentreten, weil er seine Söhne mehr ehrte als Gott. Diese Verkehrung des Glaubens, wo Gottes Ehre verachtet wird und statt dessen nur das eigene Glück im geraubten Genuß gesucht wird, muß den heiligen Gott zum Zorn reizen. Trotz dieser himmelschreienden Mißstände hatte Gott aber seine Hand noch nicht ganz von diesem Heiligtum abgezogen und die »Lampe Gottes war noch nicht verloschen« (1. SAMUEL 3, 3). Gott redete noch immer zu seinem Volk, auch wenn

Eli und seine Söhne die Stimme nicht mehr vernehmen konnten.

Die verzweifelte Frau, Hanna, entdeckte mehr in diesem Heiligtum als alle Priester dort. Ihr Mann Elkana hatte eine Nebenfrau, Peninna, genommen. Die kränkte und verspottete Hanna wegen ihrer Unfruchtbarkeit. Ihr Mann versuchte sie zu trösten: »Bin ich dir nicht mehr wert als zehn Söhne?« Hanna aber wandte sich in ihrem großen Kummer betend zu Gott. Der Priester Eli verstand diese Frau nicht und meinte, sie wäre betrunken. Erst spät begreift er. Dann macht er die prophetische Zusage: »Geh hin mit Frieden; der Gott Israels wird dir die Bitte erfüllen« (1. Samuel 1, 17).

Tatsächlich bekam Hanna nach einem Jahr das versprochene Kind und nannte es Samuel. Als es entwöhnt war, brachte sie es zurück in die Stiftshütte als Elis Mündel. Sie suchte das Kind nicht für sich, sondern weihte es wieder Gott zum Dienst und gab es hinein in das verlotterte Heiligtum von Silo. Das Leben Samuels stand dort in scharfem Kontrast zu dem liederlichen Leben der falschen Diener Gottes. Das böse Treiben konnte den Knaben Samuel aber nicht anstecken. Der Herr berief Samuel und war mit ihm und schützte ihn. Ihm offenbarte Gott durch sein Wort auch sein Gericht: »Siehe, ich werde etwas tun in Israel, wovon jedem, der es hören wird, beide Ohren gellen werden« (1. Samuel 3, 11).

Ganz Israel erkannte, daß der Herr mit Samuel war, ihm sich durch sein Wort offenbarte und ihn beauftragte, Prophet des Herrn zu sein.

Wenig später wurde die Bundeslade im Krieg mit den Philistern geraubt. Über der schrecklichen Nachricht kam der alte Eli zu Tode. In diese Zeit fällt offenbar auch der Untergang des Heiligtums in Silo, das niedergebrannt wurde.

Gott gab »seine Wohnung in Silo dahin, das Zelt, in dem er unter Menschen wohnte«, weil sein Volk ihn treulos durch Unglauben und Götzendienst erzürnte (PSALM 78, 60).

Obwohl die Lade bald wieder von den Philistern zurückgegeben wurde, kam sie nicht mehr nach Silo, sondern fand zuerst in Kirjat-Jearim, dann in Jerusalem ihren Platz. Bei dieser Überführung wird wohl David zum ersten Mal den Psalm angestimmt haben: »Machet die Tore weit und die Türen in der Welt hoch, daß der König der Ehre einziehe« (PSALM 24).

Dennoch blieb Silo weiter besiedelt. Der Prophet Ahija aus Silo kündigte dem Revolutionär Jerobeam durch einen in Stücke gerissenen Mantel den Zerfall der Staatseinheit Israels und Jerobeams Berufung zum König über die zehn Stämme des Nordreichs an. Daß nur ein Fetzen vom ganzen Mantel, allein der Stamm Juda, unter einem Nachkommen Davids fortbestehen sollte, war doch ein Zeichen der Treue Gottes mit seinen Verheißungen und der für Jerusalem zugesagten Gegenwart Gottes als »einer Leuchte«.

Die in Silo ausgegrabenen Baureste geben ein anschauliches Bild des von der Bibel übermittelten Berichts. Und doch steht Silo nicht allein für Gottes hartes Richten, sondern auch für sein Erbarmen und seine erwählende Güte. Nicht Tod und Untergang steht in der Mitte des Handelns Gottes. Im Untergang von Silo ruft sich Gott seinen treuen Propheten. Mitten in diesen Hügeln hat eine Hanna, die Mutter des Propheten Samuel, erfahren, wie Gott »ein Fels« ist, der »tötet und lebendig macht, zu den Toten hinabführt und wieder herauf. Der Herr macht arm und reich; er erniedrigt und erhöht. Er hebt auf den Dürftigen aus dem Staub und erhöht den Armen aus der Asche, daß er ihn setze unter die Fürsten und den Thron der Ehre erben lasse« (1. SAMUEL 2, 1-10).

Bethel zwischen Gottes Offenbarung und Götzendienst

Der offene Himmel – Wenn Gott für politische Zwecke mißbraucht wird – Ein alter Prophet verführt seinen jungen Kollegen – Hausverbot im Tempel – Galt der Spott wirklich der Glatze?

17 Kilometer nördlich von Jerusalem, an der Straße von Ramallah nach Nablus, liegen beim arabischen Dorf Beitin auf einem 867 Meter hohen Berg die baulichen Überreste des biblischen Bethel (= Haus Gottes). Hier hatte Abraham gezeltet und einen Altar errichtet, als Gott ihm erschien: »Deinen Nachkommen will ich dieses Land geben!« (1. MOSE 12, 8) Auch später kehrte Abraham wieder dorthin zurück (1. MOSE 13, 3).

Als sein Enkel Jakob vor dem Zorn seines Bruders Esau fliehen mußte, offenbarte sich Gott auch ihm. In einem Traum sah er den Himmel offen und die Engel Gottes auf einer Leiter auf und nieder steigen. Da erkannte er: »Fürwahr, der Herr ist an dieser Stätte, und ich wußte es nicht!« (1. MOSE 28, 16) Den Stein, auf dem er geruht hatte, richtete er als Steinmal auf. Nach seiner Rückkehr aus der Fremde erhielt er hier von Gott den Namen Israel verliehen zugleich mit einer erneuten Bestätigung an sein Geschlecht, dieses Land als Besitz von Gott zu erhalten (1. MOSE 35, 1 - 15).

Beim Einzug der Israeliten unter Josua wurde Bethel erst sehr spät eingenommen (RICHTER 1, 22 - 26). In der

Nähe zwischen Bethel und Rama wohnte die Richterin Debora (RICHTER 4, 5). Eine Zeitlang muß in Bethel die Bundeslade gestanden haben (RICHTER 20, 26 - 28). In der Zeit des Propheten Samuel war Bethel neben Mizpa und Gilgal einer der Orte, wo er Gericht hielt (1. SAMUEL 7, 15 - 17).

Damit bricht die Segensgeschichte Bethels ab. Jerobeam stellte in Bethel ebenso wie in Dan Götzenbilder auf. Später heißt es dann immer kennzeichnend von Jerobeam: »Der Israel sündigen machte!« Dabei stand er natürlich unter einem politischen Druck. Mit der Reichsteilung und dem Aufbau des Zehn-Stämme-Staates im Norden wollte König Jerobeam I. seinem Volk auch eine religiöse Mitte geben. Er wollte seine Untertanen vom Einfluß in Jerusalem abschneiden. Das aber war eine große Versündigung am lebendigen Gott, ein Frevel, der niemals mit nationalen Erfordernissen oder politischem Machtkalkül entschuldigt werden darf. Die Sünde Jerobeams geht durch alle Jahrhunderte, wenn Gott den politischen Zielen der Völker dienen muß und nicht umgekehrt die Völker Gott dienen. Scheinbar gutmütig verführte er sein Volk: »Es ist zu viel für euch, daß ihr hinauf nach Jerusalem geht; siehe, da ist dein Gott, Israel, der dich aus Ägyptenland geführt hat« (1. KÖNIGE 12, 28).

Wie unerbittlich Gott diese Verfälschung seiner göttlichen Offenbarung straft, wird an der Gerichtsrede des namentlich nicht genannten »Mannes Gottes« erschütternd deutlich. Mitten im Heiligtum, als der König gerade auf dem Altar opferte, rief er laut: »Altar! Altar!« Dann nannte er unerschrocken die Sünde beim Namen, kündigte schon die Zerstörung aller Götzenaltäre an und bekräftigte dies mit dem Wunderzeichen des berstenden Altars. Die Staatsreligion Jerobeams jedoch duldete keine Gottesoffenbarung mehr. So rief König Jerobeam im Zorn: »Greift ihn!« Da aber verdorrte seine ausgestreckte Hand. Aber auch dieser götzendienerische König erlebte Gottes Barmherzigkeit und Güte durch die Heilung seiner Hand. Allein durch das Gebet des Mannes Gottes geschah das Wunder (1. KÖNIGE 13, 1-10).

Wie schlimm die Sache Gottes in dieser Welt leidet, berichtet die Bibel bedrückend am Verhalten eines alten Propheten. Der hatte sich in Bethel niedergelassen. Vielleicht machte er beim Götzendienst nicht gerade mit, aber er war kein tapferer Streiter mehr für Gottes Ehre. Er blieb ein stummer Hund angesichts der massiven Sünde im Heiligtum. Nun wurde dieser alte Prophet, der früher vielleicht auch im Segen wirkte, zum großen Verführer und Zerstörer. Er war mild, wo Schärfe not tat. Er sprach für den Kompromiß, wo Entschiedenheit gefordert war.

So verführte er auch den Mann Gottes, der so unerschrocken König Jerobeam vor seinem gottlosen Götzendienst gewarnt hatte. Der alte Prophet log handfest, um den jungen Propheten zum Übertreten der klaren Gottesweisung zu verführen. So kam ganz tragisch der gesegnete und mutige Prophet wegen Ungehorsam unter Gottes Gericht. Man hat Mitleid mit ihm, weil er doch ganz tückisch verführt wurde. Aber Gott beginnt immer zuerst bei seinen Leuten, wenn er Sünde richtet (1. KÖNIGE 13, 11-32).

All dies hat Jerobeam nicht auf seinem bösen Weg aufhalten können. Er kehrte nicht um. Für ihn war sein politisches Ziel wichtiger als Gottes klares Gebot. Er stellte viele Priester an, ohne nach geistlichen Kriterien zu fragen. »Wer da wollte, dessen Hand füllte er, und der wurde Priester für die Höhen. Und dies geriet zur Sünde dem Hause Jerobeams, so daß es zugrunde gerichtet und von der Erde vertilgt wurde« (1. KÖNIGE 13, 33 f.).

Als dann Amos, der Hirte und Maulbeerenzüchter aus Tekoa in Bethel Gottes Wort predigte, wies ihn der Priester Amazja hinaus. Die Begründung war typisch für alle Staatsreligion: »Weissage nicht mehr in Bethel; denn es ist des Königs Heiligtum und der Tempel des Königreichs!« (AMOS 7, 13). Nachdem die Ehre des lebendigen Gottes mit Füßen getreten war, mußte die sehr anfechtbare königliche Würde um so heiliger gehalten werden. Wer Gott nicht die Ehre gibt, muß sterbliche Menschen vergötzen. Weil aber Amos im Auftrag Gottes reden muß, kann er nicht schweigen und muß das unheimliche Gottesgericht ankündigen (AMOS 7, 10 - 17). Wenn Gott die Sünden Israels heimsucht, wird er auch »die Altäre in Bethel heimsuchen und die Hörner des Altars abbrechen« (AMOS 3, 14). So muß Amos vor Bethel warnen: »Kommt nicht mehr nach Bethel« (AMOS 5, 5). Es ist nur noch eine Stätte, wo »gesündigt« wird (AMOS 4, 4).

Sehr oft wird die Erzählung vom Besuch Elisas in Bethel mißverstanden. Freche Jungen kamen aus der Stadt und verspotteten den Propheten Gottes: »Kahlkopf, komm herauf! Kahlkopf, komm herauf!« Daß dann zwei Bären kamen und zweiundvierzig Kinder zerrissen, wird oft angeführt, um das Unverständnis an der vermeintlichen Unmenschlichkeit der Bibel auszudrücken. Bei dem Spott ging es aber überhaupt nicht um den kleinen Schönheitsfehler einer männlichen Glatze. Dann hätten alle Kritiker in der Tat recht. Elisa aber war kein eitler Modenarr, den man wegen fehlender Haare hätte verletzen können. Er ertrug nicht nur härteste Kritik, sondern auch tödliche Feindschaft. Zum einen waren diese Schreihälse keine unschuldigen Knaben vom Kindergarten, sondern ausgewachsene Schlägertypen, halbstarke Rabauken. So steht es im hebräischen Text. Das gleiche hebräische Wort bezeichnet die jungen Ratgeber Rehabeams (1. KÖNIGE 12, 8). Nun traten sie in der schreienden Masse auf. Zum andern hatte Elisa wohl gar keine Glatze, im Gegenteil! Propheten scherten sich meist das Haar nicht, sondern sie weihten sich Gott und ließen die Haare lang und kräftig wachsen (4. Mose 6,5). So ging es letztlich nicht um die Frisur, sondern um eine böse Drohung: »Wage du nur nicht, zu uns nach Bethel zu kommen und uns unseren Spaß mit dem schmutzigen Fruchtbarkeitskult der Kälber zu verderben!«

Elisa wehrte sich nicht. Er hatte auch keine Waffen, sondern legte diese Sache, die Gottes Heiligkeit berührte, allein in Gottes Hand (2. Könige 2,23 f.).

Der Götzendienst wurde nicht einmal mit der Zerstörung des Nordreichs ausgerottet, sondern wucherte auch noch unter assyrischer Besatzung weiter. Es kam zu schlimmen Vermischungen mit den heidnischen Religionen (2. Könige 17,27-31). Das göttliche Gericht der Zerstörung vollzog dann der judäische König Josia. Er brach den Altar Jerobeams ab, »zerschlug seine Steine und machte sie zu Staub« (2. Könige 23,15). Das war das Ende der großen Gottesoffenbarung von Bethel, die mit Abraham begonnen hatte.

Die Wahl zwischen Fluch und Segen in Sichem

Die unter der Eiche vergrabenen Götzen – Das Blutbad in Sichem – Ich und mein Haus wollen dem Herrn dienen! – Der sichtbare Segen im Backtrog – Nach Jahrzehnten endlich Josef beerdigt – Wie eine Frau den König mit dem Mühlstein erschlug – Das Reich Israel zerbricht

Nur eineinhalb Kilometer östlich von Nablus, der größten arabischen Stadt im Westjordanland, liegt der Schutthügel des alten biblischen Sichem. Hier war der Kreuzungspunkt zweier uralter Karawanenstraßen. Die eine führte von Ägypten nach Syrien, die andere vom Zweistromland Mesopotamien zum Mittelmeer. So finden sich viele Spuren früher Besiedlung, die bis ins vierte Jahrtausend vor Christus zurückreichen.

Hier lagerte auch schon Abraham bei der »Eiche More« (1. Mose 12, 6), als dort noch Kanaaniter lebten, die sich dort allerdings auch noch bis zur Richterzeit festgesetzt hatten. Wenn diese Eiche, die genauer eine Terebinthe (= Pistazienbaum) war, einen heidnischen Hintergrund gehabt haben sollte, dann stellte Abraham durch den Bau eines Altars für »den Herrn, der ihm erschienen war« das Zeugnis vom lebendigen, offenbarten Gott entgegen (1. Mose 12, 7).

Die beiden kahlen Berge Ebal und Garizim gaben der Stadt ihren Namen, der »Nacken« bedeutet. Die beiden Berge sind die Schultern, zwischen denen sich im Tal die

alte und die neue Stadt ausbreitet. Noch Mose hatte vor dem Einzug ins gelobte Land verfügt, daß vom Garizim die Segensworte, vom Berg Ebal die warnenden Fluchworte gerufen werden sollten, die den treffen, der sich an Gott versündigt (5. MOSE 11, 29 f.). Gottes Fluch wirkt ganz massiv und setzt sich sogar am Haus des Missetäters fest und zerstört Stein und Gebälk (SACHARJA 5, 4). Weiß getünchte Steine, die noch nie mit Eisen behauen wurden, sollten auf dem Berg Ebal zum Bau eines Altars aufgerichtet werden. Dann sollten dort Opfer dargebracht werden und alles Volk »essen und fröhlich sein vor dem Herrn« (5. MOSE 27, 4 - 8).

Die vom Ebal zur Warnung hinausgerufenen zwölf Fluchworte betreffen Vergehen, die im Verborgenen geschehen und deshalb nicht von der Gemeinschaft kontrolliert werden können. Jedes einzelne Verbot wurde von der Gemeinde feierlich mit »Amen« bekräftigt: Kein heimlich aufgestelltes Gottesbild, keine Verletzung der Elternwürde, den Grenzstein nicht verrücken, den Blinden nicht falsch leiten, das Recht der Waisen und Witwen nicht beugen, keine Blutschande und keine geschlechtliche Berührung von Tieren, keine heimliche Bluttat, auch nicht im bezahlten Auftrag anderer. Gott will auch über die ganz privaten Bereiche des Lebens Herr sein, die man oft genug vor anderen verbirgt (5. MOSE 27, 11 - 26).

Gottes Segen verpflichtet aber auch zum Bundesschluß, der ganze Hingabe in völligem, eindeutigem Gehorsam erfordert. Dafür schenkt Gott sein Heil, das sich auf den Acker und die Jungtiere, auf allen Besitz, den Korb und sogar den Backtrog erstreckt (5. MOSE 28, 1 - 14).

Noch einmal schlossen sich Fluchworte an, wenn »du aber nicht gehorchen wirst der Stimme des Herrn, deines Gottes ... Der Herr wird unter dich senden Unfrieden, Unruhe und Unglück in allem, was du unternimmst ... du wirst tappen am Mittag, wie ein Blinder tappt im Dunkeln, und wirst auf deinem Wege kein Glück haben und wirst Gewalt und Unrecht leiden müssen dein Leben lang ... in deinen Händen wird keine Kraft sein ... und wirst wahnsinnig werden bei dem, was deine Augen sehen müssen« (5. MOSE 28, 15-44). Immer weiter wurden die schrecklichen Folgen der Sünde ausgelegt bis hin zur Zerstreuung »unter alle Völker von einem Ende der Erde bis ans andere« (5. MOSE 28, 64).

Diese Lebensordnung Gottes, in Sichem von den beiden Bergen ausgerufen, schloß die gnädige und barmherzige Zuwendung Gottes in sich. Gottes Anspruch und Zuspruch umfaßt das ganze Leben und heiligt es. Es ist das Wort vom Tod und das Wort vom Leben, das nur der erkennt, der Gott über alles liebt und ihm vertraut. Damit war Gott nicht fern, sondern unmittelbar ins tägliche Leben gerückt, mutmachend und tröstend, ermahnend und strafend. »Denn es ist das Wort ganz nahe bei dir, in deinem Munde und in deinem Herzen, daß du es tust« (5. MOSE 30, 14).

Josua hat diese Verpflichtung Moses vollständig erfüllt: »Es war kein Wort, das Mose geboten hatte, das Josua nicht hätte ausrufen lassen« (JOSUA 8, 30-35). Es gab nur eine Wahl für Israel: Das Leben! Und doch entschied sich jede Generation immer wieder für den Tod.

Deshalb versammelte Josua noch einmal das ganze Volk zum »Landtag zu Sichem«. Es ging um die ganz eigene, freie Entscheidung, ob sie wirklich Gott dienen wollten oder nicht. Die Erinnerung an Jakob könnte Josua zu diesem Schritt bewogen haben. Denn Jakob vergrub, nachdem er aus der Fremde zurückgekehrt war, unter der Eiche von Sichem die fremden Götzenbilder und die Ohrringe. Er gebrauchte dabei Worte, die später Josua wörtlich wieder aufgreifen sollte: »Tut von euch die fremden Götter, die unter euch sind und reinigt euch« (1. MOSE 35, 2). Genauso gab es für Josua jetzt in Sichem nur einen Weg: »Ich aber und mein Haus wollen dem Herrn dienen« (JOSUA 24, 15). Dienst ist immer Vorrecht, Gnade und neues Wunder. Darum sang Israel: »Dienet dem Herrn mit Freuden!« (PSALM 100, 2)

Gleichzeitig spürte Josua, wie man dem heiligen und eifernden Gott gar nicht gerecht werden kann. Auch mit der penibelsten Gesetzeserfüllung, wie sie an der Westmauer des Tempels oder in Mea Shearim sichtbar wird, kann man nicht die Gerechtigkeit erfüllen, die Gott von uns erwartet. Deshalb löst sich diese Spannung erst im Neuen Bund. Jesus Christus ist uns von Gott gemacht »zur Weisheit und zur Gerechtigkeit und zur Heiligung und zur Erlösung« (1. KORINTHER 1, 30). Das macht den lebenslangen, konsequenten Dienst für Gott überhaupt erst möglich.

Mit Sichem ist ausdrücklich und unveräußerlich das Heimatrecht des Volkes Israel im gelobten Land verbürgt. In Sichem wurden nämlich die Gebeine Josefs auf einem Feld bestattet, das einst Jakob gekauft hatte. Auf dem Sterbebett hatte Jakob damals in Ägypten Josef dieses Land, das er von den Amoritern erworben hatte, übergeben (1. MOSE 48, 22). Und Josef verpflichtete im Sterben seine Brüder, seinen Leichnam in das verheißene Land mitzunehmen. So wurde auf dem gesamten Wüstenzug der Sarg Josefs bis zur Bestattung in Sichem mitgeführt. Damit wurde das Heimatrecht Israels im verheißenen Land nochmals unterstrichen und bestätigt.

Sichem spielte eine wichtige Rolle im Leben Josefs. Dort suchte er seine Brüder. Dorthin hatte ihn sein Vater Jakob von Hebron aus gesandt. Die Brüder waren aber um der guten Weide willen ins fruchtbare Tal Dotan weiterge-

Das Grabmal Josefs in Sichem

zogen, 22 Kilometer nördlich von Sichem. Als die Brüder dort von ferne Josef sahen, beschlossen sie, ihn zu töten. Er wurde dann aber nur in eine trockene Zisterne geworfen und später als Sklave nach Ägypten verkauft (1. Mose 37, 12 - 28).

In Sichem spielten sich mehrmals böse Geschichten ab. Dina, eine Tochter Jakobs, wurde vom Kanaaniter Sichem geschändet. Daraufhin rächten sich die Söhne Jakobs an den Bewohnern der Gegend und richteten in der Stadt Sichem ein furchtbares Blutbad an (1. Mose 34). Nur der geistlich denkende Jakob erkannte das schreckliche Verbrechen: »Ihr habt mich ins Unglück gestürzt!« Und noch sterbend konnte er beim Segen über sie nur klagen: »Ihre Schwerter sind mörderische Waffen. Meine Seele komme nicht in ihren Rat, und mein Herz sei nicht in ihrer Versammlung; denn in ihrem Zorn haben sie Männer gemordet, und in ihrem Mutwillen haben sie Stiere gelähmt. Verflucht sei ihr Zorn, daß er so heftig ist, und ihr Grimm, daß er so grausam ist. Ich will sie versprengen in Jakob und zerstreuen in Israel« (1. MOSE 49,5-7).

Auch eine der dunkelsten Epochen der Richterzeit ereignete sich in Sichem. Unter Josua wurde Sichem nicht zerstört, die kanaanäische Bevölkerung blieb hier wohnen. Sie machten um 1150 v. Chr. den Sohn des bekannten Richters Gideon mit Namen Abimelech, der von einer kanaanitischen Mutter abstammte, zum König. Was hier ohne Berufung und Bestätigung von Gott begann, konnte nur zu einer üblen und furchtbar blutigen Karikatur des von Gott eingesetzten Richteramtes über sein Volk Israel werden.

Der später von Archäologen ausgegrabene Tempel des Baal-Berit, wo Abimelech eintausend Menschen umbrachte, wurde in Sichem gefunden. Abimelech suchte vor allem die Ehre des Königstitels und scheiterte am Gericht des lebendigen Gottes. Bei der Eroberung der Stadt Tebez wurde er durch einen Mühlstein, den eine Frau von einem Turm auf ihn warf, erschlagen. Noch im Sterben plagte ihn die vermeintliche Schmach, daß eine Frau ihn besiegen konnte. Welch ein verschrobenes Ehrempfinden! Die Fabel Jotams verglich diese Art von Königsamt mit einem leicht brennbaren Dornbusch (RICHTER 9). Dadurch wuchs in Israel die Sehnsucht nach einem König nach dem Herzen Gottes. So war die schreckliche Erfahrung mit dem ersten König in Israel Beginn der großen Sehnsucht nach dem Messias.

In Sichem wurde aber auch um 930 v. Chr. die unheilvolle Reichsteilung besiegelt, die nie mehr überwunden werden sollte. Nach dem Tode Salomos stand Rehabeam, sein Sohn, als Thronfolger fest. Die Israeliten baten ihn aber vor der Krönung um merkliche Steuererleichterungen. Da hielt der Kronprinz Rehabeam einen Rat mit den Ältesten, die auch bei Salomo Berater waren. Die rieten ihm, unbedingt nachzugeben: »Wirst du heute diesem Volk einen Dienst tun ... so werden sie dir untertan sein dein Leben lang.«

Rehabeam verwarf aber diesen Rat und fragte die Jüngeren, die mit ihm aufgewachsen waren: »Was ratet ihr?« Die waren, wie junge Leute zu allen Zeiten, für eine harte Hand: Sage so zu dem Volk: »Mein kleiner Finger soll dicker sein als meines Vaters Lenden. Nun, mein Vater hat auf euch ein schweres Joch gelegt, ich aber will's euch noch schwerer machen. Mein Vater hat euch mit Peitschen gezüchtigt, ich will euch mit Skorpionen züchtigen.« Den Rat befolgte der unerfahrene Kronprinz sofort. Da wandte sich das Volk einfach vom König ab. Von Mund zu Mund ging der Ruf: »Was haben wir für Teil an David oder Erbe am Sohn Isais? Auf zu deinen Hütten, Israel!« Nun wurde mit den Füßen abgestimmt. Israel ging heim und sagte sich damit vom Davidsthron in Jerusalem los.

Dieses Motto muß ein schon länger im Volk umlaufender Spruch gewesen sein, der jetzt wieder zur politischen Parole wurde. Schon zu Davids Zeiten machte der »ruchlose Mann Scheba« mit dieser Losung eine Revolution, die fast ganz Israel erfaßte (2. SAMUEL 20, 1). Der unweise Rehabeam sandte noch einen Fronvogt, der sich mit brachialer Gewalt durchsetzen wollte. Er wurde aber zu Tode gesteinigt. So fiel Israel in Sichem vom Hause David für immer ab. Acht Zehntel des Reichs trennten sich von Juda. Fortan haben wir ein Nordreich und ein Südreich (1. KÖNIGE 12, 1-19).

Als König des Nordreichs beriefen die Stämme Israels einen Oppositionspolitiker aus der Zeit Salomos, der damals ins Exil nach Ägypten fliehen mußte, namens Jerobeam. Der Stamm Ephraim riß jetzt wieder die Führungsrolle an sich, da auch Josua Ephraimit war. Jerobeam baute die Stadt Sichem aus, dann Pnuël als seinen Wohnsitz. Häuser aus dieser Bauepoche wurden bei den Ausgrabungen gefunden.

Damit aber Israel nicht zum Gottesdienst in den salomonischen Tempel nach Jerusalem zu gehen brauchte und dadurch wieder zu Juda zurückkehrte, machte König Jerobeam frevelhaft zwei goldene Kälber, aufreizende Symbole Baals als Sinnbild der Fruchtbarkeit und Stärke und verkündigte: »Da ist dein Gott, Israel, der dich aus Ägypten geführt hat.« Eines dieser Götzenbilder stellte er in Bethel auf, das andere in Dan (1. KÖNIGE 12, 20-30). Es war ein selbsterwähltes Königtum, das ohne Gottes Ja nicht bestehen und auch durch noch so primitive Religionskulte nicht gekräftigt werden, sondern nur in einer Katastrophe enden konnte.

Samaritaner beten an auf Garizim

Nach der Auslöschung des Reiches Israel siedelte der assyrische König Fremde aus anderen asiatischen Städten an. So entstand das Volk der Samariter, das auf dem Garizim einen Altar und in Sichem ein religiöses Zentrum einer Mischreligion auf dem Fundament der fünf Bücher Mose errichtete, das sich bis heute in einer kleinen Gruppe in Nablus erhalten hat.

Auch nach den Ausgrabungen zerfiel Sichem schon nach dem 8. Jahrhundert v. Chr., während die Spuren der Kanaanäer bis zum 4. Jahrtausend v. Chr. zurückverfolgt werden können. Mauerbrocken und Brandspuren bestätigen die Zerstörung durch die Assyrer 724-721 v. Chr., dann auch die endgültige Auslöschung der Stadt im Jahr 128 v. Chr., gleichzeitig mit der Zerstörung des samaritanischen Heiligtums auf dem Garizim. Erst 72 n. Chr. baute der römische Kaiser Vespasian an anderer Stelle Neapolis (= Neustadt) auf, das heute arabisch Nablus heißt.

Der stehengebliebene Krug am Brunnen von Sychar

Ein weiter Weg vom Jordantal – Zerbrochene Beziehungen – Die Seelsorge Jesu – Wahre Anbetung Gottes – Der Welt Heiland

Durch die sehr exakten Ortsangaben des Johannes wissen wir ziemlich genau, wo sich das Gespräch Jesu mit der Samariterin ereignete. Durch die Lage eines Brunnens ist ein Ort immer leicht auszumachen. Jesus mußte wegen der Feindschaft der Pharisäer Jerusalem verlassen. Er kam im Januar vom Jordantal herauf. Wir wissen dies, weil er später sagte, es sei noch vier Monate bis zur Ernte (JOHANNES 4,35). Darum kann man das so genau wissen. Jesus wanderte dann die bedeutende Handelsstraße herauf, die von der Jordanfurt nach Sichem führt.

Für den weiten Marsch muß man etwa acht Stunden ansetzen. Da es aber um die sechste Stunde, also mittags um zwölf Uhr, war, sind die Jünger mit Jesus schon vor Tagesbeginn aufgebrochen. Kein Wunder, daß sie so müde waren (JOHANNES 4,6).

Beim Jakobsbrunnen wurde schon bald unter Kaiser Konstantin eine Kirche errichtet. Auch die Zisterne wird heute gezeigt. Daß es in der Nähe des Josefgrabes war, das hält Johannes fest (JOHANNES 4,5). Daß es in dieser Gegend nahe von Sichem gewesen sein muß, das macht auch das Thema des Gesprächs deutlich, das bald um den

Berg Garizim kreiste. Der heutige Jakobsbrunnen ist ein Kilometer vom Tor des alten Sichem entfernt. Das Grab Josefs, das auf dem Gelände, das Jakob kaufte, angelegt wurde, wird heute 250 Meter nördlich vom Brunnen verehrt.

Müde von der Wanderung setzte sich Jesus auf den Brunnenrand und bat um die Mittagszeit eine Frau um einen Trunk Wasser. Die wunderte sich bei der großen Spannung zwischen Juden und Samaritern über diese Bitte. Die Kluft war so unüberbrückbar, daß man nicht einmal einen Trunk Wasser voneinander annahm, seitdem die Juden unter den Makkabäern das Heiligtum auf dem Garizim zerstört hatten. Schon seit der babylonischen Gefangenschaft trennte beide Konfessionen ein tiefer Graben. Beim Wiederaufbau des Tempels ließen die Juden in Jerusalem nicht zu, daß Samariter dabei halfen. Seitdem haben sie sich gegenseitig viel Not gemacht. Verbreitet war das Sprichwort aus dem Talmud: »Ein Stück Brot, von einem Samariter überreicht, ist unreiner als Schweinefleisch!« Dabei hatten sie beide die gemeinsame Geschichte Abrahams, Isaaks und Jakobs, wie ja auch dieser Brunnen zur Erinnerung an Jakob deutlich macht. Jesus hat ganz bewußt diese Kluft überwunden und die Frau um einen kleinen Liebesdienst mit dem Becher Wasser gebeten.

Dann lenkte er das Gespräch schnell auf das Quellwasser, das nur er geben kann. Die Frau versteht erst, von was Jesus redet, als Jesus sie an ihre notvollen mitmenschlichen Beziehungen erinnert, die alle zerbrochen waren. Jesus läßt ihr die Flucht in ein religiöses Problemgespräch nicht zu, sondern bietet ihr neues Leben aus Gott an, das sich in der Anbetung Gottes im Geist und in der Wahrheit ausdrückt. Da läßt die Frau ihren Krug stehen und geht zu den Leuten im Dorf und erzählt ihnen: »Kommt und seht, ob der Mann nicht der Christus sei!«

Als die dort lebenden Samariter Jesus selbst zwei Tage lang zuhörten, erkannten sie: »Dieser ist wahrlich der Welt Heiland« (JOHANNES 4,1-42).

Für die Jünger war dies erstmals sichtbare Frucht aus der Weite der Welt und ihrer vielen nichtjüdischen Völker. »Hebt eure Augen auf und seht auf die Felder, denn sie sind reif zur Ernte« (JOHANNES 4,35). Man sollte mehr von dem Blick Jesu haben, und nicht nur das Unkraut auf dem Acker der Welt sehen, sondern die schon heranreifende große Ernte Gottes!

Samaria – die strategische Festung auf dem Hügel

Die Residenz des Königs brennt – Eine trickreiche Ehefrau – Ein Prophet wird geohrfeigt – Mit Blindheit geschlagen – Der blutverschmierte Streitwagen am königlichen Teich – Die Hungerrevolte im Tor – Der üppige Luxus der Schlemmer – Ein Steinhaufen im Feld – Sie taten Nichtiges – Umstrittene Samariter – Eine blühende christliche Gemeinde

Als mit dem Tod des großen Friedenskönigs Salomo die Einheit der zwölf Stämme Israels endgültig auseinanderbrach, blieb zwar der größte Teil mit zehn Stämmen als Nordreich zusammen, die Hauptstadt Jerusalem aber lag im Südreich Juda. Zuerst war Sichem das neue Zentrum. Dann verlegte der erste König des Nordreichs, Jerobeam I., wegen des Einfalls der Ägypter seinen Regierungssitz in das jenseits des Jordans gelegene Pnuël. Schließlich wurde Tirza Hauptstadt, elf Kilometer nordöstlich von Sichem gelegen. Es muß ein schöner Ort gewesen sein. Schon Salomo sagte: »Du bist schön, meine Freundin, wie Tirza« (HOHESLIED 6,4).

In einer blutigen Revolte ging Tirza in Flammen auf. Der Kommandeur einer Streitwagenabteilung namens Simri machte eine Verschwörung, brachte durch ein Attentat den König um und griff nach der Königswürde. Omri, der kommandierende General des Heeres, wollte selbst König werden. Er belagerte Tirza mit seiner Armee. Der verzweifelte Aufrührer Simri wußte sich schon nach sieben Tagen Königswürde nicht mehr anders zu helfen, als daß er das Haus des Königs anzündete und selbst in den Flammen umkam (1. Könige 16, 8 - 20).

Omri, der weitsichtige Stratege, suchte nach militärischen Gesichtspunkten einen besseren Platz für seine Residenz als das zerstörte Tirza. Mitten im Bergland von Samaria kaufte er einen gut zu verteidigenden Hügel, der sich etwa 100 Meter hoch aus der Ebene erhebt (1. Könige 16, 23 f.). Hier lief die wichtige Verbindungsstraße von Norden nach Süden durch. Man konnte damit auch die Verkehrswege durch die Ebene Jesreel kontrollieren. Der 2100 Meter lange und 900 Meter breite Hügel war gleichzeitig mit seiner Wasserquelle ein idealer Platz für eine befestigte Stadt. Die Umrisse des mit einer Länge von 125 Metern damals unverhältnismäßig großen Palastes Omris wurden freigelegt. Vermutlich gehörte dazu auch schon von Anfang an ein heidnischer Baalstempel: »Und Omri tat, was dem Herrn mißfiel, und trieb es ärger als alle, die vor ihm gewesen waren« (1. Könige 16, 25).

Der in der Bibel bekannteste König des Nordreichs war zweifellos Ahab, der Sohn Omris, der 22 Jahre lang (von 874 - 852 v. Chr.) das Land regierte. Um das mächtige Reich der Seefahrer von Phönizien an sich zu binden, verheiratete der Vater Omri politisch klug seinen Sohn Ahab mit der skrupellosen phönizischen Prinzessin Isebel, die ihn nach Lust, Laune und Plan manipulierte. Ihm scheint das nicht besonders hinderlich oder ärgerlich gewesen zu sein. Er war ganz in der Hand seiner Frau Isebel gefangen. In der Bibel wird es so beschrieben: »Er nahm sogar Isebel, die Tochter Etbaals, des Königs der Sidonier, zur Frau und ging hin und diente Baal und betete ihn an und richtete ihm einen Altar auf im Tempel Baals, den er ihm zu Samaria baute, und machte ein Bild der Aschera, so daß Ahab mehr tat, den Herrn zu erzürnen, als alle Könige von Israel, die vor ihm gewesen waren« (1. KÖNIGE 16, 31 ff.).

Diese Isebel war wohl auch die treibende Kraft beim Bau eines prachtvollen Tempels für den phönizischen Naturgott Baal-Melkart. In den Trümmern des Palastes von Ahab fand man in einer Grube 200 kunstvoll und meisterhaft geschnitzte Elfenbeinstücke aus dieser Zeit. Sie stammen aus dem Elfenbeinhaus, das er baute (1. KÖNIGE 22, 39). Natürlich waren nicht die Mauern, wohl aber die Verkleidung oder Verzierung der Wände und das Mobiliar aus diesem kostbaren Material. Auf einer der Tonscherben eines Ölkrugs steht: »Im 10. Jahr der Regierung des Königs Ahab.«

Zweimal hat Ahab in den Kämpfen mit den Aramäern aus Damaskus Gottes Güte und Freundlichkeit völlig unverdient erfahren. Als die Feinde übermütig zum Sturm auf die Stadt ansetzten, ließ Gott durch einen Propheten sagen: »So spricht der Herr: Siehst du diese große Menge? Wahrlich, ich will sie heute in deine Hand geben, daß du wissen sollst: Ich bin der Herr« (1. KÖNIGE 20, 13).

Noch einmal kämpften die syrischen Aramäer gegen Ahabs Heer und lästerten dabei den wahren Gott Israels. Wieder erbarmte sich Gott: »Ich habe diese große Menge in deine Hand gegeben, damit ihr erkennt: Ich bin der Herr« (1. KÖNIGE 20, 28). Es war bei Ahab wie bei allen anderen. Wunderbare Hilfen Gottes werden schnell vergessen und führen ganz selten zu einem wirklichen Glauben.

Wenn man von seiner Gottlosigkeit absieht, war Ahab ein weitsichtiger Herrscher, der kluge Entscheidungen fällte. Dazu gehörte auch, daß er den Bruderkampf mit dem Südreich Juda beendete und einen Bund schloß, indem er seine Tochter Atalja mit dem Sohn des judäischen

Der Hügel des alten Samaria

Königs Joschafat, Joram, verheiratete (2. CHRONIK 18,1; 21,6). Diese Atalja, ebenfalls Anbeterin Baals, stand ihrer gerissenen Mutter Isebel in nichts nach. Sie sollte später nur aus Machthunger schrecklich unter den Nachkommen Davids als Mörderin wüten und trotzdem nicht Gottes Plan vernichten können. Einer ihrer Enkel wurde verschont, nicht aus Zufall, sondern weil Gottes Fürsorge das Haus Davids nicht ausrotten ließ. Dieser siebenjährige Thronfolger, Joasch, beendete dann die Schreckensherrschaft der Atalja (2. KÖNIGE 11).

Unter dem ausgegrabenen Westtor von Samaria saßen auch die beiden verschwägerten Könige von Israel und Juda, Ahab und Joschafat, »jeder auf seinem Thron in ihren königlichen Kleidern«. In seinem Übermut regte Ahab einen Angriffskrieg gegen die Aramäer an. Zuerst war Joschafat sehr ergeben und bekundete seine Treue: »Ich will sein wie du, und mein Volk wie dein Volk, und meine Rosse wie deine Rosse«, bekam aber später Skrupel, weil er in allen Dingen eine Weisung des Wortes Gottes suchte. Ahab verstand es großartig, mit einem Aufmarsch von 400 Propheten einmütig zu demonstrieren: Der Herr wird Ramot in Gilead in die Hand des Königs geben. Einer der falschen Propheten hatte sich eiserne Hörner an die Stirn gemacht, um den beiden Königen vorzuführen, wie vernichtend der Sieg für die Aramäer sein wird. Doch Joschafat war noch immer unruhig und ahnte, daß hier auch ein eigenmächtiger Lügengeist am Werk sein könnte. Darum ließ Ahab Micha, den Sohn des Jimla, holen, der immer nur oppositionelle Stimme gegen den gottlosen Betrieb am Hof Ahabs war. Auch jetzt zögerte der zuerst, die unheimliche und vernichtende Wahrheit der verlorenen Schlacht ungeschminkt auszusprechen. Unter hartem Druck erst sprach Micha aus, was Gott ihm gezeigt hatte: »Ich sah ganz Israel zerstreut auf den Bergen wie Schafe, die keinen Hirten haben.« Für sein klares und von Gott offenbartes Wort erhielt Micha auch noch einen Schlag ins Gesicht von einem der Lügenpropheten, weil der mit Fanatismus und Gewalt ersetzen mußte, was ihm an geistlicher Kraft fehlte.

In dieser Schlacht wurde Ahab durch einen Pfeil der Aramäer getroffen und starb noch auf dem Schlachtfeld. Listig hatte er sich verkleidet, um nicht erkannt zu werden. Der Kutscher des Streitwagens allein wußte, wer da neben ihm auf dem Wagen stand. Als er sah, daß König Ahab starb, stellte er einfach den Streitwagen mit dem toten König am Teich von Samaria ab. Dort »leckten dann die Hunde sein Blut« genau an der Stelle, wo durch Isebels trickreiche Geheimdiplomatie vorher der Weinbergbesitzer Nabot ermordet worden war. So hatte es der Prophet Elia angedroht und so erfüllte es sich auch. Alles geschah »nach dem Wort des Herrn« (1. KÖNIGE 22). Der Teich, in dem der blutverschmierte Wagen gesäubert wurde, könnte das ausgegrabene Bassin von zehn auf fünf Meter an der Nordseite des Ahabpalastes sein.

Wenn in der Bibel Hunde auftauchen, sind das etwas andere Tiere als unsere gezüchteten und geliebten Haustiere. Die gab es in biblischen Zeiten nicht. Hunde waren streunende Wildtiere, die sehr unangenehm werden konnten.

Zweimal wurde Samaria von den Aramäern belagert. Einmal wurden sie durch das Gebet des Propheten Elisa mit Blindheit geschlagen. Elisa führte die ganze feindliche Truppe nach Samaria, wo sich der König blutig an ihnen rächen wollte. Elisa aber wehrte dem und setzte ein großes Versöhnungsmahl mit den Feinden durch (2. KÖNIGE 6, 8 - 23).

Bei einer weiteren, drei Jahre dauernden Belagerung brachten die Aramäer die Stadt schwer in Bedrängnis. In der hungernden Stadt kostete ein Eselskopf achtzig Silberstücke und eine Handvoll Taubenmist fünf Silberstücke. König Joram wollte sich ergeben. Der Prophet Elisa konnte Joram nur mit Mühe von diesem Schritt zurückhalten. Mitten in die große Verzweiflung hinein kündigte der Prophet Elisa dann die Befreiung der Stadt an: »Morgen wird ein Maß feinstes Mehl ein Silberstück gelten und zwei Maß Gerste ein Silberstück im Tor von Samaria.«

Da spottete der »Ritter, auf dessen Arm sich der König lehnte«. Damit wird der dritte Mann im Streitwagen bezeichnet, der Gurtehalter, der dem Rosselenker und dem Kämpfer Halt geben muß. Dieser Ritter höhnte gegen das Wort des Propheten: »Und wenn der Herr Fenster am Himmel machte, wie könnte das geschehen?« Er sollte es, wie der Prophet Elisa ihm ankündigte, nicht mehr erleben. Die Aramäer hatten in der Nacht ganz plötzlich ihre Belagerung abgebrochen und waren fortgezogen.

Dort in jenem ausgegrabenen Westtor von Samaria erfüllte sich die Prophetie Elisas ganz genau mit dem über Nacht völlig gesunkenen Preis für Lebensmittel. Das ärgerliche und ausgehungerte Volk zertrampelte dort den Ritter, auf dessen Arm sich der König lehnte (2. KÖNIGE 6, 24-7, 20).

Es war Joram, der Sohn Ahabs, der wieder das Steinmal Baals aus Samaria entfernte, aber den Götzendienst nicht ausrotten konnte (2. KÖNIGE 3, 2). Erst der im Auftrag des Propheten Elisa putschende Offizier Jehu rottete als König von Samaria dort den Baalsdienst aus und »machte Stätten des Unrats aus dem Haus Baals« (2. KÖNIGE 10, 27).

Unter König Jerobeam II., von 793-753 v. Chr., entfaltete Israel noch einmal seinen ganzen Glanz und seine Größe fast wie zu Zeiten Salomos. Ein großer Wirtschaftsaufschwung und ein bis dahin nie gekannter Wohlstand lassen sich auch durch die Ausgrabungen in Samaria nachweisen. Kostbare Elfenbeinschnitzereien mit Edelsteinen oder Gold, ausgelegt mit Motiven aus Ägypten wurden gefunden. Überall wurden Kornspeicher und Vorratshäuser gebaut. Die Kehrseite dieses üppigen Schlemmerlebens deckte Amos, ein Hirte und Züchter von Maulbeeren aus Tekoa, auf: »... ihr schlaft auf elfenbeingeschmückten Lagern ... spielt auf der Harfe ... salbt euch mit dem besten Öl, aber bekümmert euch nicht um den Schaden Josefs« (AMOS 6, 4 ff.).

Schon kündigten die Propheten das Gericht über Samaria an, das dann von den Assyrern 722 v. Chr. mit der Zerstörung und Deportation der Bewohner vollstreckt wurde: »Man wird dich von deiner Macht herunterreißen und deine Häuser plündern« (AMOS 3, 11). »Israel wird aus seinem Lande gefangen weggeführt werden (AMOS 7, 11). »Und ich will Samaria zu Steinhaufen im Felde machen ... und will seine Steine ins Tal schleifen und es bis auf den Grund bloßlegen« (MICHA 1, 6). »Samaria wird wüst werden« (HOSEA 14, 1). »Und die welke Blume ihrer lieblichen Herrlichkeit, die da prangt hoch über dem fetten Tal, wird sein wie eine Frühfeige vor dem Sommer, die einer erspäht und flugs aus der Hand verschlingt« (JESAJA 28, 4). Buchstäblich haben sich diese Worte Gottes über der Pracht und Herrlichkeit Samarias erfüllt. Es ist alles zerbrochen und zerschlagen.

Stolz ließ Sargon II., Großkönig der Assyrer, in seine Annalen schreiben: »Samaria belagerte und eroberte ich. 27 960 Einwohner schleppte ich fort. Leute aus allen Ländern, meine Gefangenen, siedelte ich dort an.« Die biblischen Geschichtsberichte nennen den Grund für den Untergang Israels: »Sie gehorchten nicht, sondern versteiften ihren Nacken ... Dazu verachteten sie Gottes Gebote und seinen Bund ... und wandelten ihren nichtigen Götzen nach und trieben Nichtiges. Sie taten wie die Heiden um sie her ... Da wurde der Herr sehr zornig über Israel und tat es von seinem Angesicht weg« (2. KÖNIGE 17, 14 - 18).

In diesem Gebiet siedelte der assyrische König dann Fremde aus anderen Ländern an, die auch ihre Religionen mitbrachten (2. KÖNIGE 17, 24 ff.). Nach der babylonischen Gefangenschaft wollten die Samariter beim Bau des Tempels helfen. Man verweigerte es ihnen aber wohl wegen dieser Religionsvermischung (ESRA 4, 2 f.). Aus dieser Bevölkerung entstand das Volk der Samariter, die zwar die fünf Bücher Mose beachteten, sie aber auch mit fremden religiösen Bräuchen vermischten.

Zur Zeit Jesu waren die Spannungen zwischen Juden und Samaritern stark. So wurde Jesus die Aufnahme in einem Dorf verweigert, nur weil er Jude war. Jesus verbot aber seinen Jüngern jeden Gedanken an Rache (LUKAS 9, 51 - 55). Jesus hat die Samariter immer nur positiv dargestellt, so im Gleichnis vom barmherzigen Samariter (LUKAS 10, 29 - 37). Auch bei den zehn Aussätzigen, als nach der Heilung nur einer zum Danken zurückkehrte, wird vermerkt: »Und das war ein Samariter« (LUKAS 17, 11 - 19).

Herodes der Große hat noch einmal an dieser Stelle ungeheuren Luxus entfaltet, eine Stadt zu Ehren des römischen Kaisers gebaut und nannte sie darum Sebaste (griechisch = Augustus). Er errichtete eine große Stadt, einen gewaltigen Tempel mit Augustusstatue, Säulenstraße, Stadion. Ob Jesus diese Stadt überhaupt betreten hat, wissen wir nicht. Daß die Juden keine Gemeinschaft mit den Samaritern haben, berichtet auch das Johannes-Evangelium (JOHANNES 4, 9).

Der Diakon Philippus evangelisierte in Samaria. Da erfüllte sich, was Jesus schon der Samariterin am Brunnen

Jakobs gesagt hatte: »Wer aber von dem Wasser trinken wird, das ich ihm gebe, den wird in Ewigkeit nicht dürsten, sondern das Wasser, das ich ihm geben werde, das wird in ihm eine Quelle des Wassers werden, das in das ewige Leben quillt« (JOHANNES 4,14). Bereitwillig nahmen die Bewohner das Evangelium auf. Es entstand große Freude in dieser Stadt und die Gemeinde wuchs und breitete sich aus in ganz Samarien (APOSTELGESCHICHTE 8,8 und 9,31). Hier werden auch viele Jünger von Johannes dem Täufer gewesen sein. Bis heute wird in Samaria sein Grab verehrt.

Das Gottesgericht auf dem Karmel

Die Pracht des Karmel – Elias Kampf mit der Baalsverehrung – Die gestoppte Fruchtbarkeit – Entweder-Oder – Nur ein Gebet – Die Wohnung Elisas

Der Karmel gehört in der Bibel zu den großen Bergen wie Sinai, Hermon und Tabor. »Der Herr Zebaoth wird daherziehen so hoch, wie der Berg Tabor unter den Bergen ist und wie der Karmel am Meer ist« (JEREMIA 46,18). Der Name Karmel bedeutet »fruchtbares Land«, »Gartenland«, was von den reichlichen Niederschlägen am Berg herrührt. Haifa, die große Stadt, die sich vom Mittelmeer bis auf die Höhen des Karmel ausdehnt, ist eine ganz junge Stadt. Alt sind die blühenden Oleanderbäume, die Bäume mit Pfirsichen, Orangen, Zitronen und Aprikosen. Auf den Höhen des Karmel, dem »Weinberg Gottes«, finden sich wieder Wälder eines Naturparks, die unter viel Opfern angepflanzt wurden.

Salomo vergleicht im Hohelied die Schönheit dieses Berges mit dem Haarschopf der Geliebten: »Dein Haupt auf dir ist wie der Karmel ... Wie schön und wie lieblich bist du« (7,6-7). »Die Pracht vom Karmel« ist für den Propheten ein Bild der Freude an der gewaltigen Herrlichkeit Gottes (JESAJA 35,2).

Vor allem anderen ist der Karmel aber der Berg des Propheten Elia und unauslöschlich mit dessen radikalen

Kampf gegen den Fruchtbarkeitskult des Baal verknüpft. Die Stätte des Opfers wird heute in dem östlichen Gipfel bei Muhraqa gesehen, was mit den biblischen Angaben übereinstimmen könnte. Am Fuß des Felsens, auf dem das Karmeliterkloster steht, entspringt eine Quelle (1. KÖNIGE 18,34).

Für Israels bäuerliche Bevölkerung bildete der glänzende und erregende Kult des Naturgottes Baal immer eine gefährliche Versuchung. Im heißen und trockenen Land, völlig abhängig vom Früh- und Spätregen, lebten sie immer im Bangen um die Fruchtbarkeit der Äcker, die Erträge der Weinberge und Olivenhaine. Eine besondere Bedrohung kam durch den im Nordreich Israel, in Samaria, regierenden König Ahab. Seine heidnische, aus Phönizien stammende Ehefrau Isebel stellte den Baalskult so beherrschend in den Mittelpunkt der israelischen Regierungspolitik, daß er den ganzen Gottesglauben Israels auszulöschen drohte.

Gott rief Elia, den Mann aus Tischbe, einem Ort in Gilead jenseits des Jordan. »So wahr der Herr, der Gott Israels, lebt, vor dem ich stehe!« das war seine Autorität, die Kraft seines Wortes und seine ganze Sendung. An der Natur, ihrer Fruchtbarkeit und ihrer Vergänglichkeit, sollte Israel den wirklichen Herrn erkennen. Wenn Gott den so lebensnotwendigen Tau und Regen stoppt, soll alles Volk innewerden, wie auch alles Leben der Pflanzen und Tiere nur aus dem schöpferischen Wort des lebendigen Gottes kommt (1. KÖNIGE 17,1). Mitten in der Dürre konnte Gott den Raben am Bach Krit gebieten, den Propheten Elia mit Brot zu versorgen. Und dem Ölkrug der Witwe in Zarpat bei Sidon mangelte nichts »nach dem Wort des Herrn« (1. KÖNIGE 17,4.16).

Zwischen Baal und dem offenbarten Gott Israels kann es kein Hinken auf beiden Seiten geben. Hier gilt ein un-

Karmel

überbrückbares Entweder – Oder. »Ist der Herr Gott, so wandelt ihm nach, ist's aber Baal, so wandelt ihm nach« (1. KÖNIGE 18, 21). Elia hatte kein anderes Machtmittel als die Autorität des Wortes Gottes. Je mehr Ahab sich dem Anspruch und dem Recht des Gottes Israels entzog, umso stärker wurde die Macht und der Einfluß Elias, der nur Gott allein diente. Ahab hatte Elia gleichsam steckbrieflich suchen lassen und ein Kopfgeld auf sein Leben ausgesetzt. Dennoch stellte sich Elia dem totalitären Herrscher. Hier zeigte sich, wie Ahab in seinem fanatischen Kampf trotz aller Machtmittel sich vor der geistlichen Vollmacht des Propheten selbst entmachtet hatte.

Am Ende der verheerenden dreijährigen Dürre rief Elia Ahab und seine 450 Baalspriester und 400 Propheten der Liebesgöttin Aschera zum Gottesurteil auf den Karmel. Der Aufmarsch der Macht der Staatsreligion und ihrer Scharlatane war armselig und wirkungslos. »Da war keine Stimme noch Antwort, noch einer, der aufmerkte.« Jetzt baute Elia nur den alten, zerfallenen Altar der zwölf Stämme Israels »im Namen des Herrn« wieder auf. Wörtlich heißt es, er »heilte den zerbrochenen Altar«. Auch im Gebet knüpfte er an die Offenbarungen Gottes und den Gnadenbund von Abraham, Isaak und Jakob an: »Laß heute kundwerden, daß du Gott in Israel bist und ich dein Knecht … Erhöre mich, Herr, damit dies Volk erkennt, daß du, Herr, Gott bist und ihr Herz wieder zu dir kehrst!« Als dann das Feuer vom Himmel auf das Opfer fiel, rief alles Volk anbetend: »Der Herr ist Gott!« (1. KÖNIGE 18)

Es war ein großer Tag. Elia rannte in der Kraft Gottes vor dem Wagen Ahabs her durch die Ebene Jesreel bis nach Samaria, weil auch das Rauschen den Regen ankündigte und damit das Ende des harten Gottesgerichts nahe war. Auch wenn Elia die Baalspriester am Kischonfluß töten ließ, war über eine spontane Stimmung hinaus keine wirkliche Buße im Volk geschehen, weil nicht allein die Königin Isebel für Gottes Reden völlig verschlossen war. Dieser Mißerfolg deprimierte Elia so tief, daß er wie ein Gescheiterter an seinem Amt verzagte und aufgeben wollte.

Auch der Nachfolger Elias, der Prophet Elisa, hielt sich oft auf dem Karmel auf und hatte dort eine Wohnung (2. KÖNIGE 2, 25; 4, 25).

Die Ebene Jesreel – das blutigste Schlachtfeld der Welt

Strategisches Bollwerk Megiddo – Götzendienst der Fronarbeiter – Luxuriöse Marställe und Getreidespeicher – Der Schacht zur Quelle – Ein unnötiger Feldzug – Jeremias Beerdigungslied

Blühende Felder, so weit das Auge blickt! Nachdem jüdische Siedler die seit über eintausend Jahren völlig versumpfte und von Malaria verseuchte Ebene im Jahr 1921 dräniert, dann kultiviert und besiedelt haben, bringen die fruchtbaren Felder höchste Erträge: Baumwolle und Getreide, Viehzucht und subtropische Obstanlagen. Da paßt das Lied Davids: »Du suchst das Land heim und bewässerst es und machst es sehr reich ... Du läßt ihr Getreide gut geraten; denn so baust du das Land ... Deine Fußtapfen triefen von Segen ... Die Anger sind voller Schafe, und die Auen stehen dick mit Korn, daß man jauchzet und singet« (Psalm 65, 10-14).

In dieser 31 Kilometer langen und 15 Kilometer breiten Ebene zwischen den Bergen Galiläas und Samarias haben sich aber auch große, Verderben bringende Schlachten ereignet. Ganze Völker sind hier verblutet. Unzählige Menschen sind hier gestorben, durchbohrt, zertrampelt, erschlagen oder vernichtet worden. Wer vom Nil zum Euphrat wollte, zog hier durch: Armeen, Handelsleute, Karawanen, Pharaonen, Kanaaniter, Hetiter, Midianiter, Philister, Assyrer, Aramäer,

Franken, Türken, Briten, Franzosen, Araber und Israelis. Kein Schlachtfeld der Welt hat mehr Blut gesehen als diese Ebene. Nach der Schau des Johannes in der Offenbarung wird auch hier beim Berg von Megiddo (Harmagedon) die letzte große Schlacht der Weltgeschichte sein (16, 16).

So muß man sich die Festung Megiddo zur Zeit der Könige Israels vorstellen.

Die alte Festung Megiddo lag strategisch am Durchgang der Via Maris von der Ebene Jesreel zur Küstenebene am Mittelmeer. Gleichzeitig konnte durch dieses Bollwerk auch der Zugang zum Jordantal und zum Bergland von Samaria überwacht werden. Auf dem Hügel fand man Überreste von einundzwanzig verschiedenen Städten. Bei ihrer Landnahme konnten die Israeliten die Festung Megiddo nicht erobern (JOSUA 17, 11 ff.; RICHTER 1, 27). Josua gegenüber nannten sie die eisernen Streitwagen als Grund für die Übermacht der Kanaanäer.

Im Osten des ältesten Bereichs der Stadt lag der heilige Bezirk. Man hat dort einen kanaanäischen Rundaltar aus Felsblöcken mit etwa sieben Meter Durchmesser aus der Zeit um 1900 v. Chr. ausgegraben, zu dem von Osten her Treppen hinaufführen. Hier fand man auch noch Tierknochen und Scherben von Keramik. Vermutlich handelt es sich dabei um eines der kanaanäischen Höhenheiligtümer, die Israel immer wieder zur Versuchung wurden. Neben diesem Altar kann man noch drei weitere Tempel sehen, die zwischen 2100 und 1550 v. Chr. entstanden sind.

Merkwürdig erscheint, daß auch später, noch in der Zeit Salomos, der Götzendienst in Megiddo fortgesetzt wurde. Darauf deuten gehörnte Räucheraltäre, Räucherständer und Feuerbecken hin, die bei den Ausgrabungen gefunden worden sind und in diese Zeit gehören. Auch das kann die Bibel erklären. Salomo stellte Fronleute an, um unter anderem die Mauer Megiddos und einen Kornspeicher zu bauen. Ausdrücklich wird auch vermerkt, daß nur kanaanäische Bewohner zu Fronleuten gemacht wurden (1. Könige 9, 15 - 22). Diese haben dann auch in Megiddo das Stadttor mit sechs Kammern und eine daran angeschlossene Kasemattenmauer gebaut, die von den Archäologen auf die Zeit Salomos datiert wird. Von diesen heidnischen Fronarbeitern stammen wohl die Opferstätten.

Ein großer Kornspeicher, der in Megiddo ausgegraben wurde, gehört in die Zeit Jerobeams II. (792 - 752). Die Bibel erzählt von den ersten Kornspeichern, die schon Salomo in seinen Städten anlegen ließ (1. Könige 9, 19). Sogar der Name des Statthalters für Megiddo in der Zeit Salomos ist in der Bibel festgehalten: »Baana, der Sohn Ahiluds« (1. Könige 4, 12).

Von den überraschenden Ausgrabungen in Megiddo wurden aber am meisten die großen, luxuriösen Stallungen bekannt. Ein drei Meter breiter Gang geht durch die Mitte. Der Boden der Steine ist aufgerauht, um ein Ausrutschen der Pferde zu verhindern. Hinter Futtertrögen finden sich geräumige Boxen von drei Metern Breite. Das ist viel mehr, als damals Menschen zum Wohnen Platz hatten. Insgesamt konnte man allein hier in Megiddo Raum für 450 Pferde und Hallen für 150 Streitwagen nachweisen. Dabei war Megiddo nur eine von vielen Garnisonen. Das berichtet auch die Bibel von der Macht und Größe König Salomos: »Und Salomo brachte Wagen und Gespanne zusammen, so daß er tausendvierhundert Wagen und zwölftausend Gespanne hatte, und er legte sie in die Wagenstädte ... Und man brachte Salomo Pferde aus Ägypten und Koë (= Zilizien in Kleinasien, wo die besten Pferde gezüchtet wurden). Und sie brachten herauf aus Ägypten den Wagen für sechshundert Silberstücke und das Pferd für hundertundfünfzig. Dann führten sie diese wieder aus an alle Könige der Hetiter und an die Könige von Aram« (1. KÖNIGE 10, 26 - 29).

Inzwischen geht man davon aus, daß die Ställe von Megiddo erst von Ahab, dem König Israels (874 - 852 v. Chr.), gebaut wurden, der nach assyrischen Angaben 2000 Pferde besaß. Ob Ahab aber die Ställe nur wieder aufgebaut hat, nachdem sie Pharao Schischak (Scheschonk I.) vorher zerstört hatte, kann nicht endgültig gesagt werden, solange Salomos Ställe noch nicht sicher nachgewiesen sind. Über die Zerstörung Megiddos unter Pharao Schischak berichtet die Bibel nichts, nur über die Plünderung der Schätze Jerusalems (1. KÖNIGE 14, 25 f.). Wir wissen aber von diesem für lange Zeit letzten Siegeszug der Ägypter in diesem Raum durch eine Inschrift mit Hieroglyphen auf einer ägyptischen Stele am Karnak-Tempel in Theben, die Megiddo unter anderen besiegten Städten in Israel nennt. Auch scheint Megiddo nach Salomos Tod wegen finanzieller Probleme des Staats nach der schmerzlichen Reichsteilung, aber auch wegen gefährlicher Palastrevolutionen, verfallen zu sein. Es wurde erst wieder von König Ahab befestigt und ausgebaut. Er hat dann die jetzt sichtbaren Krippen aus Stein und die behauenen Pferdeboxen bauen lassen. Die ersten Ställe werden aber wohl schon von Salomo eingerichtet worden sein.

Die archäologische Entdeckung der Pferdeliebhaberei Ahabs deckt sich genau mit der Bibel. Da wird erzählt, wie sich Ahab während der großen, durch Elia ausgelösten Dürre nur um seine Rosse sorgte. Er schickte seinen Hofmarschall Obadja los, um in Tälern und um die Quellen herum noch Gras für die Pferde zu suchen (1. KÖNIGE 18, 5). Das illustriert anschaulich, wie wenig Ahab Gottes Gericht verstehen konnte. Pferde waren sein Leben, auch wenn das Land darüber unterging.

Am genialsten wurde aber von den Israeliten das Wasserproblem in Megiddo gelöst. Auf dem Hügel der Stadt gab es, abgesehen von Zisternen, in denen das Regenwasser gesammelt wurde, kein Wasser. Eine ausreichend fließende Quelle lag nur außerhalb der Stadtmauer. Deshalb ließ Salomo dort am Hang einen verdeckten Gang, ein Meter breit und zwei Meter hoch, mit Quadern und Stützen bauen, der noch heute außen am Tell sichtbar ist. Weil dieser getarnte Gang aber von den Ägyptern entdeckt wurde, was dann schon 925 v. Chr. zur Kapitulation der Stadt führte, ließ Ahab durch seine Mineure einen 35 Meter tiefen Schacht graben und von dort einen 63 Meter langen waagrechten Tunnel durch den Fels zur Quelle. Sie wurde von außen abgedeckt. Die Feinde konnten jetzt das Wasser weder ableiten noch vergiften. Die Festung hatte so auch für längere Zeiten der Belagerung ausreichend Wasser. Es lohnt sich für Besucher, Schacht und Tunnel zu begehen. Wie wichtig

Wasser war, kann man auch daran ersehen, daß Debora in ihrem Siegeslied vom »Wasser Megiddos« singt, sonst aber von Megiddo nichts sagt (RICHTER 5, 19).

Ausgerechnet im nördlichen Megiddo entschied sich auch der Untergang des Südreichs Juda. Es war das Jahr 608 v. Chr. In Jerusalem sprach der Prophet Nahum schon seit Jahren nichts anderes als vom Untergang Ninives. Die Hauptstadt der Assyrer und ihre ganze aggressive Macht war der Todfeind Judas. »Siehe auf den Bergen die Füße eines guten Boten, der da Frieden verkündigt! Feiere deine Feste, Juda, und erfülle deine Gelübde! Denn es wird der Arge nicht mehr über dich kommen; er ist ganz ausgerottet« (NAHUM 2, 1). Seitdem nun Assur wirklich machtpolitisch schwer geschwächt war, konnte Juda sich noch einmal erholen und unter der klugen Reformpolitik des Königs Josia erstarken. Da muß eine Nachricht in Jerusalem schockierend eingeschlagen sein: Die Ägypter unter Pharao Necho haben sich mit einer Armee aufgemacht, um die bedrängten Assyrer zu unterstützen und zu stärken. Davor muß Josia furchtbare Angst gehabt haben. Er will allein mit seiner schwachen Kraft diese Militärallianz verhindern. Doch diese tolldreiste Aktion mußte scheitern. Kurz berichtet die Bibel: »Und der König Josia zog ihm (Pharao Necho) entgegen, aber Necho tötete ihn in Megiddo, als er ihn sah« (2. KÖNIGE 23, 29).

Ausführlicher erzählt die Chronik über die verzweifelten Versuche Pharao Nechos, den frommen König Josia aus diesem unnötigen und nutzlosen Krieg herauszuhalten: »Was habe ich mit dir zu tun, König von Juda? Ich komme jetzt nicht gegen dich ... Vergreif dich nicht an Gott, der mit mir ist.« Aber Josia hörte nicht auf ihn und »schickte sich an, mit ihm zu kämpfen ... in der Ebene von Megiddo.« Aber die Schützen schossen auf Josia und verwundeten ihn, offenbar bevor die Schlacht überhaupt begonnen hatte. Schwer getroffen konnte er nur noch bitten: »Führt mich fort; denn ich bin schwer verwundet.« Er wurde auf einen anderen Wagen gehoben und mit schweren Verletzungen nach Jerusalem gebracht, wo er starb. Bei seiner Beerdigung hörte man nicht nur die Chöre eindrückliche Klagelieder zum Andenken an die »barmherzigen Taten« dieses Königs Josia vortragen. Auch der Prophet Jeremia sang bei der Beerdigung ein Lied als Dank gegen Gott für alles, was dieser König hat schaffen und wirken können (2. CHRONIK 35, 21 - 27).

Pharao Necho rächte sich bitter an dem kleinen Volk von Juda. Den Kronprinz nahm er als Kriegsgefangenen mit nach Ägypten. Das Land mußte teure Geldzahlungen an Ägypten leisten. Schon drei Jahre später aber ist Pharao Necho am Ende. Jeremia triumphiert: »Wie kommt's, daß ich sehe, daß sie verzagt sind und die Flucht ergreifen ... ›Prahlhans, der die Zeit versäumt hat‹ ... Aber du, mein Knecht Jakob, fürchte dich nicht, und du, Israel, verzage nicht! ... Mit allen Völkern, unter die ich dich verstoßen habe, will ich ein Ende machen; aber mit dir will ich nicht ein Ende machen« (JEREMIA 46, 5.17.27 f.).

Der Ruhm wird nicht dein sein!

Der Berg Tabor – Wie Gott sein Volk befreit – Eiserne Streitwagen – Ausgerechnet eine Frau – Jesus verklärt mit Mose und Elia – Die Bedrohung durch die Midianiter – Gideons Gehorsam im Glauben

Jesus wird als Mann von Nazareth den Berg Tabor gut gekannt haben. Dort hat man den Kegel aus Kalkstein immer vor Augen. Er ist mit seinen 588 Metern nicht besonders hoch. Er ragt aber majestätisch und erhaben aus der Ebene heraus. Immer wieder hat der Berg durch die Jahrhunderte hindurch große Bedeutung gehabt. Macht und Schönheit der Schöpfung Gottes kann hier gepriesen werden: »Du hast gegründet den Erdkreis und was darinnen ist. Nord und Süd hast du geschaffen, Tabor und Hermon jauchzen über deinen Namen« (Psalm 89,12-13). Er wurde zum Gleichnis für die Größe Gottes: »Gott wird daherziehen so hoch, wie der Berg Tabor unter den Bergen ist und wie der Karmel am Meer ist« (Jeremia 46,18).

Hier am Tabor gelang es den Stämmen Sebulon und Naftali, die Kanaanäer vernichtend zu schlagen. Wie furchtbar schwer die Kämpfe Israels als neue Siedler im verheißenen Land waren, berichtet die Bibel erschütternd. Doch allen Berichten ist gemeinsam, daß keine kriegerischen Heldengeschichten erzählt werden, sondern das wunderbare Eingreifen Gottes. Er benützte immer ganz schwache Menschen, die ihm allein vertrauten. So wie David allein mit seiner Schleuder gegen den mit Schwert,

Tabor

Spieß und Schild und einer ehernen Rüstung geschützten Kämpfer Goliat vorging.

Als die Israeliten ins Land kamen, konnten sie »die Bewohner der Ebene nicht vertreiben, weil sie eiserne Wagen hatten« (Richter 1, 19). Die gepanzerten und darum kaum zerstörbaren Fahrzeuge waren eine schlagkräftige Waffe, über die Israel erst zur Zeit Salomos verfügte. Debora berichtet in ihrem Lied nachher: »Es war kein Schild noch Speer unter vierzigtausend in Israel zu sehen.« In der Zeit der Richter war auch notvoll, wie bei den Stämmen Israels kein Gemeinschaftssinn aufkommen wollte. »Jeder tat, was ihn recht dünkte« (Richter 21, 25). Es waren dann die Richter, jene von Gott zur Leitung begabten Führer, die das Volk zum Handeln aufriefen.

Ausgerechnet eine Frau, die Richterin Debora, die gleichzeitig nichts anderes sein wollte als »Mund Gottes«, Prophetin »unter der Palme« zwischen Rama und Bethel auf dem Gebirge Ephraim, wurde von Gott zum Retter bestellt. Sie rief um 1150 v. Chr. die israelitischen Stämme auf, sich gegen die Unterdrückung durch die Kanaanäer zur Wehr zu setzen. Die in Galiläa ansässigen Stämme müssen Frondienste geleistet haben. Der Stamm Issaschar wurde schon so von Mose beschrieben, als »knochiger Esel«, der »seine Schultern geneigt hat, um zu tragen« und »ein fronpflichtiger Knecht« geworden sei (1. Mose 49, 14 f.). Debora entwirft die Strategie des Kampfes, überträgt ihn aber Barak aus dem Stamm Issaschar als oberstem Feldherrn. Der will aber die Verantwortung nur übernehmen, wenn Debora mitgeht. Deshalb sagt ihm diese Richterin gleich: »Der Ruhm wird nicht dein sein, sondern der Herr wird Sisera in die Hand einer Frau geben!«

Nur im Glaubensmut konnte Debora nicht das heimische, vertraute Bergland, sondern die Ebene »beim Wasser

Kischon« zum Kampfgebiet bestimmen, wo doch die Kanaanäer mit ihren Streitwagen weit überlegen waren. Debora machte den Kämpfern unter Barak Mut: »Auf! Das ist der Tag, an dem dir der Herr den Sisera in deine Hand gegeben hat!« So zogen die zehntausend Kämpfer vom Berg Tabor hinab. Ihnen blieb nur die Aufgabe, den flüchtigen Feinden nachzujagen. Eine eigentliche Schlacht fand überhaupt nicht statt. Es war der Herr selbst, der die Flüsse im Regen anschwellen ließ und die Feinde »erschreckte«, daß selbst Sisera seinen Wagen verließ und floh. Dort in einem Haus, wo er Unterschlupf suchte, wurde er von einer Frau im Schlaf mit dem Hammer und einem langen Nagel getötet.

Debora und Barak sangen dann ihr großes Siegeslied: »Still war's bei den Bauern, ja still in Israel, bis du, Debora, aufstandest, bis du aufstandest, eine Mutter in Israel. Die ihn aber liebhaben, sollen sein, wie die Sonne aufgeht in ihrer Pracht!« (RICHTER 4; 5). Gott verherrlicht sich an seinem Volk. So soll nun sein Volk auch Gottes Namen groß machen. Wenn aber Gott so wunderbar wirkt, dann versündigt sich jeder, der abseits steht und nicht mitmacht (RICHTER 5, 23).

Vielleicht war auf dem Tabor zu früheren Zeiten schon ein kanaanäisches Heiligtum. Wir wissen es nicht. Der Prophet klagt an: »Ihr seid ein ausgespanntes Netz auf dem Tabor!« Die dortige Anbetung des Fruchtbarkeitskultes des Baal wurde für viele Israeliten zur schweren Versuchung und zum Verhängnis, aus dem sie sich nicht mehr befreien konnten (HOSEA 5, 1).

Bei den Arabern heißt heute der Tabor nur »der Berg«. So könnte das auch im Evangelium als ein Hinweis auf den Berg der Verklärung verstanden werden: »Jesus ging auf einen Berg« (LUKAS 9, 28). Oft suchte man den Berg der Verklärung auch auf dem Hermon.

Das war am Beginn des Leidensweges Jesu. Petrus, der einer der drei Begleiter Jesu war, hat es in seinem Brief später bekräftigt: »Denn wir sind nicht ausgeklügelten Fabeln gefolgt, sondern haben seine Herrlichkeit selber gesehen. Denn er empfing von Gott, dem Vater, Ehre und Preis durch eine Stimme, die zu ihm kam von der großen Herrlichkeit: Dies ist mein lieber Sohn, an dem ich Wohlgefallen habe. Und diese Stimme haben wir gehört vom Himmel kommen, als wir mit ihm waren auf dem heiligen Berge« (2. PETRUS 1, 16 - 18).

Mose und Elia, Gesetz und Prophetie, erschienen real und sprachen mit Jesus wohl über den Weg des Leidens, der bevorstand. Petrus möchte gerne hier bleiben und Hütten bauen. Die Verklärung jedoch sollte nur Stärkung geben, keinen Fluchtort aus der Welt anbieten. Dann weist Gottes Stimme auf das Hören des Wortes seines Sohnes hin: »Den sollt ihr hören!«

Diese himmlische Stimme versetzte die Jünger in panischen Schrecken. Jesus berührte sie: »Steht auf und fürchtet euch nicht!« Weder Mose noch Elia können erlösen, allein Jesus kann Frieden schenken.

Schon im vierten Jahrhundert pilgerten anbetende Christen auf den Tabor. Die erste byzantinische Kirche stammt aus dem sechsten Jahrhundert. Immer neue Kirchen wurden gebaut und zerstört. Die Kreuzfahrer und die islamischen Eroberer bauten hier auf dem strategisch bedeutsamen Berg Festungen. Nach einem alten Bericht stieg man 4340 Stufen hinauf, während man heute mit dem Auto über die vielen Kehren hochfahren kann. Am Abhang des Tabor wuchsen früher Eichen, die später von den Türken abgeholzt wurden und jetzt wieder aufgeforstet werden.

Die Aussicht, die man vom Tabor nach allen Seiten hat, ist besonders beeindruckend. In den Jahrhunderten hat sie sich wohl kaum verändert. So muß auch zur Zeit Jesu das Land vor den Blicken der Betrachter gelegen sein. Ganz zum Greifen nah liegt Nazareth im Westen. Im Norden sieht man die Hörner von Hittim, wo die Kreuzfahrer vernichtend in der Sonnenhitze geschlagen wurden. Sie hatten schwere Rüstungen, aber kein Wasser. Die Berge von Obergaliläa grüßen, auch die Stadt Safed und der schneebedeckte Hermon. Im Osten liegt der See Genezareth. Im Süden sieht man Nain und En-Dor in der fruchtbaren Ebene Jesreel mit ihren Feldern.

Auf der anderen Seite des Tales Jesreel ereignete sich dann jene mutige Befreiungstat des Gideon. Er stammte auch aus diesem Gebiet.

Midianitische Nomadenheere aus dem Ostjordanland waren ins Land eingefallen und plünderten die eingebrachte Ernte: »Wir wollen das Land Gottes einnehmen« (Psalm 83, 13). Der Ungehorsam des Gottesvolkes bedeutete eine Kündigung des Bundes mit dem Herrn. Die Bedrohung oder gar der Verlust des Landes war somit die unausweichliche Quittung für Israel.

Weil aber Gott gnädig ist und das Schreien der Elenden hört, erwählte sich Gott ein Werkzeug, an dem seine Gnade sichtbar werden konnte. Gideon versuchte heimlich Getreide zu dreschen, als ihm der Engel des Herrn begegnete: »Der Herr mit dir!« Angesichts der schlimmen Lage konnte Gideon das nicht stehen lassen. Doch der Herr bekräftigte seine Berufung: »Geh hin in dieser deiner Kraft; du sollst Israel erretten ... Siehe, ich habe dich gesandt!«

Als dann Gideon die Trompete als Signal auf den Bergen blasen ließ, kamen 32 000 Kämpfer an die Quelle Harod. Aber für Gott waren das zu viele. »Israel könnte sich rühmen wider mich und sagen: Meine Hand hat mich errettet!« Darum wollte der Herr, daß alle umkehren, die ängstlich und verzagt sind. Da blieben nur 10 000 übrig. Aber auch das waren noch zu viele. Beim Trinken an der Quelle wurden 300 ausgesondert, die mit der Zunge das Wasser geleckt hatten. Alle anderen tranken kniend. Wie war doch Gideon voll Vertrauen und Gehorsam, daß er diese wesentliche Schwächung seines Heeres akzeptierte. Vor dem Herrn soll sich »kein Mensch rühmen« (1. Korinther 1, 29).

Mit diesen 300 Mann stürmte Gideon in der Nacht in das Lager der Midianiter. »Und während dreihundert Mann die Posaunen bliesen, schaffte der Herr, daß im ganzen Heerlager eines jeden Schwert gegen den andern war. Und das Heer floh …« (Richter 6 und 7). Damit war der Einfluß der Midianiter für immer gebrochen.

Es macht betroffen, daß in dieser Zeit selbst im Haus der Eltern Gideons ein Altar des Fruchtbarkeitsgottes Baal aufgestellt war, der erst von Gideon umgestürzt wurde. Das war eine kühne Tat. Früher hieß er Jerubbaal, dann nannte man ihn Gideon, das bedeutet »der Fäller«!

Eine blutige Saat geht auf in Jesreel

Wie Isebel ihren Mann beherrschte – Ein durchsichtiger Justizmord – Ein Rasender im Offizierskasino – Verrat! – Der Fenstersturz von Jesreel – Das neue Verlöbnis

Mitten in der fruchtbaren Ebene Jesreel lag strategisch günstig zwischen Megiddo und Bet Schean die Stadt Jesreel. Heute liegt hier das arabische Dorf Zarin beim Kibbuz Jesreel. In der zweiundzwanzigjährigen Herrschaft des Königs Ahab (874 - 852 v. Chr.) wurde auch diese Stadt großartig ausgebaut und erweitert. Er selbst hatte dort einen Winterpalast.

Zum Konflikt kam es in Jesreel zwischen dem König und einem Mann mit Namen Nabot, der einen Weinberg unmittelbar anschließend an das Gelände des königlichen Palastes besaß. Ahab wollte diesen Weinberg kaufen, um dort einen königlichen Garten anzulegen und bot Nabot entweder ein Gelände zum Tausch oder Geld. Nabot aber wollte grundsätzlich nicht, weil ihm dieser Weinberg als Erbstück seiner Eltern unverkäuflich war. Man kann dies nur verstehen, wenn man begreift, was das Erbland für einen Israeliten bedeutet. Gottes Gesetz war eindeutig: »Ihr sollt das Land nicht verkaufen für immer« (3. Mose 25, 23). Auch durch eine hohe Verschuldung konnte man es nicht verlieren. Im Erlaßjahr wurden alle finanziellen Belastungen auf dem Grundstück aufgehoben.

Alte biblische Orte und Ebene Jesreel

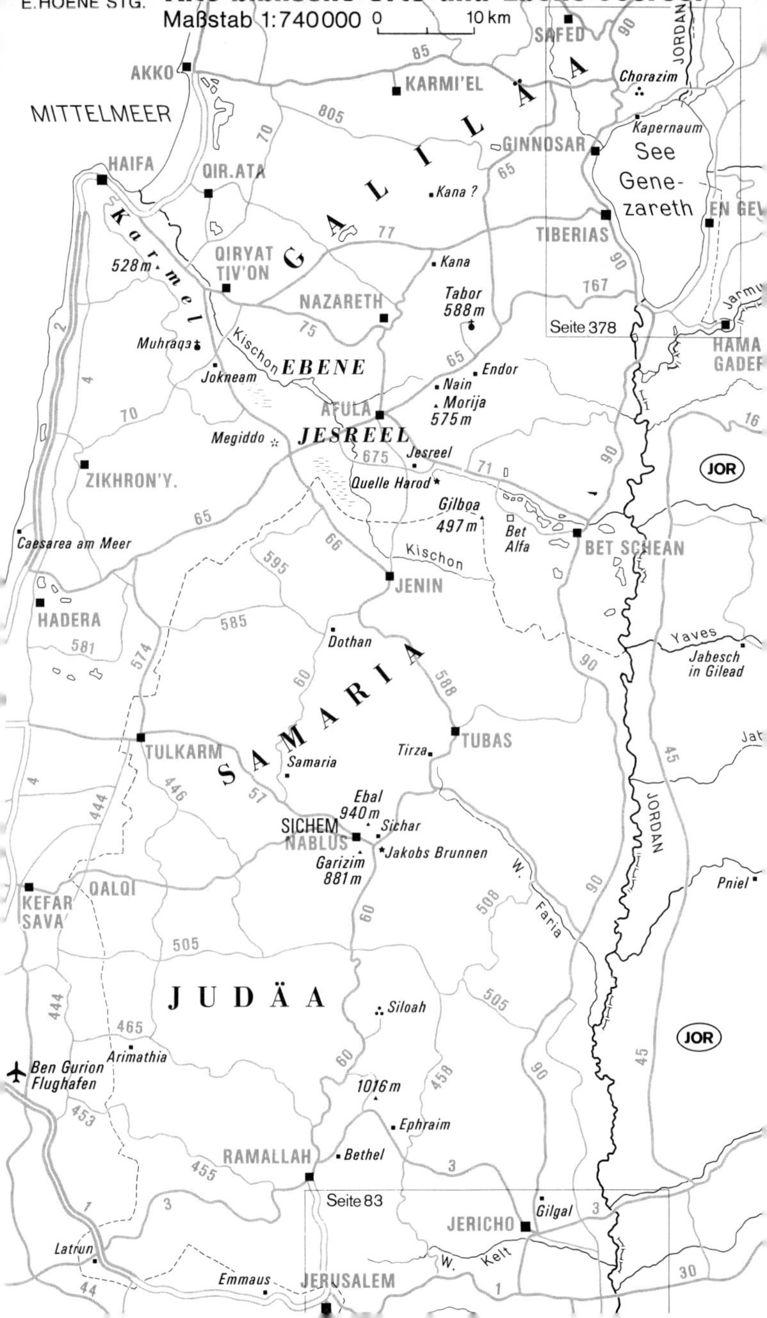

Wie stark König Ahab nun von seiner aus Tyrus stammenden Frau Isebel manipuliert wurde, zeigt der Fortgang dieser Affäre. Der König kam voll Unmut nach Hause, wollte nichts essen, legte sich aufs Bett und schaute zur Wand. Ahab mußte als Israelit die Haltung Nabots verstehen. Seine Frau als heidnische Phönizierin setzte sich leicht darüber hinweg. Als Isebel hörte, was sich da zugetragen hatte, handelte sie entschlossen. Zunächst beschämte sie ihren Mann: »Du bist doch König über Israel!«, um dann noch recht stolz und keck hinzuzufügen, daß sie diese Sache erledigen und den Weinberg beschaffen werde.

Unter Ahabs Namen und Siegel schrieb sie Briefe. Mit falschen Beschuldigungen wurde mit Nabot kurzer Prozeß gemacht. Draußen vor der Stadt wurde er unmittelbar nach der Verkündigung des Urteils »wegen Lästerung Gottes und des Königs« gesteinigt. Triumphierend kam Isebel zu Ahab: »Nimm den Weinberg in Besitz! Nabot lebt nicht mehr, er ist tot.«

Eben als Ahab das neue Gelände besichtigen wollte, trat Elia zu ihm: »Du hast gemordet, dazu auch fremdes Erbe geraubt! An der Stätte, wo Hunde das Blut Nabots geleckt haben, sollen Hunde auch dein Blut lecken.«

Noch manches andere mußte Elia hier ins rechte Licht rücken angesichts des massiven Unrechts und der fortdauernden Gottlosigkeit am Hofe Ahabs. »Es war niemand, der sich so verkauft hätte, Unrecht zu tun vor dem Herrn, wie Ahab, den seine Frau Isebel verführte. Und er versündigte sich dadurch über die Maßen, daß er den Götzen nachwandelte.« So mußte Elia ihm auch das Gericht über seine Frau Isebel mitteilen: »Auch über Isebel hat der Herr geredet und gesprochen: Die Hunde sollen Isebel fressen an der Mauer Jesreels« (1. KÖNIGE 21, 1-26).

Das sollte sich dann tatsächlich ganz grauenhaft nach dem Wort des Herrn wieder in Jesreel erfüllen. Zu der Zeit kurierte König Joram (851-845 v. Chr.), der Sohn Ahabs, seine Verletzungen vom Krieg mit den Syrern im Palast von Jesreel aus.

Zur gleichen Zeit sandte der Prophet Elisa zum Oberkommandierenden des Heeres Israels in Ramot in Gilead, jenseits des Jordan. Dort saßen gerade die Offiziere zusammen. Der Bote verlangte ein Gespräch unter vier Augen mit Jehu. Dabei goß er ihm Öl über das Haupt und sagte: »So spricht der Herr, der Gott Israels: Ich habe dich zum König gesalbt über Israel, das Volk des Herrn.« Und dann übermittelte er den Auftrag, an den Nachkommen des Ahab, aber auch an seiner trügerischen Frau Isebel, das Gericht Gottes zu vollstrecken.

Als Jehu wieder aus dem Zimmer kam, fragten ihn seine Kameraden: »Warum ist dieser Rasende zu dir gekommen?« Jehu winkte ab und wollte nichts sagen. Doch sie drängten ihn, bis er offenbarte, daß er zum König gesalbt worden war. Jetzt gaben alle Beifall, legten die Kleider vor ihm auf den Weg, bliesen in das Signalhorn und riefen: »Jehu ist König geworden!«

Der kranke König Joram in Jesreel ließ sich durch seine Wachtposten laufend alle Beobachtungen übermitteln. Er schöpfte Verdacht und jagte Jehu entgegen, der schon im Anmarsch auf Jesreel war. »Ist's Friede?« fragte Joram Jehu. Doch da kam nur eine soldatisch knappe Rückfrage: »Was, Friede?« Dann hielt er Joram das ganze unheimliche Register der Verführung seiner Mutter Isebel vor. Der König konnte nur noch rufen: »Verrat!« und den ihn begleitenden König Ahasja von Juda warnen. Es war aber schon zu spät. Ein Pfeil traf Joram mitten ins Herz. Der judäische König Ahasja wurde auf der Flucht verwundet und zog sich in die Festung Megiddo zurück, wo er starb.

Der Attentäter Jehu kam nach Jesreel. Wie die alte Baalsdienerin Isebel vom Tod ihres Sohnes hörte, blickte sie aus dem Fenster, geschminkt und festlich gekleidet, und grüßte Jehu höhnisch. »Wer hält's hier mit mir?« fragte Jehu. Zwei Kammerdiener schauten aus dem Fenster. »Stürzt sie hinab!« rief Jehu und sie taten es (2. Könige 9).

Das grausame Strafgericht, das dann Jehu an der ganzen weiten Verwandtschaft des Ahab bis zum letzten Säugling vollzog, war nicht nach Gottes Willen. Darum sprach der Herr: »Ich will die Blutschuld von Jesreel heimsuchen am Hause Jehu« (Hosea 1, 4).

Später kündigt der Prophet Gottes wieder neues Erbarmen mit Juda und Israel an. Das wird der »Tag Jesreels« (Hosea 2, 2) sein, wenn Gott sich in Treue, Gnade und Barmherzigkeit mit seinem Volk verloben wird.

Es soll weder tauen noch regnen auf den Bergen Gilboas

Ein König arbeitet als Bauer – Solidarität in Israel – Die zerstückelten Ochsen – Die Totenbeschwörerin von En-Dor – Letzter Liebesdienst an zwei Leichnamen

Sauls Königsamt wurde von Gott von Anfang an bestätigt. Gott hatte ihn gerufen und gesalbt. In seiner Kraft rettete er Gottes Volk. Er war trotz seiner Größe und Schönheit ein sehr bescheidener Mensch. Bei seiner Wahl zum König hielt er sich scheu versteckt (1. SAMUEL 9, 2; 10, 23). Seinen Wohnsitz behielt er in **Gibea**, einem Ort sechs Kilometer nördlich von Jerusalem, wo sein Bauernhof war. Die Ausgrabungen zeigen eine ganz einfache Festung, die zur Zeit Sauls entstand, keinen Luxus aufwies und dann geplündert wurde. Auch als König pflügte Saul als Bauer weiter hinter den Rindern her wie vordem (1. SAMUEL 11, 5). Eine eiserne Pflugspitze, die damals bei dem Monopol der Philister sehr rar war, wurde bei den Ausgrabungen gefunden.

Da kamen Boten aus dem jenseitigen Ostjordanland, aus der israelischen Stadt **Jabesch** in Gilead. Sie berichteten von der Belagerung durch die Ammoniter, die unmenschlich brutale Bedingungen an die Kapitulation geknüpft hatten: »Das soll der Bund sein, den ich mit euch schließen will, daß ich euch allen das rechte Auge aussteche und bringe damit Schmach über ganz Israel.«

Offenbar rechnete der ammonitische König Nahasch nicht damit, daß die Israeliten der bedrängten Stadt zu Hilfe kommen, weil es in dieser Welt mit der Solidarität schlecht bestellt ist. Anders aber war es jetzt bei Saul, dem von Gott gesalbten König Israels. »Über ihn geriet der Geist Gottes«, sein Zorn entbrannte sehr. Er nahm ein Paar Ochsen, zerstückelte sie und schickte Boten in das ganze Gebiet von Israel: Wer nicht mit Saul und Samuel den bedrängten Brüdern zu Hilfe kommt, dessen Rinder wird man ebenso zerstückeln! Das allein wirkte noch nicht, sondern »der Schrecken des Herrn fiel über das Volk« und sie zogen aus und befreiten Jabesch in Gilead (1. SAMUEL 11, 1 - 11).

Die militärische Taktik Sauls war gut durchdacht. Er kämpfte mit einer dreiteiligen Formation seines Heeres auch später gegen die Philister. Durch nächtliche Truppenbewegungen konnte er am frühen Morgen überraschend angreifen.

So eindrucksvoll und groß das Königtum Sauls begonnen hatte, so schnell ging es auch wieder unter. Unabhängig vom Auftrag Gottes wollte Saul herrschen. Als aber Gott von ihm gewichen war, fand er die Kurve zu einer wirklichen Umkehr nicht, sondern wollte mit List und königlicher Macht retten, was Gott schon David übertragen hatte.

Längst schon hatte Saul seine Vollmacht verloren, als seine letzte Schlacht mit den Philistern immer näher rückte. Die Israeliten hatten sich auf dem Gebirge **Gilboa**, einem zum Jordantal hin gelegenen, etwa 20 Kilometer langen und bis zu 518 Meter hohen Bergrücken des samarischen Berglandes, zurückgezogen und dort militärisch verschanzt. Die Philister waren bis in die fruchtbare Ebene Jesreel vorgestoßen und hatten ihr Lager in **Schunem**, Saul gegenüber, aufgeschlagen. Wann sollte der König Israels den

Kampf gegen die Eindringlinge beginnen? Es war zum Verzweifeln. Gott gab ihm kein verläßliches Signal. Saul war sehr deprimiert und verzagt, als er das riesige Heer der Philister sah. Er hatte die Schlacht verloren, bevor sie überhaupt begonnen hatte, weil er unfähig geworden war, Gottes Stimme zu vernehmen. In seiner letzten Ausweglosigkeit wanderte er in der Nacht den weiten Weg nach En-Dor, etwa 5 Kilometer südlich vom Tabor, um ausgerechnet bei einer Totenbeschwörerin Gottes Wort aus dem Mund eines toten Propheten zu hören.

Der Untergang Sauls ist so furchtbar, weil er sich ganz zwangsläufig vollzieht. Dabei stand ihm wie allen anderen, die sündigten, immer der Weg zur Erlösung offen. Nicht aber da, wo die eigene Ehre wichtiger ist als Gottes Recht und Gerechtigkeit. Das war die große Sünde Sauls, die den Zugang zur Vergebung Gottes unmöglich machte: »Ehre mich doch jetzt vor den Ältesten« (1. SAMUEL 15,30).

Saul war von Gott gerichtet, wie er in diese Schlacht ging: »Keine Kraft war mehr in ihm!« Auch jetzt als Schwacher und Gescheiterter suchte er nicht Gottes erbarmende Hand, sondern fiel, um der Schmach zu entgehen, in sein eigenes Schwert. Das war das Ende eines Königs, von dem Gottes Geist gewichen war (1. SAMUEL 16,14; 30; 31).

Nur ein schwacher Lichtschein fällt in das unheimliche Dunkel des Todes Sauls. Die Bewohner von Jabesch in Gilead, jenseits des Jordan, haben ihm sein mutiges und helfendes Eingreifen zu Beginn seiner Königszeit nie vergessen. Am Ende, als Saul schmachvoll untergegangen war, wagten sie eine kühne Heldentat. Sie holten die geschändeten Leichname von Saul und Jonatan von der Mauer von **Bet Schean**. Dort hatten die Philister Sauls Rüstung in den Tempel der Astarte gelegt, seinen Schädel und Leichnam aber an der Stadtmauer zum Hohn und Spott aufgehängt.

Nun beerdigten sie gleichzeitig mit Saul auch seine toten Söhne in Jabesch (1. SAMUEL 31, 9 - 13).

Unter den Ausgrabungen von Bet Schean wurden auch zwei Tempel aus dem 11. Jahrhundert v. Chr. freigelegt, die Dagon und Astarte geweiht waren. Hier wurden Schädel und Rüstung Sauls ausgestellt. Die Stadt war ja noch bis in die Königszeit Sauls von den Philistern beherrscht. Erst David hat sie zu Israel gebracht. Aus dieser Zeit gibt es wenige archäologische Besiedlungsreste.

In Bet Schean ist die riesige hellenistische Stadt Skythopolis mit ihren prächtigen Bauwerken wieder ans Tageslicht gekommen. Darüber darf aber die Bergkette der Hügel Gilboas, die dahinter liegt, nicht vergessen werden, weil dort Saul und Jonatan ums Leben kamen. David sang in großer Trauer sein Klagelied: »Ihr Berge von Gilboa, es soll weder tauen noch regnen auf euch, ihr trügerischen Gefilde; denn daselbst ist der Helden Schild verworfen ... Es ist mir leid um dich, mein Bruder Jonatan, ich habe große Freude und Wonne an dir gehabt« (2. SAMUEL 1, 17 - 27).

In **Bet Alpha** unterhalb des Gebirges von Gilboa im Jordantal sind die berühmten Mosaiken der Synagoge mit einer Abbildung der Opferung Isaaks zu besichtigen. Sie stammen aus dem Anfang des 6. Jahrhunderts nach Christus.

In Nain dem Tod die Macht genommen

Am östlichen Rand der Ebene Jesreel liegt **Nain** (= die Liebliche) auf einem Plateau, südlich des Tabor. Das kleine arabische Dorf, das sich heute »Nein« nennt, liegt etwa zwei Kilometer abseits der Straße, die von Afula nach Tiberias führt, acht Kilometer von Nazareth entfernt. Noch wurde hier nicht systematisch ausgegraben, und die Ruinen sind nicht erforscht.

Zur Zeit Jesu muß – wie auch das Evangelium berichtet – Nain eine »Stadt« mit einer Mauer gewesen sein. Nichts, auch nicht alle Lieblichkeit dieser Welt, konnte vor dem Grauen des Sterbens und der Macht des Todes schützen. »Nahe beim Stadttor« trug man einen Toten heraus, der der einzige Sohn seiner Mutter war, und sie war eine Witwe. Jesus trat diesem Zug des Todes entgegen. Als Jesus – der Evangelist Lukas spricht ganz bewußt majestätisch: der Herr! – diese Mutter sah, erbarmte es ihn und er sprach: »Weine nicht!« Dann ließ Jesus die Träger mit der Bahre halten und befahl: »Junger Mann, ich sage dir, steh auf!« Da richtete sich der Tote auf und fing an zu reden. Und Jesus gab ihn wieder seiner Mutter.

»Und Furcht ergriff sie alle, und sie priesen Gott und sprachen: Es ist ein großer Prophet unter uns aufgestanden, und: Gott hat sein Volk besucht« (LUKAS 7, 11-17).

Ganz in der Nähe, nur fünf Kilometer entfernt, liegt **Schunem**. Dort kehrte einst der Prophet Elisa häufig im

Prophetenstüblein ein, das ihm im Haus einer wohlhabenden Familie eingerichtet war. Das einzige Kind dieser Frau, das Gott ihr auf wunderbare Weise schenkte, starb ganz plötzlich im Schoß der Mutter an rasenden Kopfschmerzen. Die Mutter legte das tote Kind nur auf das Bett des Propheten und ritt zu Elisa an den Karmel. Der zuerst mit dem Stab des Propheten gesandte Gehasi konnte das Kind nicht zum Leben erwecken. Erst der betende Prophet konnte das Kind wieder lebendig machen und der Mutter zurückgeben (2. Könige 4, 8 - 37).

Auf dem Hintergrund all dessen, was die Bewohner von Nain über Elisas Wundertaten wußten, sahen sie nun Jesu Vollmacht. Sie erkannten, hier ist viel mehr als Elia und Elisa. Bei Jesus war besonders gewaltig, wie er das Machtwort über den Tod sprach. Darum nannten sie Jesus einen sehr großen Propheten. Sie ahnten von ferne, wie Jesus in der ganzen Vollmacht des lebendigen Gottes handelt und wirkt.

Galiläa – helles Licht im Land der Heiden

Chorazin und Betsaida – Sie erkannten nicht, was zu ihrem Frieden dient – Das getünchte Grab – Betsaida – Speisung in der Wüste – Der ertrinkende Petrus – Wer zu mir kommt, den werde ich nicht hinausstoßen! – Im Sumpf versunkene Herrlichkeit – Tabgha – Und führen, wohin du nicht willst

Keine Aufsehen erregende Geschichte haben die im Norden Israels lebenden Stämme Sebulon und Naftali hinterlassen. Im Jahr 733 v. Chr. kündigte sich schon der Zusammenbruch des von der Hauptstadt Samaria regierten Nordreiches Israel an, als die mächtigen Assyrer mit ihrer Armee ganze Landstriche im Norden Israels besetzten und die Bevölkerung deportierten (2. KÖNIGE 15, 29). Dort verlief die große Militär- und Karawanenstraße Via Maris zwischen Ägypten und dem Zweistromland, von Damaskus über den See Genezareth zur Ebene Jesreel und dann zum Mittelmeer. Mit der endgültigen Kapitulation dieses Nordreichs zehn Jahre später war dann das ganze Land zwischen dem Fluß Litani an der Grenze zum heutigen Libanon und der Ebene Jesreel durch die assyrische Regierung und durch eine vielfältig neu angesiedelte Mischbevölkerung zum »Galiläa der Heiden« geworden. Galiläa bedeutet dabei soviel wie »Bezirk« oder in unserem abschätzigen Verständnis »Provinz«.

Ausgerechnet dieser verachteten und geschundenen Randzone Israels gilt Gottes gnädige Zusage: »Doch es

Palästina zur Zeit Jesu

wird nicht dunkel bleiben über denen, die in Angst sind« (JESAJA 8, 23). Das durch Gottes schweres Gericht in Schmach gebrachte »Galiläa der Heiden«, das Land Sebulon und Naftali mit der großen Verkehrsstraße am Meer, wird mitten im Dunkel das Licht der Gnade Gottes sehen. Heimgesucht von Ägyptern, Assyrern, Ammonitern, Midianitern, Syrern, Moabitern, später auch von griechischen und römischen Söldnerheeren, spielten sich hier grausame und schreckliche Leiden für die Bevölkerung ab. »Über denen, die da wohnen im finstern Lande, scheint es hell« (JESAJA 9, 1). Im Evangelium wird der Beginn des öffentlichen Wirkens Jesu in Kapernaum als die Erfüllung der Prophetenverheißung des Jesaja gezeigt (MATTHÄUS 4, 15).

Der Prophet Jesaja sprach in seiner Prophezeiung von der Geburt des Kindes als dem Licht, weil es Träger des Friedensreiches und der Gottesherrschaft »von nun an bis in Ewigkeit« ist. Jesus bringt selbst mit seinem Kommen das Licht denen, die in Finsternis und Schatten des Todes leben. Er sucht als der gute Hirte die Verlorenen. Darum hat Jesus auch eindeutig seine Sendung so umrissen: »Ich bin das Licht der Welt. Wer mir nachfolgt, wird nicht wandeln in der Finsternis, sondern wird das Licht des Lebens haben« (JOHANNES 8, 12). Darin ist die Prophezeiung erfüllt.

Unzählige Male wurden im Lauf der Jahrtausende auch im Heiligen Land die durch Kriege zerstörten Städte wieder aufgebaut, ob das nun Jericho, Samaria, Jerusalem oder Hebron war. Drei Städte Galiläas wurden aber nicht mehr aufgebaut. Heute gehen hier die Besucher nur über Trümmer. Neben Kapernaum sind dies die nahe am See Genezareth gelegenen Städte Chorazin und Betsaida.

Ungefähr drei Kilometer nördlich von Kapernaum liegen die restaurierten Trümmer und zusammengesetzten

Gebäudereste der früheren Stadt **Chorazin**, die um das Jahr 300 n. Chr. durch ein Erdbeben vollständig zerstört wurde. Das schwarze Vulkangestein wirkt selbst in der malerischen Landschaft des Sees trostlos und unheimlich. Der dort in den Trümmern der Synagoge gefundene Stuhl Moses, der Ehrensitz für den Schriftgelehrten (MATTHÄUS 23, 2), ist aus einem Basaltblock gehauen und steht im Israel-Museum in Jerusalem. Der liberale jüdische Geist wird auch an den Darstellungen auf dem Fries der Synagoge sichtbar. Vögel und Flügelpferde tragen Girlanden, Darstellungen von der Weinlese, Kentauren und ein Kopf einer Meduse schmücken die Wand.

Wir kennen keine Wunder Jesu, die ausdrücklich in Chorazin geschehen sind. Daß viele dort sich ereigneten, sagt das Evangelium. So kann man annehmen, daß einige Wunder in Galiläa, bei denen kein Ort angegeben ist, Jesus hier gewirkt haben könnte. Da wird zum Beispiel vom Besuch Jesu in einer Synagoge berichtet, wo ein Mann mit einer »verdorrten«, das heißt, bewegungsunfähigen Hand am Gottesdienst teilnahm. Nicht allein das Elend der Behinderung hatte er zu tragen, sondern auch die Not, mit seiner Hand nicht schaffen und wirken zu können. Jesus lehrte aus der Schrift nach seiner Gewohnheit am Sabbat. Er konnte die Gedanken der Menschen erkennen. So merkte er, wie die Schriftgelehrten und Pharisäer jetzt nur auf ihn lauerten, ob er das Sabbatgesetz brechen würde. Auf die Entheiligung des Sabbats steht im Gesetz die Todesstrafe (2. MOSE 31, 14 ff.). Besonders schlimm ist die Beobachtung der Evangelisten, daß diese Gesetzesmänner nur an einem konkreten Grund für die Ablehnung Jesu und für seine rasche Verurteilung interessiert waren. Jesus wußte dies und sagte deshalb zu dem Kranken: »Steh auf und tritt hervor!« Nun forderte er seine kritischen Zuhörer auf, zu entscheiden: »Ist's erlaubt, am Sabbat Gutes zu tun oder Böses, Leben zu erhalten oder zu vernichten?« Jesus wollte doch nicht den Sabbat entwerten. Aber echte Liebe, die Leben und Heil bringt, wird vom Gesetz Gottes nicht eingeschnürt, auch nicht am Sabbat. Wohlzutun am Nächsten ist keine Sünde. Da aber nun keine Antwort kam, befahl Jesus dem kranken Mann: »Strecke deine Hand aus!« Als dieser es tat, wurde seine Hand gesund. Immer wieder kann man an den Wundern Jesu beobachten, wie der echte Glaube den Worten Jesu vertraut und ihnen folgt. Die Reaktion war ungewöhnlich und könnte gut nach Chorazin, Betsaida oder Kapernaum passen: »Sie aber wurden ganz von Sinnen und beredeten miteinander, was sie Jesus tun wollten« (MATTHÄUS 12, 9-14; MARKUS 3, 1-6; LUKAS 6, 6-11).

Hier in Chorazin muß man sich wieder an die Wehrufe Jesu erinnern, als er die Städte schalt, in denen die meisten seiner Wunder geschehen waren, ohne daß die Bewohner Buße taten: »Wehe dir, Chorazin! Wehe dir, Betsaida! Wären solche Taten zu Tyrus und Sidon geschehen, wie sie bei euch geschehen sind, sie hätten längst in Sack und Asche Buße getan. Doch ich sage euch: Es wird Tyrus und Sidon erträglicher ergehen am Tage des Gerichts als euch« (MATTHÄUS 11, 20-24 und LUKAS 10, 13 ff.). Daß Chorazin sonst im Neuen Testament nicht mehr erwähnt, sondern völlig vergessen wurde, macht erschütternd sichtbar, wie schnell man Gottes Gnadenruf verpassen kann.

Vor dem Eingang in das Ausgrabungsfeld von Chorazin befindet sich ein Grab, das nach alter jüdischer Sitte weiß übertüncht ist. Vor allem im Monat Adar, dem letzten des liturgischen Jahres, wird der Steinhaufen, das Monument oder der Eingangsstein des Grabes mit gelöschtem Kalk bestrichen. Das soll alle warnen, weil man sich durch die Berührung mit dem Tod nach dem Gesetz schwer verunreinigen kann. Das Tünchen erinnert an das harte Urteil Jesu, wo er den Zustand mancher Frommen so kritisierte: »... die von außen hübsch aussehen, aber innen sind sie voller Totengebeine und lauter Unrat« (MATTHÄUS 23, 27).

Von **Betsaida** (= Fischhausen), am Ostufer des Sees Genezareth gleich hinter den Brücken am Jordanpark (HaYarden) bei der Einmündung des Flusses, kann man heute nur den 25 Meter hohen Hügel, einige Basaltblöcke, Türstürze und Säulenstümpfe und den Rest der Stadtmauer im Nordosten des Tells sehen. Die Lage östlich der Jordanmündung war ideal für einen Fischerort, weil eine Lagune einen Hafen bildete. Jesus entwich dorthin über eine Furt aus dem Herrschaftsbereich des durchtriebenen und gefürchteten Herodes Antipas, der ihm nachstellte (LUKAS 9, 7 - 9). In Betsaida war Jesus im Herrschaftsgebiet des Vierfürsten Philippus.

Dort, etwa drei Stunden Fußmarsch südöstlich von Betsaida, meinen manche, sich am Ufer des Sees die Stelle der Speisung der Fünftausend gut vorstellen zu können. Viele lauschten der Botschaft vom anbrechenden Reich Gottes. Die Jünger machten Jesus darauf aufmerksam, daß sich die Hörer jetzt Essen besorgen müßten. Jesus aber befahl: »Gebt ihr ihnen zu essen!« Da mußten die Jünger ihre Armut offenlegen: »Wir haben nicht mehr als fünf Brote und zwei Fische.« Dann nahm Jesus dieses wenige, dankte, brach's und gab es den Jüngern, damit sie die Leute verköstigten. Und sie aßen und wurden alle satt. Als am Ende die Jünger die übrigen Brocken einsammelten, waren alle zwölf Körbe voll (LUKAS 9, 10 - 17). Was Jesus gibt, schenkt er in großer Fülle. Er übertrifft auch die Propheten des alten Bundes. Er ist Gott, der Herr!

Der Weg von Kapernaum war einfach und leicht am See entlang. So sagte Jesus schon am Anfang seiner Wirksamkeit in Galiläa: »Laßt uns anderswohin gehen, in die nächsten Städte, daß ich auch dort predige; denn dazu bin ich gekommen« (MARKUS 1, 38).

Bei Betsaida betete Jesus auf einem Berg, während die Jünger auf dem See mit ihrem Boot gegen den Wind nicht ankamen (MARKUS 6, 45 ff.). Als Jesus »sah, daß sie sich abplagten beim Rudern, denn der Wind stand ihnen entgegen«, kam Jesus auf dem Meer wandelnd zu ihnen. Als Jesus aber merkte, wie sie erschraken, sprach er: »Seid getrost; ich bin's, fürchtet euch nicht!« Jesus trat zu ihnen ins Boot und der Wind legte sich. »Und sie entsetzten sich über die Maßen; denn sie waren um nichts verständiger geworden angesichts der Brote, sondern ihr Herz war verhärtet« (MARKUS 6, 45 - 52). Noch hatten sie die Macht Jesu nicht so erkannt, daß ihr Glaube auch über die Ängste der Welt hätte siegen können. In Israel hat man immer die Gewalt der Wasserfluten und des Meeres besonders stark als lebensbedrohend empfunden: »Die zum Herrn schrien in ihrer Not, und er führte sie aus ihren Ängsten und stillte das Ungewitter, daß die Wellen sich legten« (PSALM 107, 28 f.).

Petrus allein faßte bei dieser unheimlichen Bootsfahrt Mut: »Herr, bist du es, so befiehl mir, zu dir zu kommen auf dem Wasser!« Er stieg über die Bootswand und ging wirklich über das Wasser. »Als er aber den starken Wind sah, erschrak er« und er schrie: »Herr, hilf mir!« Jesus aber streckte die Hand aus, ergriff ihn und sprach: »Du Kleingläubiger, warum hast du gezweifelt?« Nicht daß Jesus den Glauben mengenmäßig abwägen würde, bei ihm genügt schon ein Senfkorn des Glaubens, um Berge zu versetzen. Doch das tadelt Jesus an Petrus, daß sein Glaube kurz ist und dann, wenn er bedroht ist, aufhört.

Petrus, Andreas und Philippus, die Jünger Jesu, stammten von Betsaida (JOHANNES 1, 44). Die Tradition früher christlicher Pilger sieht in dem Ort auch die Heimat von Johannes und Jakobus, der Söhne des Zebedäus, die dort mit ihrem Vater ein Fischereiunternehmen betrieben. Eindeutig gehört aber nach Betsaida die Heilung eines Blinden durch Jesus außerhalb des Dorfes (MARKUS 8, 22 - 26). Ungewöhnlich ist das Verbot Jesu an den Geheilten, wieder in das Dorf zurückzukehren.

Das blühende Leben von einst ist verschwunden. Von der Residenz des Vierfürsten Philippus, der ganz in der hellenistischen Kultur, in Kunst und Wissenschaften lebte und den Ort in Julias umbenannte, ist nichts mehr sichtbar. Die ganze Gegend von Betsaida wirkt öde und leer. Das Land ist versumpft, weil das Jordanwasser nicht richtig fließen kann. Ähnlich muß es mit dem Wort Jesu in den Herzen der damals massenweise sich drängenden Zuhörer gewesen sein. Sie hörten neugierig zu, aber es bewirkte keine Buße, keinen Glauben, kein neues Leben und darüber starb auch die einst blühende Stadt. Keiner aber, der Jesus nachfolgt, kann ohne Frucht bleiben. Jesus spricht: »Wer an mich glaubt, wie die Schrift sagt, von dessen Leibe werden Ströme lebendigen Wassers fließen« (JOHANNES 7, 38).

Fromme Hingabe und Verehrung kann versucht sein, ganz alltägliche irdische Stätten zu heiligen und zu schmücken, statt vor allem andern dem Wort Jesu zu glauben. Darum mag es gut sein, die genaue Stätte der Bergpredigt oder der Speisung der Fünftausend nicht zu kennen, wohl aber sich das Geschehen eindrücklich in der bergigen Landschaft des Sees Genezareth vorstellen zu können.

Nach allen Berichten der Evangelien haben sich zwei verschiedene Speisungswunder ereignet, einmal das der Fünftausend und dann das der Viertausend, beide auf dem abgelegenen und wenig besiedelten Ostufer des Sees. Beide Speisungen unterscheiden sich an insgesamt neun Einzelpunkten, so daß man nicht einfach von einer Doppelung reden kann.

Obwohl beide Speisungen am Ostufer geschehen sind, wurde schon im 3. und 4. Jahrhundert die Erinnerungsstätte auf die Westseite verlegt. Das jenseitige, einsame Ostufer wurde für Pilger zu gefährlich. So entstand in **Tabgha**, vermutlich um 350 durch Konstantin den Großen, die erste Kirche in Galiläa. Der Name Tabgha entstand aus dem Ortsnamen Heptapegon (= sieben Quellen). Fünfzig Meter östlich der Brotvermehrungskirche entspringt die wasserreichste dieser Quellen, die jahrhundertelang auch über die Trümmer der zerstörten Kirchenkunstwerke floß. Herrliche Bodenmosaiken aus der Zeit um 480 mit dem berühmten Brot- und Fischmotiv wurden ausgegraben. In den Querschiffen findet man die wunderschönen Wasservögel in der Sumpflandschaft im späthellenistisch-römischen Stil. Ein Erdbeben und der Einfall der Perser sorgten dafür, daß schon um 670 die Kirche in Trümmer fiel. Genau das aber hat die Mosaiken vor Zerstörung und Plünderung bis zu ihrer Wiederentdeckung durch Archäologen vor sechzig Jahren geschützt.

Man kann Jesus nicht nach Belieben für seine eigenen Zwecke und Wünsche einspannen. Das mußten damals auch die Galiläer erfahren, die Jesus greifen und zum König machen wollten (JOHANNES 5, 13). So mag es heute manchmal Reisende enttäuschen, wenn sie an den Erinnerungsstätten Jesus nicht richtig zu »greifen« und zu »fassen« bekommen. Das ist nur in seinem Wort des Evangeliums möglich. Schon damals bei der Speisung wollte Jesus, daß man ihn als Herrn im Glauben aufnimmt. So will er sich zu allen Zeiten finden lassen. Alle, die satt geworden waren, müssen begreifen: Jesus Christus ist das Brot des Lebens. Wer zu ihm kommt, den wird nicht mehr hungern

(JOHANNES 6,35)! »Wer den Sohn sieht und glaubt an ihn, der hat das ewige Leben ... Wer von diesem Brot ißt, der wird leben in Ewigkeit« (JOHANNES 6,40.51).

Es ist gut, von der Brotvermehrungskirche in Tabgha die wenigen Schritte zu dem kleinen Felsvorsprung am See hinüberzugehen. Schon zwischen 381 und 384 berichten Pilger von einer kleinen Kirche, von der bis heute noch fünf Treppenstufen erhalten sind. Hier an dieser fischreichen Bucht des Sees erinnerten sich Christen durch die Jahrhunderte an die Erscheinung Jesu nach seiner Auferstehung.

Einige der Jünger hatten die ganze Nacht gefischt und nichts gefangen. Als es aber Morgen wurde, stand Jesus am Ufer. Sie erkannten ihn erst, als sie seinen Befehl befolgten und das Netz nach seinem Wort auswarfen. Da erkannte Petrus über der Menge der Fische im Netz: »Es ist der Herr!«

Dort hielten sie auch das Mahl miteinander. Warum ist das so wichtig? Es geht bei Jesus nicht um ein Phantasiewesen oder um eine geistige Auferstehung, sondern um einen neuen, vollkommenen Leib. Dann fragte Jesus mit seiner einfühlsamen Seelsorge Petrus: Hast du mich lieb? Dreimal wurde die Frage in Erinnerung an die dreimalige Verleugnung gestellt. Und ebenso oft wiederholte Jesus den Auftrag: »Weide meine Schafe!«

Dabei hat Jesus Petrus ganz an sich gebunden und dabei die gehorsame Nachfolge als das Entscheidende herausgestellt: »Als du jünger warst, gürtetest du dich selbst und gingst, wo du hin wolltest; wenn du aber alt wirst, wirst du deine Hände ausstrecken und ein anderer wird dich gürten und führen, wo du nicht hin willst.«

Es ist jedem zu gönnen, an dieser schönen Stelle am See Stille zu finden, um mit Jesus im Gebet zu reden und in seinem Wort neu den Befehl zu hören, der nicht allein Petrus, sondern uns allen gilt: »Folge du mir nach!« (JOHANNES 21).

Jesus predigte gewaltig und nicht wie die Schriftgelehrten

Hören und Tun – Kein Beifall, sondern Nachfolge – Stille zum Beten – Frühling in Galiläa – Feigen von den Disteln? – In die Finsternis hinausgestoßen – Von Spatzen und Haaren auf dem Kopf – Bedrohliche Regenfluten – Wind und Meer sind ihm gehorsam

Auf einem Hügel einhundert Meter über dem See Genezareth erbaute der Italiener Barluzzi eine achteckige Kapelle mit Kuppel, an deren Wände in lateinischer Sprache acht Seligpreisungen geschrieben sind. Die neunte Seligpreisung steht in der Kuppel.

Von Besuchern zum Glück oft nicht beachtet, steht auf dem Boden der Kirche als Gründungsjahr das 15. Jahr der faschistischen Ära Italiens und erinnert daran, wie zeitbedingt, falsch und auch schädlich unsere Gedanken im Vergleich mit dem Wort Gottes sein können. Die Kirche wurde einst von der faschistischen Regierung Italiens gestiftet. Immerhin wurde der Name Mussolinis entfernt.

Die aus schwarzem Basalt, Nazareth-Kalkstein und römischem Travertin erbaute Kirche möchte zu einer Rückbesinnung auf die Bergpredigt Jesu einladen. An diesem Platz sollte man aber vor allem die herrliche Landschaft und den schönen Ausblick genießen. Die Landschaft hat sich auch über viele Jahrhunderte hinweg nur wenig verändert. Von den offenen Umgängen hat man einen unvergeßlichen Ausblick auf den See, wo Jesus so viel wirkte und redete.

Bevor man zu Fuß durch die Felder hinab an den See wandert, sollte man sich auch hier an einem ungestörten Platz Zeit zur Stille nehmen und die Worte Jesu aus dem fünften bis siebten Kapitel des Matthäusevangeliums tief auf sich wirken lassen. Damals hat die Lehre Jesu als eine von der Welt verworfene Alternativ-Kultur die Hörer entsetzt und betroffen aufhorchen lassen. Sie war viel radikaler als die gewohnte, angepaßte Rede der Schriftgelehrten.

Auch heute müssen Jesu Worte in ihrer Schärfe ganz neu erschüttern, weil Nachfolge Jesu ohne Bereitschaft zum Kreuz nicht möglich ist. Jesus will keinen Beifall, sondern konsequente Nachfolger, die gehorchen. Wie soll man aber Jesus anders gehorchen als wörtlich? Seine vergebende und barmherzige Gnade will von dem Bösen der Sünde befreien und lösen. Darum gehören die harten und scharfen Worte der Bergpredigt wie auch der Feldrede (LUKAS 6) zum Gnadengeschenk des Evangeliums. Nur im gehorsamen Befolgen seines Wortes finden wir den ewigen Frieden, den uns die Welt nicht geben kann.

Auch an andere Berichte des Evangeliums muß man denken, als Jesus auf einen Berg ging. Hinter Kapernaum gibt es nicht verschiedene einzelne Berggipfel, sondern nur einen Höhenzug, der sanft vom See her aufsteigt. Er heißt auch heute, einschließlich seiner Kuppen, nur »der Berg«. Genau so wird in den Evangelien erzählt. Die genaue Stelle ist dabei nicht wichtig.

Wie oft hat sich Jesus zum anhaltenden Gebet hier auf den Berg zurückgezogen! (LUKAS 6, 12) Es gibt hier viele einsame und öde Plätze. Oder Jesus ging auch auf den Berg, um die Jünger in seiner Vollmacht auszusenden. Sie sollten die anbrechende Gottesherrschaft verkünden,

Der See Genezareth

Kranke gesund und Aussätzige rein machen und böse Geister austreiben (MARKUS 3, 13-19; MATTHÄUS 10, 1-33).

Warum hat denn Jesus immer wieder ganze Nächte im Gebet gewacht? Wie sollte er sonst die richtigen Jünger berufen und zu ihrem Amt zurüsten können? Vor ihm stand der schwere Leidensweg. Wie bang war ihm, alle dunkle Schuld der Welt auf sich zu nehmen und zu tragen.

In großer Zahl drängten sich die Menschen damals bei der Bergpredigt um Jesus. Es war eine große Menge, Kranke, Besorgte, Junge und Alte. Als Jesus sie sah, redete er zu seinen Jüngern von der anbrechenden Gottesherrschaft mitten in dieser Welt: »Selig sind, die da geistlich arm sind; denn ihrer ist das Himmelreich. Selig sind, die da Leid tragen; denn sie sollen getröstet werden« (MATTHÄUS 5, 3-4).

Auffallend war, wie Jesus gewaltig und mit Vollmacht redete, ganz und gar nicht wie ihre so gesetzlichen Schriftgelehrten. Jesus lenkte den Blick auf die im Frühjahr purpurfarben blühenden, wie aus einem unendlichen Blumenteppich sprießenden, tiefroten Anemonen: »Schaut die Lilien auf dem Feld an, wie sie wachsen!« Überall findet man nicht nur sie, sondern eine bezaubernde Fülle der schönsten Blumen, die nach dem Winterregen selbst auf dem dürren, kargen Boden blühen, zwischen Felsen und Dornengestrüpp. Darunter sind unzählige, üppig sich entfaltende Alpenveilchen. »Auch Salomo in aller seiner Herrlichkeit war nicht gekleidet wie eine einzige von ihnen. Wenn nun Gott das Gras auf dem Feld so kleidet ... sollte er das nicht vielmehr für euch tun, ihr Kleingläubigen?« (MATTHÄUS 6, 24-34) Salomo stand für alle Pracht und Herrlichkeit. Er hatte bei seinem Tempelbau gerne das Schmuckmotiv der Lilie in den Stein hauen lassen (1. KÖNIGE 7, 19 und 26). Nun aber zeigt Jesus, wie jede Lilie noch schöner und herrlicher ist als Salomo.

Jesus sprach immer in seinen Predigten über das, was die Menschen täglich vor Augen hatten. Er sprach besonders gerne von dem Hirten, der neunundneunzig Schafe in der Wüste läßt und das eine Schaf, das sich verirrt hat, sucht. Das konnte man bald täglich ganz unmittelbar auf den Feldern sehen und miterleben. Daran illustrierte Jesus die Freude Gottes über einen Sünder, der umkehrt und Buße tut (LUKAS 15,1-7).

»Kann man denn Trauben lesen von den Dornen oder Feigen von den Disteln?« Diese Predigt konnte jeder verstehen. Am Baum liegt es, ob die Früchte etwas werden. Da spricht Jesus unerbittlich vom Gericht: »Jeder Baum, der nicht gute Früchte bringt, wird abgehauen und ins Feuer geworfen.« Nicht eine seichte, unverbindliche Liebesrede hielt Jesus, sondern einen konkreten Bußruf brachte er: »Es werden nicht alle, die zu mir sagen: Herr, Herr! in das Himmelreich kommen, sondern die den Willen tun meines Vaters im Himmel« (MATTHÄUS 7,16-21).

Außerhalb der Orte führte der Weg durch die Felder. Das hat Jesus aufgegriffen und vom Unkraut unter dem Weizen erzählt. Man kann es nicht herausjäten vor der Ernte. So brauchen auch die Jesusjünger jetzt in dieser Zeit nicht gegen das Böse der Welt zu Felde ziehen. Es würde ihnen auch nicht gelingen, es auszurotten. »Laßt beides miteinander wachsen bis zur Ernte.«

Jesus hat da nicht, wie oft heute ausgelegt, von Mißständen und Sünde innerhalb der Gemeinde Gottes gesprochen. Dort hat Jesus immer scharf jede Heuchelei und jedes Unrecht ans Licht gezogen und den Tempel vom Mißbrauch gereinigt. Im Volk Gottes darf es kein »Unkraut« geben. Anders ist es in der Welt, von der Jesus sprach. Auf die Rückfrage der Jünger hin, hat er es auch noch einmal so bestätigt: »Der Acker ist die Welt.« Das Unkraut sind somit keine Gemeindeglieder, sondern »Kinder des Bösen«. In der Erntezeit wird das unnütze Unkraut verbrannt (MATTHÄUS 13, 24-30.36 ff.).

Auch die ärgerliche Tatsache, daß jeder Mensch von Gott gerichtet wird, hat Jesus nicht verschwiegen. Immer wieder hat er mit großem Ernst darauf hingewiesen, daß man sogar in seinem Namen große Wunder tun könne, und doch im Gericht verstoßen wird: »Ich habe euch noch nie gekannt; weicht von mir, ihr Übeltäter!« (MATTHÄUS 7, 23)

In vielen Gleichnissen Jesu wird der ganze Ernst des Gerichtes deutlich. Da ist die Tür verschlossen. Die Brautjungfern stehen draußen, der Herr aber spricht: »Ich kenne euch nicht!« Da werden die Fische aus dem Fangnetz gelesen und die schlechten werden weggeworfen. Da wird bei einer Hochzeit der hinausgewiesen, der kein hochzeitliches Kleid anhat. Der unnütze Knecht, der das anvertraute Pfund vergraben hat, wird hinausgeworfen in die Finsternis. Der reiche Mann kommt nach dem Tod an den »Ort der Qual« und möchte seine Brüder warnen lassen. Jesus aber meint: »Sie haben Mose und die Propheten. Laß sie die hören!«

Jesus sprach auch über das Wetter: »Des Abends sprecht ihr: Es wird ein schöner Tag werden, denn der Himmel ist rot ... Über das Aussehen des Himmels könnt ihr urteilen; könnt ihr dann nicht auch über die Zeichen der Zeit urteilen?« (MATTHÄUS 16, 1-3)

Für die kleinste römische Kupfermünze, »As« genannt, bekam man zwei Spatzen. Daran erinnerte Jesus: »Kauft man nicht zwei Sperlinge für einen Groschen? Dennoch fällt keiner von ihnen auf die Erde ohne euren Vater. Nun aber sind auch eure Haare auf dem Haupt alle gezählt. Darum fürchtet euch nicht; ihr seid besser als viele Sperlinge« (Matthäus 10, 29-31). Lukas berichtet, daß man für den doppelten Betrag von zwei As gleich fünf Spatzen bekam. Das war schon damals ein typischer Werbegag beim Verkauf (12, 6). Ein Spatz war dann gratis.

Daß auch Jesu gepredigtes Wort ganz verschiedenes Echo wirkt, machte er im Gleichnis vom vierfachen Ackerfeld deutlich. Auf dem festgetrampelten Fußweg kann das Korn nicht aufgehen. Es wird von den Vögeln weggepickt. Ähnlich ist es mit dem Korn, das unter die Dornen fällt. Was Jesus mit den Dornen meinte, erklärte er selbst: »Die Sorge um die Welt und der betrügerische Reichtum erstikken das Wort!« Nicht am Wort liegt es, wenn es keine Frucht gibt, sondern am Boden, der nicht zur Aufnahme des Korns bereit ist (Matthäus 13, 1-9 und 18 ff.).

Da erzählte Jesus vom klugen Mann, der sein Haus auf den Felsen baute. Dann erwähnte er den törichten Mann, der sein Haus auf Sand baute. Ein Bibelleser etwa in Berlin mag sich wundern, weil dort die Häuser ohne Probleme in den märkischen Sand gesetzt werden. Was soll daran töricht sein?

Da muß man die zerstörerischen Kräfte der Wasserfluten kennen. Von einer Stunde zur andern können sich die Trockentäler plötzlich mit Wasser füllen. Bei heiterem Himmel kann sich eine meterhohe Flut durchs Tal wälzen, weil der Regen irgendwo draußen im Gebirge oder in der Wüste niederging, der nun die monatelang trockene Schlucht in ein reißendes Wildwasser verwandelt.

Oder wenn die gewaltigen, wasserreichen Winterregen über das Land heruntergehen und die Sturzfluten die Berge herunterströmen, da drücken die Wassermassen gegen die Wände der Häuser. Weh dem, der nicht auf ein solides Fundament, sondern nur eben auf Sand gebaut hat. Oft geht ein orkanartiger Wind mit solchen Regenstürmen einher, der ein Haus zum Einsturz bringt, das nicht auf Felsen gebaut ist.

»Darum«, sagt Jesus, »wer diese meine Rede hört und tut sie, der gleicht einem klugen Mann, der sein Haus auf den Felsen baute … Und wer diese meine Rede hört und tut sie nicht, der gleicht einem törichten Mann, der sein Haus auf Sand baute« (MATTHÄUS 7, 25 ff.).

Wo die Macht des Wassers so unheimlich erlebt wird, ist es immer auch ein Bild für die Lebensängste: »Gott hilf mir! Denn das Wasser geht mir bis an die Kehle … die Flut will mich ersäufen« (PSALM 69, 2 ff.). Diese heftigen Platzregen werden eben auch als chaotische Zerstörungsmächte erlebt, die in wenigen Minuten alles in einen reißenden Bach verwandeln, Mauern umstürzen, Bäume ausreißen und Menschen ertränken. »Deine Fluten rauschen daher … alle deine Wasserwogen und Wellen gehen über mich« (PSALM 42, 8). Dort aber wird auch Gottes mächtiger Beistand und seine Hilfe erfahren: »Wäre der Herr nicht bei uns … so ersäufte uns Wasser, Ströme gingen über unsre Seele, es gingen Wasser hoch über uns hinweg« (PSALM 124, 2 ff.). So macht der Herr Mut: »Fürchte dich nicht, denn ich habe dich erlöst, ich habe dich bei deinem Namen gerufen; du bist mein! Wenn du durch Wasser gehst, will ich bei dir sein, daß dich die Ströme nicht ersäufen sollen!« (JESAJA 43, 1 ff.)

Hier am See trieb Jesus seine Jünger ins Boot, als kurz darauf ein schwerer Sturm losbrach. Das Boot wurde mit Wellen zugedeckt und die Jünger schrien verzweifelt: »Herr, hilf, wir kommen um!« Jesus, der selbst in den tosenden Wellen schlafend im Boot gelegen hatte, sagte ihnen: »Ihr Kleingläubigen, warum seid ihr so furchtsam?« Dann stand er auf, bedrohte den Wind und das Meer. Da wurde es ganz still. »Was ist das für ein Mann?« fragten die Menschen verwundert, »daß ihm Wind und Meer gehorsam sind?« (Matthäus 8,23-27) Das wollen Jesu Wunder sein, Zeichen, die auf seine große göttliche Macht hinweisen und sein Heilandswerk der Erlösung groß machen.

Am See Genezareth

Kinneret – Werft eure Netze aus! – Menschen fangen – Das zweitausend Jahre alte Boot im Schlick – Petrusfisch – Nicht die Bibel, der Wirt irrt absichtlich

Wenn Jesus aus Nazareth seine Wirksamkeit an den See Genezareth verlegte, so kam er aus dem damals stillen und abgelegenen Städtchen in das bewegte Leben am See. Es war genau umgekehrt wie heute, wo Reisende vom geschäftigen Umtrieb Nazareths abgestoßen und von der Ruhe, Abgeschiedenheit und der Stille der Landschaft um den See beeindruckt sind. Das Westufer – besonders von Tiberias bis Betsaida – war damals schon dicht bebaut. Hunderte von Booten lagen in den Häfen. Der alte Handelsweg von Bagdad nach Ägypten führte hier vorbei. Es wimmelte nur so von Karawanen und Kaufleuten, Fischern und Bauern.

Das subtropische Klima, das im Winter keinen Frost aufkommen läßt, zog viele Bewohner an. Der überaus fruchtbare Boden läßt vielfältige Pflanzen gedeihen. Schon der jüdische Geschichtsschreiber Josephus schwärmte vor zweitausend Jahren von den denkbaren Gegensätzen der Natur, die an einem Platz konzentriert sind: »Man kann zehn Monate ohne Unterbrechung ernten, manche Früchte sogar das ganze Jahr.«

Die Bezeichnung See Genezareth kommt nur einmal im Neuen Testament vor (Lukas 5, 1). Sonst nennen ihn die

Evangelisten Galiläisches Meer oder See Tiberias. Im Alten Testament heißt der See wie auch heute Kinneret (4. MOSE 34, 11; 5. MOSE 3, 17; JOSUA 12, 3; 13, 27). Die Hebräer haben wohl aus dem kanaanäischen Namen die Bedeutung »Harfe« herausgehört und das mit der Form des Sees gedeutet.

Kinneret hieß eine in ägyptischen Urkunden erwähnte Stadt, etwa zehn Kilometer nördlich von Tiberias am Nordwestufer des Sees, die auch dem umliegenden Land den Namen gab. Sie war vermutlich von Salomo stark befestigt worden und bewachte die große internationale Verkehrsstraße von Damaskus über Hazor nach Megiddo (JOSUA 11, 2; 19, 35). Die archäologischen Ausgrabungen zeigen durch Asche und verbrannte Lehmziegel sowohl die Zerstörungen ca. 895 v. Chr. unter Ben-Hadad von Damaskus (1. KÖNIGE 15, 20) als auch dann 732 v. Chr. unter Tiglat-Pileser III. (2. KÖNIGE 15, 29).

Zur Zeit Jesu war der Ort in der fruchtbaren Ebene, die jetzt neuhebräisch Ginnosar heißt, wieder neu aufgebaut worden. Als Jesus hier an der Bootsanlegestelle von Genezareth mit dem Schiff eintraf, wurde er sofort von den Menschen erkannt. Aus der weiten Umgebung trugen sie die Kranken auf Bahren zu ihm. Auch in den umliegenden Städten, Dörfern und Siedlungen legten sie die Kranken vor Jesus hin, wie es Rembrandt in seinem Hundertguldenblatt so eindrücklich gezeichnet hat (MARKUS 6, 53 - 56). Im glaubenden Vertrauen brachten sie ihre ganze Not zu Jesus. »Und sie baten ihn, daß sie nur den Saum seines Gewandes berühren dürften. Und alle, die ihn berührten, wurden gesund« (MATTHÄUS 14, 36). Sehr genau hat Jesus hier zwischen magischem Glauben und lebendigem Vertrauen unterschieden. »Denn keiner wird zuschanden, der auf dich harret« (PSALM 25, 3).

Der einundzwanzig Kilometer lange und bis zu zwölf Kilometer breite See gehört zum großen Grabenbruch, der sich bis zum Roten Meer erstreckt. Mit 212 Metern unter dem Meeresspiegel ist er der am tiefsten gelegene Süßwassersee der Welt. Seine Wassertiefe beträgt bis zu 48 Meter, seine Wasserfläche 170 Quadratkilometer. Die Hafenanlagen aus der neutestamentlichen Zeit sind wegen des seit etwa tausend Jahren schon höheren Wasserspiegels heute größtenteils unter Wasser. Der See dient jetzt hauptsächlich als Süßwasserspeicher für das ganze Land. Sein Wasser wird bis in den Negev geleitet. Dadurch droht das Tote Meer auszutrocknen, weil ihm die ausreichende Wasserzufuhr fehlt.

Die Boote auf dem See dienten dem Fischfang, aber auch zum Transport von Waren und Menschen über den See, was bei einer Uferlänge von über fünfzig Kilometern wichtig ist. So hat auch Jesus immer wieder mit seinen Jüngern das Boot als Verkehrsmittel benützt (MATTHÄUS 8, 23 ff.; 9, 1; 14, 13 ff.; MARKUS 8, 10 ff.). Die Boote wurden neben einem Segel von zwei oder drei Paar Rudern getrieben und durch ein Steuerruder mit sichtbarem Ruderblatt gelenkt.

Die 1986 nördlich von Magdala im Schlick gefundenen Überreste eines Bootes gehen eindeutig auf die Zeit Jesu zurück. Wahrscheinlich besaß das Boot mit einer Länge von neun Metern, einer Breite von zweieinhalb Metern und einer Höhe von eineinviertel Metern vier paar Ruder, außerdem einen Segelmast. Die Holzplanken sind aus Zedernholz und die Spanten aus Eichenästen. Sein Fassungsvermögen wird mit fünfzehn Personen angenommen. Jesus und seine zwölf Jünger konnten darin gut Platz finden. Das Boot scheint lange benützt worden zu sein, bis es dann nicht mehr gebraucht und am Anlegeplatz liegengelassen wurde. Im Yigal-Allon-Museum im Kibbuz Nof Ginosar sind die konservierten Bootsüberreste zu besichtigen.

Im Fischbestand des Sees kommen heute achtzehn Arten vor, von denen zehn wirtschaftlich genutzt werden. Der heute am See in Restaurants angebotene Petrus-Fisch ist der von Arabern »Muscht« genannte weiße Kammfisch (tilapia galilea) aus der Gruppe der Cichliden. Seine flache Form macht ihn zum Braten besonders geeignet. Das Gerippe besteht aus einer leicht lösbaren Rückengräte und relativ wenig kleinen Gräten, was das Essen erleichtert. Er kann bis zu vierzig Zentimeter lang und zwei Kilogramm schwer werden.

Es mag Touristen enttäuschen, wenn man aus biblischen Gründen bezweifeln muß, ob dieser Muscht wirklich der Petrus-Fisch sein kann, der auf Jesu Befehl hin von Petrus mit der Angel aus dem See gezogen wurde und in dessen Maul man dann, wie von Jesus vorausgesagt, das Zweigroschenstück, eine griechische Silbermünze, fand (MATTHÄUS 17,24-27). Der Muscht ernährt sich nämlich ausschließlich von Plankton. Mit anderem kann man ihn nicht locken. Darum wird er auch nur mit Netzen und nie mit der Angel gefangen. Ganz im Gegensatz dazu werden die Barben, eine Karpfenart (Cyprinedeae) mit Bartfäden, seit frühesten Zeiten mit Sardinen an der Angel gefangen. Er wird aber nicht gebraten, sondern gekocht.

Es muß festgehalten werden, wie genau der biblische Bericht des Evangeliums hier ist. Daß die Wirte am See aber den Touristen nur den besten Fisch anbieten wollen, wenn die nach dem nach Petrus genannten Fisch verlangen, ehrt auch sie.

Verschiedene Netze waren bei den Fischern in Gebrauch. Das Schlepp- oder Zugnetz, das zweihundert bis

Antike Häfen a[m]
See Genezaret[h]

dreihundert Meter lang und vier bis acht Meter tief sein kann, ist die älteste Fangart. Die am Ufer ausgebreiteten Fangnetze sind in HESEKIEL 26,5.14 und 47,10 erwähnt. Auch Jesus erzählt von einem Fangnetz im Gleichnis, wenn es im See ausgelegt und dann von den Fischern an Land gezogen wird (MATTHÄUS 13,47-50). Anschließend sitzen sie am Ufer und lesen die Fische aus. Die schlechten, die herausgenommen und weggeworfen werden, sind die vom jüdischen Gesetz zum Verzehr nicht erlaubten schuppenlosen Welse.

Das Netz, das die späteren Jünger Simon und Andreas benutzten, war ein Wurfnetz. Der Fischer steht im Boot oder im flachen Wasser und schleudert das kreisrunde Netz mit etwa vier Metern Durchmesser von seinem rechten Arm auf das Wasser. Durch die bleiernen Gewichte senkt es sich wie ein Fallschirm auf den Boden des Sees (MARKUS 1,16-18).

Wenn in den Evangelien von Netzen berichtet wird, sind meist die aus mehreren Teilen bestehenden Spiegel- oder Verandanetze gemeint. In einer Nacht werden die Netze zehn bis fünfzehnmal ausgeworfen. Sie werden dann

Das Zugnetz wird eingeholt. Zeichnung nach einer ägyptischen Darstellung aus dem 16. Jahrhundert v. Chr.

ins Boot gezogen, wo man die zappelnden Fische aus den Maschen herauslöst (MARKUS 1, 19 f.; MATTHÄUS 4, 21 f.). Die Fischer am See Genezareth erkennen in den Berichten des wunderbaren Fischzugs des Petrus (LUKAS 5, 1 - 11) und der Erscheinung des Auferstandenen am See Tiberias (JOHANNES 21) die bis heute übliche Art und Methode des Fischfangs.

Das Wurfnetz wird im flachen Wasser ausgeworfen

Magdala – und wie eine Frau ohne Schuld ihren Ruf verlor

Textilindustrie und gepökelte Fische – Aus der Umnachtung befreit – Nicht von Jesus gewichen – Die Vogelnester im Taubental – Der Weg, den Jesus oft ging

Bevor die Stadt Tiberias entstand, war **Magdala** oder Migdal, wie der Ort heute heißt, die bedeutendste Stadt am See. Der Geschichtsschreiber Josephus schrieb vor zweitausend Jahren von vierzigtausend Bewohnern und zweihundertunddreißig Booten. Achtzig Weberläden der Tempelvorhänge soll es gegeben haben, außerdem eine große Prachtstraße und eine Pferderennbahn. Der Hauptwirtschaftszweig der wohlhabenden Stadt lebte von der Fischerei und besonders vom Pökeln der Fische, die überall vertrieben wurden. Vom Toten Meer brachten Karawanen das Salz auch hierher an den See Genezareth. Durch das Salz wurden die Fische konserviert und auch schmackhaft.

Daran wird Jesus bei der Bergpredigt erinnert haben: »Ihr seid das Salz der Erde. Wenn nun das Salz nicht mehr salzt, womit soll man salzen?« (Matthäus 5, 13-16) Ohne Jünger Jesu kann die Welt nicht überleben, sondern geht zugrunde. Deshalb sollen seine Jünger in dieser Welt den Auftrag erfüllen, den Jesus ihnen gibt. Sie müssen Fäulnis verhindern, reinigen und würzen.

Ausleger haben sich manchmal an diesem kräftigen Wort Jesu gestoßen, weil Salz doch nicht salzlos werden,

Tiberias

also auch nicht seinen Geschmack verlieren könne. Es ist aber nötig, sich ganz einfach vorzustellen, welches Salz Jesus damals kannte. Karawanen brachten vom Toten Meer große Brocken Salz auf den Markt, die dann zum Pökeln der Fische verwendet wurden. Beim Kaufen dieser Salzbrocken mußte man tatsächlich aufpassen, kein fades Salz zu bekommen. Es gibt am Toten Meer Salz, das kein Kochsalz mehr enthält. Es bleibt aber geologisches Salz, wenn auch mit anderen chemischen Verbindungen. Das Natriumchlorid ist vom Regen herausgewaschen, weil es sich am leichtesten löst. Was bleibt, ist jetzt wirklich geschmackloses Salz und findet sich auch heute noch in Brocken am Toten Meer.

Einige Teile der römisch-byzantinischen Stadt von Magdala wurden ausgegraben, darunter ein schönes Mosaik von einem typischen Boot des Sees Genezareth aus dem ersten Jahrhundert.

Magdala liegt verkehrsgünstig fünf Kilometer nördlich von Tiberias an einer Gabelung der großen alten Verkehrsader der Via Maris. Die eine Straße zweigt hier ab in das westliche Galiläa und nach Akko ans Mittelmeer. Die andere führt vor dem Berg Arbel durch das Wadi el-Hamam – auch Taubental genannt – nach Untergaliläa und in die Jesreel-Ebene. Der dritte Weg ist dann die Uferstraße selbst. In den Makkabäerkriegen wurde hier heftig gekämpft. 66 n. Chr. nahm der römische Feldherr Titus die Stadt ein und richtete ein furchtbares Blutbad an.

Daß Jesus auch durch diese wichtige Stadt kam, ist anzunehmen. In Markus 8, 10 wird der Ort »Dalmanuta« in Verbindung mit einer Bootsfahrt Jesu, ebenso wie in Matthäus 15, 39 ein Ort »Magadan« erwähnt. Eine Verschreibung aus »Magdala« wäre denkbar, weil nur ein Buchstabe ausgewechselt werden müßte. Manche Handschriften haben an beiden Stellen tatsächlich Magdala stehen. Es könnte aber auch der Siebenquell Tabgha sein.

Aus Magdala stammte eine der treusten Jüngerinnen Jesu, Maria Magdalena. Leider haben völlige Unwissenheit und Unverstand ausgerechnet dieser Frau einen ganz üblen Ruf angehängt. Durch eine Verwechslung wird sie in Verbindung gebracht mit der namenlosen »großen Sünderin«, die Jesus viel Liebe erwies und mit ihren Tränen und Haaren die Füße Jesu wusch und mit einem kostbaren Salböl einrieb (LUKAS 7,36-50).

Maria Magdalena scheint geisteskrank gewesen zu sein. Die herrliche Welt des Sees Genezareth war ihrer Seele verschlossen. Jesus drang als Retter hinein in ihre Finsternis und machte sie frei von der Besessenheit mit sieben Dämonen. Mit der glaubenden Hingabe an Jesus begann ein vollkommen neues Leben für sie (LUKAS 8,2).

Auch als viele sich abwandten, folgte sie in großer Treue Jesus nach, weil sie ihn liebte. Sie versorgte Jesus auch mit ihrem Vermögen (LUKAS 8,3). Unter dem Kreuz, aber auch bei dem kurzen Beerdigungsgang wird sie unter den wenigen getreuen Frauen an erster Stelle genannt (MATTHÄUS 27,61; MARKUS 15,47). Am Ostermorgen noch vor Sonnenaufgang lief sie zuerst zum Grab Jesu. Sie war die erste Zeugin, die den auferstandenen Jesus sah und den Auftrag erhielt, diese große Osterbotschaft den Jüngern zu bringen (JOHANNES 20,11-18).

Weit ragt bei Migdal ein hoher, schroffer Berg bis an den See vor. Mit seinen kilometerweit sich hinziehenden, steilen Felsmauern geben sie dem Tal Wadi el-Hamam, das heißt Taubental, sein besonderes Aussehen. Unzählige Vögelschwärme nisten in den schützenden Felshöhlen. Wie oft wird Jesus auf dem Weg von Nazareth nach Kapernaum hier gewandert sein! Ohne festes Quartier, oft von Menschen

Wadi el-Hamam (Taubental)

Menschen abgelehnt und gehaßt, erinnerte Jesus an diese Tiere, die wenigstens ein Heim und ein Zuhause haben: »Die Füchse haben Gruben, und die Vögel unter dem Himmel haben Nester; aber der Menschensohn hat nichts, wo er sein Haupt hinlege« (LUKAS 9,58).

Hier durch dieses Tal wird auch jener Mann aus königlichem Haus gegangen sein, der Jesus in Kana aufsuchte, weil sein Sohn in Kapernaum im Sterben lag. Es ist ein weiter Weg von etwa 30 Kilometern. Auf seinen Glauben hin hatte Jesus ihm die feste Zusage gegeben: »Geh hin, dein Sohn lebt!« Und der Mann aus dem Haus des Herodes Antipas in Kapernaum ging zurück und vertraute fest dem Wort, das Jesus zu ihm gesagt hatte. Da kamen ihm seine Knechte entgegen mit der Nachricht: »Dein Kind lebt!« Und als er nachforschte, wann die Besserung geschah, sagten sie ihm: »Gestern um die siebte Stunde verließ ihn das Fieber« (JOHANNES 4,47-54).

Kapernaum und die vergebliche Liebesmühe

Wenn Steine reden könnten – Der Schreikrampf in der Synagoge – Jesus direkt vor die Füße – Viel von Ärzten erlitten – Das tote Mädchen zum Leben erweckt – Grenzen am Drei-Länder-Eck – Betrügerische Zöllner – Der aufrechte Soldat – Wollt ihr nicht auch weggehen?

Nur ein Teil des Trümmerfeldes von Kapernaum ist ausgegraben. Die jetzt sichtbaren Steine und Grabungen faszinieren. Reste von Säulen, Türstürzen, Friesen und Simsen lassen die einstige Schönheit der Synagoge ahnen. Der weiße Kalkstein war teuer. Er mußte von weit hergebracht werden. Zwischen Rossetten, Pflanzen, Feststrauß mit Zitronen und Kränzen findet man Abbildungen des siebenarmigen Leuchters, des Schofar, der Bundeslade, des Wasserkrugs und des Toraschreins. Palmen, Laub und Früchte zieren in reicher Fülle Fassaden und Simse. Die verschwenderische Fülle der kunstvoll verzierten Kalksteinblöcke wollte doch nur das zeigen: »Wohl dem, der Lust hat am Gesetz des Herrn und sinnt über seinem Gesetz Tag und Nacht! Der ist wie ein Baum, gepflanzt an den Wasserbächen, der seine Frucht bringt zu seiner Zeit, und seine Blätter verwelken nicht. Und was er macht, das gerät wohl« (Psalm 1, 1-3).

Auch wenn es ein anderer, früherer Bau der Synagoge war, der an derselben Stelle stand und dessen Basaltfundamente ausgegraben wurden, hier war Jesus an das Pult getreten. Atemlos lauschte das Volk. Was Jesus sagte, verstand jeder. Alle waren aufs tiefste ergriffen, ja entsetzt von der Gewalt seiner Rede (Markus 1, 22).

Plötzlich hörte man einen schrecklichen Schrei: »Du bist der Heilige Gottes!« Ein schwer leidender Geisteskranker schrie unter Krämpfen noch anderes mit schriller Stimme. Jesus blieb nur ruhig stehen und befahl dem unreinen Geist, auszufahren. Wenige Minuten später war der wilde Mann ganz ruhig, voller Frieden und von seiner Krankheit völlig geheilt. Entsetzt blickten die Menschen sich an: »Was ist das? Eine neue Lehre in Vollmacht! Er gebietet auch den unreinen Geistern, und sie gehorchen ihm!« In wenigen Stunden wurden die Berichte von diesem unvergeßlichen Gottesdienst in ganz Galiläa bekannt (Markus 1, 21 - 28).

So könnte die Synagoge in Kapernaum ausgesehen haben

Von der Synagoge ging Jesus direkt in das Haus der Schwiegermutter des Petrus. Sie hatte sehr hohes Fieber, was damals oft tödlich war. Jesus »faßte sie bei der Hand und richtete sie auf; und das Fieber verließ sie, und sie diente ihnen« (MARKUS 1, 29-31). Das Wort, das hier für dienen steht, meint Diakonie und wurde in der christlichen Gemeinde von großer Bedeutung. Wenn man dieses Haus unmittelbar gegenüber der Synagoge mit seinen ausgegrabenen Mauerresten sieht, dann ist dabei vor allem wichtig, daß hier schon nachweislich im 2. Jahrhundert ein Versammlungshaus der Christen stand. Freigelegte Hausreste aus der Zeit Jesu wurden als Fundamente dieser judenchristlichen »Hauskirche« erkannt, die mit sieben auf sechseinhalb Metern größer war als die anderen Nachbarhäuser. Der Boden ist mit Basaltplatten gepflastert. In einer Ecke fand man den Namen Petrus in griechischer Schrift. Später im fünften Jahrhundert wurde dann eine achteckige byzantinische Kirche über diesen Fundamenten errichtet, die heute durch einen modernen Bau geschützt sind.

Erst als der Abend anbrach, brachten sie von allen Seiten die Kranken zum Haus, wo Jesus wohnte. Vorher wagten sie es nicht wegen der strengen Sabbatruhe. Jesus legte die Hände auf einen jeden und machte sie gesund (LUKAS 4, 40). Überall in den Häusern brach der Jubel an. Tränen wurden abgewischt. Das Leben war neu geschenkt. Jesus aber war noch in der Nacht aufgestanden und an einen einsamen Platz gegangen, um mit Gott in der Stille im Gebet zu reden. Simon, sein Jünger, und andere gingen ihm nach: »Jedermann sucht dich.« Aber Jesus wollte jetzt nicht zurück. Er dachte an die anderen Städte, die von der anbrechenden Gottesherrschaft noch nichts gehört hatten (MARKUS 1, 32-39).

Als Jesus wenige Tage später doch wieder nach Kapernaum kam, ging das von Mund zu Mund. Das Haus war im Nu überfüllt. Alle wollten das Wort vom neuen Leben hören, das Gott jedem schenkt, der umkehrt. Vor der Tür drängten sich viele. Fast nichts mehr war zu verstehen. Da schleppten vier Männer plötzlich einen vor Schmerzen stöhnenden Gelähmten auf einer Matratze daher und versuchten, sich eine Gasse zu bahnen. Ärgerlich wehrten die vor der Tür lauschenden Zuhörer ab. Das konnte diese Freunde aber nicht von ihrem Entschluß abhalten: »Unser kranker Freund muß zu Jesus!« Sie kletterten einfach auf das nur mit Ästen, Zweigen, Lehm und Stroh bedeckte Dach des einstockigen Hauses, rissen ein Loch auf und ließen den Kranken an Seilen hinab, direkt Jesus vor die Füße. Es muß ein erschütterndes Bild gewesen sein, die weit aufgerissenen Augen des Kranken und das schmerzverzerrte Gesicht. Da sagte Jesus nur in großer Ruhe: »Mein Sohn, deine Sünden sind dir vergeben.«

Ob das den Kranken überhaupt interessierte? Andere bibelfeste Zuhörer waren empört. »Wer kann Sünden vergeben? Das kann doch nur Gott allein!« Aber Jesus erkannte sofort, was sie in ihrem Herzen dachten. Darum sagte er ihnen: »Ihr sollt wissen, daß ich Vollmacht habe, Sünden zu vergeben auf Erden.« Und er befahl dem Gelähmten: »Ich sage dir, steh auf, nimm dein Bett und geh heim!« Da stand er auf und nahm seine Matratze unter den Arm. Entsetzt stand das Volk dabei: »Noch nie haben wir so etwas erlebt« (Markus 2,1-12).

Im Evangelium wird uns vom Synagogenvorsteher Jaïrus berichtet, dessen zwölfjährige Tochter, noch während er bei Jesus Hilfe suchte, starb. Auf die Todesnachricht hin sagte Jesus nur: »Fürchte dich nicht, glaube nur!« Im Trauerhaus ging das Klagen und Weinen weiter. Jesus wehrte dem: »Weint nicht! Das Kind ist nicht gestorben, sondern es schläft.« Er wurde aber verlacht. Jesus schickte alle aus dem Raum, außer den Eltern und drei Jüngern. Dann ergriff er die Hand der Toten: »Talita kum! (= Mädchen, stehe auf!)«. Sofort stand das Mädchen auf (MARKUS 5, 21 - 43).

Wie stark Jesus damals die Menschen anzog, wird aus dem großen Gedränge ersichtlich, durch das Jesus auch auf dem Weg zum Haus des Jaïrus gehen mußte. Im dichten Gewühl faßte eine Frau, die »hatte den Blutfluß zwölf Jahre und hatte viel erlitten von vielen Ärzten und all ihr Gut dafür aufgewandt«, Jesus am Saum seines Gewandes. Dahinter könnten auch abergläubische, oder sogar magische Vorstellungen gestanden sein: »Denn sie sagte sich: Wenn ich nur seine Kleider berühren könnte, so würde ich gesund.« Nach dem jüdischen Gesetz war sie unrein und deshalb aus der Gesellschaft ausgegrenzt. Mit dem Berühren wurde sie gesund und von »ihrer Plage geheilt«. Jesus aber spürte, daß eine Kraft von ihm ausgegangen war. Um allen Mißverständnissen vorzubeugen, war es wichtig, dieser Frau das Geschehen zu verdeutlichen. Darum sprach er: »Dein Glaube hat dich gesund gemacht; geh hin in Frieden und sei gesund von deiner Plage!« (MARKUS 5, 21 - 43)

Kapernaum war Zollstation. Hier stießen drei Länder zusammen. Kapernaum gehörte noch zum Herrschaftsgebiet des tückischen Herodes Antipas, den Jesus als »Fuchs« oder besser »Wüstenschakal« bezeichnete. Wenige Kilometer weiter begann das Gebiet des sehr viel angenehmeren Philippus, aber auch die Dekapolis, das heidnische Land der zehn griechischen Städte. Wichtige Handelsstraßen, auf denen kostbare Güter transportiert wurden, führten durch den Ort. Auch auf Fischfang vom See mußte Zoll entrichtet werden. Dort traf Jesus Levi am Zoll sitzend. Als Jesus ihn rief: »Folge mir nach!«, stand er auf und verließ alles. Man nannte ihn später Matthäus. Zum Abschied richtete er noch ein großes Mahl, zu dem er alle seine Kollegen einlud. Man sieht daran, daß viele Zöllner in der Stadt wohnten. Bei Pharisäern und Schriftgelehrten löste diese Zusammenkunft böse Verdächtigungen aus: »Warum ißt er mit den Zöllnern und Sündern?« Jesus tat dies, um Menschen zu retten. Darum machte er deutlich: »Die Starken bedürfen keines Arztes, sondern die Kranken. Ich bin gekommen, die Sünder zur Buße zu rufen und nicht die Gerechten« (MARKUS 2,13-17).

In der Grenzstadt Kapernaum war auch ein Militärposten mit einer Garnison stationiert. Der dortige Befehlshaber war Hauptmann, ein unter Juden hoch geachteter und geschätzter Centurio. Obwohl er kein Jude war, hatte er den Bau der Synagoge entscheidend mit Spenden gefördert. »Er hat unser Volk lieb«, sagten die Ältesten anerkennend von ihm. Das war für Römer, Syrer und Griechen ungewöhnlich. Die spotteten am liebsten über Juden. Dieser Hauptmann war auch sehr wohlhabend und gottesfürchtig. Beides ergibt sich aus seiner Unterstützung der Synagoge. Dazu kommt seine väterliche Fürsorge für seinen Knecht und die demütige Bescheidenheit, mit der er zu Jesus sagt: »Ach Herr, bemühe dich nicht; ich bin es nicht wert, daß du unter mein Dach gehst.«

Um so mehr spricht er zu Jesus von der Befehlsvollmacht, die er als Offizier der Armee auf dem Kasernenplatz gut kennt. Er weiß, daß Jesus wie sonst niemand die Macht hat über die Krankheit und sogar über den Tod. Er vertraut Jesus völlig. Das versetzte Jesus in Staunen und machte diesen heidnischen Soldaten zum Vorbild für seine Nachfolger: »Solchen Glauben habe ich in Israel nicht gefunden.« Und als die Boten nach Hause kamen, war der Knecht des Hauptmanns ganz gesund (MATTHÄUS 8,5-13; LUKAS 7,1-10).

In der Synagoge von Kapernaum hat Jesus auch seine große Brotrede gehalten, die heftige Diskussionen unter den Schriftgelehrten auslöste: »Ich bin das Brot des Lebens. Wer zu mir kommt, den wird nicht hungern; und wer an mich glaubt, den wird nimmermehr dürsten.« Die Gewißheit, mit der Jesus vom Glauben an ihn sprach, mußte Ärgernis erregen. Leben hat nur, wer Jesus im Glauben aufnimmt. Viele murrten, zankten und wandten sich deshalb von Jesus ab. Auch seinen Jüngern stellte es Jesus frei: »Wollt ihr auch weggehen?« Da antwortete Petrus: »Herr, wohin sollen wir gehen? Du hast Worte des ewigen Lebens; und wir haben geglaubt und erkannt: Du bist der Heilige Gottes« (JOHANNES 6).

Es liegt sehr nahe, sich an Jesus zu stoßen und zu ärgern. Erschütternd klingen über diesen Taten Jesu die harten Worte des Weherufes: »Und du, Kapernaum, wirst du bis zum Himmel erhoben werden? Du wirst bis in die Hölle hinuntergestoßen werden. Denn wenn in Sodom die Taten geschehen wären, die in dir geschehen sind, es stünde noch heutigen Tages. Doch ich sage euch: Es wird dem Land der Sodomer erträglicher ergehen am Tage des Gerichts als dir« (MATTHÄUS 11, 23 f.).

Wie die Macht der Finsternis in Gergesa gebrochen wurde

Weil die Handschriften im Evangelium den Namen etwas verschieden schreiben, hat man an einige Orte gedacht, bis 1970 die Ausgrabungen in **El-Kursi** Klarheit über **Gergesa**, das zur Stadt Gadara in der Dekapolis gehörte, gebracht haben. Der Ort liegt an der Einmündung des Wadi Semakh an der Ostseite des Sees Genezareth, am Abhang der Golan-Höhen. Fünf Kilometer weiter südlich befindet sich der Kibbuz En Gev.

Bei den Ausgrabungen fand man dort ein Kloster, das im fünften Jahrhundert errichtet wurde. Hier war eine Höhle, die früher auch ein Grab gewesen sein könnte, in die schon vor 427 n. Chr. eine kleine Kapelle eingebaut war. Der ganze Steilhang ist voller Grabhöhlen. Schon im zweiten Jahrhundert nach Christus bestanden offenbar judenchristliche Gemeinden am Ostufer des Sees Genezareth. Der älteste Pilgerbericht, der auf diesen Ort hinweist, stammt erst aus dem achten Jahrhundert. Aber auch Origines und Euseb haben schon im vierten Jahrhundert von einem Ort am See gesprochen. Die archäologischen Befunde sind sehr überzeugend. Das fünfhundert Meter nordwestlich zwischen dem späteren Kloster und dem See befindliche Dorf aus römischer Zeit ist, wie der Hafen, noch nicht ausgegraben.

An dieser Stelle, die arabisch »Kursi« genannt wurde, lief die Grenze zwischen dem jüdischen Herrschaftsgebiet des Philippus und dem Gebiet der heidnischen **Dekapolis** (= Zehnstädte), in dem griechisch sprechende Kolonisten siedelten. Gergesa gehörte noch zu dem heidnischen Land. Der kleine damals bestehende Ort hatte auch einen Fischereihafen zur Zeit Jesu.

Nach der Stillung des Sturms auf dem See landete Jesus mit seinen Jüngern bei Gergesa (= El-Kursi) im heidnischen Land. Jetzt begann ein ganz anderer Sturm. Ein von Dämonen besessener Mann, ein Heide, hauste nackt in den Gräbern. Er zerriß alle seine Fesseln. Vor Jesus fiel er nieder und schrie: »Was willst du von mir, Jesus, du Sohn Gottes, des Allerhöchsten?« Auf die Frage Jesu: »Wie heißt du?« antwortete er: »Legion!« Es waren nämlich viele böse Geister in ihn gefahren, die nirgends Ruhe finden konnten. Sie baten Jesus, in die Säue fahren zu dürfen, die dort im Heidenland gezüchtet wurden. Jesus erlaubte es. Er kann mit seiner unumschränkten Macht jede Kontrolle über die Dämonen ausüben. Da fuhren die bösen Geister aus und in die große Herde Säue. Die stürmten den Abhang hinab – von einer Klippe ist nicht die Rede – und in den See, wo sie ersoffen. Südlich von Gergesa gibt es steile Hänge, nicht weit vom See entfernt. Manche bekümmern sich um den materiellen Schaden, der hier entstand, ohne zu bedenken, daß ein freigewordener Mensch immer mehr ist als alles Geld und Gut.

Der Mann saß jetzt bekleidet und vernünftig, geistig und seelisch gesund, Jesus zu Füßen. Das erschreckte die Menschen dort am allermeisten. Sie fürchteten sich vor Jesus. Das ist erschütternd. Ganz nah waren sie beim Heil und haben es von sich gewiesen, weil sie es für sich nicht wollten. So baten sie Jesus, von ihnen fortzugehen. Und Jesus stieg in das Boot und fuhr weg.

Der befreite Mann ging zur Stadt zurück und erzählte, welch große Tat Jesus an ihm getan hatte (Lukas 8, 26-39).

Was kann aus Nazareth Gutes kommen?

Die Herrscherfamilie in Sepphoris – Warum wollte Josef Maria verlassen? – Die Quelle der Stadt – Was Jesus in der Synagoge sagte – Fast in die Tiefe gestürzt – Der Umzug nach Kapernaum

Anders als heute war Nazareth zur Zeit Jesu eine kleine, unbedeutende Stadt nördlich der Ebene Jesreel, in einem Hochtal auf den Bergen Galiläas. Das Leben spielte sich damals auch in Galiläa entlang der großen Verkehrsverbindungen ab. Nazareth hatte nie eine wichtige strategische Bedeutung.

Die bedeutendste Stadt in Galiläa war Sepphoris, die Hauptstadt, die später nach Tiberias verlegt wurde. Von Nazareth lief man bequem in eineinhalb Stunden dorthin über den Berg in die Richtung des Sees Genezareth. Das war eine Geschäfts- und Einkaufsstadt. Wenn die Leute damals zusammenkamen, wird sich das Gespräch in politischen Dingen um den Herrscher Herodes Antipas gedreht haben, den Jesus einen schlauen »Fuchs« nannte (LUKAS 13,32). Am Karfreitag, als Jesus hingerichtet wurde, »verachtete und verspottete« er den Zeugen der Wahrheit (LUKAS 23,11).

Herodes Antipas hatte das bei Unruhen zerstörte Sepphoris prächtig und außerordentlich schön wieder aufbauen lassen. Darin war er seinem Vater, Herodes dem

Nazareth, Südansicht

Großen, sehr ähnlich. Im Königsschloß residierte Herodes Antipas mit seiner berüchtigten Frau Herodias, die um dieses Verhältnisses willen die Ehe mit ihrem Mann Herodes Philippus, einem Halbbruder des Herodes Antipas, gebrochen hatte. Offensichtlich hatte sie eine Schwäche für Onkelehen, denn sowohl ihr erster Mann war ihr Onkel, als auch der Ehebrecher Herodes Antipas. Aus der ersten Ehe brachte sie die Tochter Salome mit, die dann beim Tod Johannes des Täufers noch ihren Namen auf grausame Weise in die Bücher der Geschichte schreiben sollte (MATTHÄUS 14,1-12).

Als Herodes Antipas seine erste Frau verließ, bekam er verständlichen Ärger mit seinem Schwiegervater, dem nabatäischen König Aretas IV., der ihm diese Beleidigung nie verzieh. Einige Jahre später, 36 n. Chr., begann der einen Krieg gegen Herodes Antipas und schlug ihn vernichtend. Das Volk sah darin eine Vergeltung für die Ermordung Johannes des Täufers.

Man hat in Sepphoris ein großes, in den Felsen gehauenes Amphitheater, das fünftausend Besucher faßte, ausgegraben. Deshalb kann man davon ausgehen, daß damals in Galiläa nicht bloß die Oberschicht, sondern wahrscheinlich auch das breite Volk griechisch verstand und auch sprach.

Während Josef, der Vater Jesu, aus Bethlehem stammte und dies als »seine Stadt« bezeichnet wird, war Nazareth der Heimatort von Maria, der Mutter Jesu. Ihr erschien ein Engel: »Fürchte dich nicht! Du wirst schwanger werden und einen Sohn gebären, und du sollst ihm den Namen Jesus geben. Der wird groß sein und Sohn des Höchsten genannt werden; und Gott, der Herr, wird ihm den Thron seines Vaters David geben, und er wird König sein über das Haus Jakob in Ewigkeit, und sein Reich wird kein Ende haben« (LUKAS 1,26-33).

Daß Maria eine solche Schwangerschaft nicht begreifen konnte, da sie »von keinem Mann weiß«, ist neben dem Lukasevangelium auch ausdrücklich im Matthäusevangelium erwähnt. Dort wird berichtet, Josef wollte seine Braut heimlich verlassen. Dies ergibt ja nur dann einen Sinn, wenn er von seinem völlig keuschen Umgang mit Maria überzeugt war. »Er berührte sie nicht, bis sie einen Sohn gebar« (MATTHÄUS 1, 25).

Wasserquelle

Warum aber wollte er ausgerechnet in dieser Situation seine Braut im Stich lassen? Nach dem jüdischen Gesetz war Josef in dieser Lage verpflichtet, sie nach den Zeremonien des Eifersuchtsgesetzes (4. MOSE 5) im Tempel öffentlich durch den Priester fragen zu lassen: »Hat kein Mann bei dir gelegen und bist du deinem Mann nicht untreu geworden, daß du dich unrein gemacht hast, so soll dir dies bittere, fluchbringende Wasser nicht schaden« (Vers 19).

So ist es verständlich, daß Josef sich fürchtete, »Maria in Schande zu bringen«. Dies ist nur aus dem Zusammenhang der Pflichten für Josef aus den Bräuchen des Eifersuchtsgesetzes zu begreifen. Maria wäre öffentlich als Sünderin überführt worden. So mußte es aus dem Blickwinkel des Josef aussehen. Auch er konnte sich ganz menschlich eine Schwangerschaft seiner Braut nur damit erklären, daß sie ihm untreu gewesen war.

Das Geheimnis der Empfängnis allein von Gott wird im Evangelium menschlicher Neugier entzogen: »Der heilige Geist wird über dich kommen, und die Kraft des Höchsten wird dich überschatten« (LUKAS 1,35).

Die moderne, 1969 fertiggestellte Verkündigungskirche schützt heute die Ausgrabungen der Kirche der Kreuzfahrer aus dem Jahr 1106. Darunter ist das Fundament einer byzantinischen Basilika vom Beginn des 5. Jahrhunderts ausgegraben. Unter dieser wurden Überreste einer Synagogenkirche aus dem 3. Jahrhundert mit einer Inschrift auf einer Säule freigelegt: »Sei gegrüßt, Maria«. Es ist die älteste schriftliche Erwähnung der Maria in Verbindung mit einem Bauwerk. Allerdings machen es uns die jetzigen gewaltigen Bauten schwer, sich das damalige, schlichte Geschehen entsprechend vorzustellen.

Die ausgegrabenen Überreste aus der Zeit des Herodes sind unter einer Überdachung zu sehen: Grotten, Ölpressen, Zisternen, Weinkelter, Silos. Die Verkündigungsgrotte scheint tatsächlich eine Vorratshöhle in Verbindung mit einem Wohnhaus gewesen zu sein. Hier könnte Maria gelebt haben, weil schon im 2. Jahrhundert an dieser Stelle

Spuren der frommen Verehrung nachgewiesen werden können.

Nach kirchlichen Traditionen soll sich die Verkündigung Jesu aber nicht in einer Grotte, sondern an einer Quelle abgespielt haben. Die früher deshalb verehrte Marienquelle gibt heute kein Wasser mehr und steht unbeachtet am Straßenrand. Statt dessen wird die alte Brunnenöffnung in der Krypta der griechisch-orthodoxen Gabrielskirche gezeigt, die auf einen um 630 errichteten Bau zurückgeht.

Im Alten Testament wird Nazareth nie erwähnt, um so mehr aber im Neuen Testament. Weil Jesus in Nazareth aufwuchs, wurde ihm der Beiname »der Nazarener« gegeben.

Wenn Nathanael als Schriftgelehrter auf die erste Nachricht über den gefundenen Messias ablehnend reagiert: »Was kann aus Nazareth Gutes kommen!«, so ist dies biblisch gut durchdacht und ganz richtig. Alle Messiasverheißungen zielen ja auf Bethlehem und nicht auf Nazareth (JOHANNES 1, 45 f.). Aber auch sonst hatte Nazareth im Volk keinen guten Ruf. Die Dienstmagd im Hof des Kaiphas meinte es als Schimpfwort: »Und du warst auch mit dem Jesus von Nazareth« (MARKUS 14, 67). Damit wollte sie nichts zu tun haben.

Pilatus hat dann auch in diesem Sinn die Überschrift am Kreuz so gewählt: »Jesus von Nazareth, der König der Juden« (JOHANNES 19, 19). Später haben die Apostel mit besonderer Vorliebe diesen Schimpfnamen als Ehrennamen Jesu betont. So gipfelt die Predigt des Petrus am Pfingsttag in dem Bekenntnis: Jesus von Nazareth wurde auferweckt. Der Tod konnte ihn nicht festhalten (APOSTELGESCHICHTE 2, 22). Auch die Heilung des Lahmen an der schönen Pforte des Tempels geschah im Namen Jesu Christi von Nazareth (APOSTELGESCHICHTE 3, 6).

Ganz unabhängig von allen archäologischen Nachweisen ist der langjährige Aufenthalt Jesu in Nazareth deshalb ganz sicher, weil das vielfach im Evangelium erwähnt und bezeugt wird. Während das Stadtbild und alle Gebäude sich im Lauf der Jahrhunderte vollständig veränderten, bleibt doch der Ausblick in die weite Umgebung dem ziemlich ähnlich, was einst Jesus von seiner Heimatstadt aus sah.

Am Mittelmeer erkennt man den Bergvorsprung von Rosh Hanikra, die Grenze nach Libanon. Ganz in der Nähe von Nazareth lag Sepphoris, die Hauptstadt des Fürsten Herodes Antipas. Vor dem Gebirge Karmel dehnt sich die Ebene Jesreel mit ihren fruchtbaren Feldern aus. Dort erhebt sich der Berg Tabor. Deutlich kann man die Ortschaften Nain und En-Dor erkennen.

Auch wenn sich in Nazareth die 200 Meter nördlich der Verkündigungskirche gelegene Synagogenkirche nicht weiter als bis zum 6. Jahrhundert zurückverfolgen läßt, so erinnert sie doch heute noch an das Geschehen damals in der Synagoge.

Auch Jesus besuchte »nach seiner Gewohnheit am Sabbat« die Synagoge der Stadt. Schon als Jugendlicher wird ihm dort viel aus der Schrift vermittelt worden sein. Daß es auch bei dem Bericht des Evangeliums über die Vorgänge in Nazareth vor allem um die Erfüllung der Prophetie geht, stellte Jesus selbst dort in der Synagoge heraus. Er las das Wort: »Der Geist des Herrn ist auf mir, weil er mich gesalbt hat, zu verkündigen das Evangelium den Armen; er hat mich gesandt, zu predigen den Gefangenen, daß sie frei sein sollen und den Blinden, daß sie sehen sollen, und den Zerschlagenen, daß sie frei und ledig sein sollen, zu verkündigen das Gnadenjahr des Herrn.«

Und weil für Jesus das Entscheidende nicht im Sehen, sondern im Hören seines Wortes liegt, fügte er abschließend hinzu: »Heute ist dieses Wort der Schrift erfüllt vor euren Ohren« (LUKAS 4, 18 ff.).

Nicht nur im Ärger über die von Jesus verweigerten Wunderzeichen, sondern auch aus Neid über den hohen Anspruch des Sohnes einer einfachen Familie in ihrer Stadt, wollten die Einwohner Nazareths Jesus im Zorn vom »Abhang des Berges, auf dem ihre Stadt gebaut war«, hinabstürzen. Jesus aber ging mitten durch sie hinweg (LUKAS 4, 29 f.). Es muß sich um einen Abhang am Rande der Altstadt vor zweitausend Jahren handeln, der auch archäologisch am Rand der heutigen Verkündigungskirche nachgewiesen wurde.

Durch die bald vollzogene Trennung von der Familie ging Jesus nach Kapernaum, das »seine Stadt« wurde. Aus der stillen Provinz rückte Jesus damit in das geschäftige Leben am Schnittpunkt der großen Handelsstraßen, der dicht besiedelten Städte und Dörfer am See Genezareth.

Die Herrlichkeit Jesu bei der Dorfhochzeit in Kana

Höhepunkt im Leben – Der peinliche Engpaß – Nur ein Zeichen seiner Herrlichkeit – Noch nicht!

Eine Hochzeit in Israel war immer ein außergewöhnliches Fest, das mindestens sieben Tage dauerte. Es waren Höhepunkte des Lebens und der ausgelassenen Freude. Man kam von weit her zusammen. Auch Jesus hat in seinen Gleichnissen immer wieder von der Hochzeitsfreude gesprochen, die alles andere in den Schatten stellt. Man liebte es, auch die Nächte zum Tag zu machen. Es wurde gerne und viel gegessen und getrunken. Man sang und lachte.

Am ersten Abend der Hochzeit holte der Bräutigam die verschleierte Braut mit einer Sänfte aus dem Haus ihres Vaters in festlichem Zug mit Fackeln und unter Gesängen, wie wir sie im Hohelied finden, mit Myrtenzweigen in den Händen zum Haus des Bräutigams. Nur die unbescholtene Braut war bekränzt. »Heimholen« nannte man das (MATTHÄUS 1, 18 und 5. MOSE 20, 7). Erst dann waren zwei Verlobte verheiratet. Die Ehe, aber auch das Verlöbnis, hatten ihr prägendes Vorbild an der absoluten Treue und Heiligkeit der göttlichen Erwählung, wie es der Prophet Hosea beschrieb: »Ich will mich mit dir verloben für alle Ewigkeit« (2, 21 f.). Auch schon das Gesetz war im außerehelichen Verhältnis so eindeutig wie im ehelichen: »Ist's aber Wahrheit, daß das Mädchen nicht mehr Jungfrau war, so soll man sie heraus vor die Tür des Hauses ihres Vaters führen, und die Leute der Stadt sollen sie zu Tode steinigen, weil sie eine Schandtat in Israel begangen hat« (5. MOSE 22, 20 f.). Die Frau, die der Untreue verdächtigt wurde, mußte sich vor dem Priester der Probe mit dem Eifersuchtsopfer und dem bitteren Wasser unterziehen (4. MOSE 5, 11 - 28). Das jung verheiratete Paar hatte aber auch im ersten Ehejahr Befreiung vom Kriegsdienst, auch wenn das Vaterland darüber unterging: »... soll er nicht mit dem Heer ausziehen, und man soll ihm nichts auferlegen. Er soll frei sein in seinem Hause ein Jahr lang, daß er fröhlich sei mit seiner Frau, die er genommen hat« (5. MOSE 24, 5).

Nun waren Jesus und seine Jünger zur Hochzeit in Kana eingeladen. Die Mutter Jesu war auch da. Wahrscheinlich war Josef damals schon tot. Jesus kam aus der Wüste von Johannes dem Täufer. Immer wieder hat Jesus darauf hingewiesen, daß jetzt nicht Zeit zum Fasten sei. Johannes selbst bezeichnete sich als den Freund des Bräutigams, der die Hochzeit zu organisieren hatte: »Diese meine Freude ist nun erfüllt« (JOHANNES 3, 29). Die Bezeichnung »am dritten Tag« geht auf einen alten jüdischen Brauch zurück, daß Hochzeiten bevorzugt am Dienstag, also am dritten Tag der Woche, abgehalten wurden.

Das heute oft besuchte Kana in Galiläa war es wohl nicht, sondern der neun Kilometer entfernt gelegene, heute unbewohnte Ruinenhügel mit dem Namen Chirbet Kana. Diese Stadt war zu Jesu Zeiten größer als Nazareth. Nathanael, einer der ersten Jünger, stammte aus diesem Ort.

»Als der Wein ausging«, drängte Maria Jesus. Aber Jesus wies sie brüsk zurück: »Was geht's dich an, Frau, was ich tue? Meine Stunde ist noch nicht gekommen.« Weil es eine Versuchung war, der Stunde göttlichen Gehorsams auszuweichen, mußte Jesus warten. Dann ließ Jesus die großen Wasserkrüge der Reinigung mit ganz alltäglichem Wasser füllen. Als der Speisemeister kostete, war es Wein bester Qualität. Darin »offenbarte Jesus seine Herrlichkeit« (JOHANNES 2, 1 - 11). Es war ein Zeichen in ganz alltäglichen und banalen Dingen, das auf seine Macht als Messias und Gottessohn hinwies. Eine verlegene Hochzeitsgesellschaft erlebte Gottes Herrlichkeit in den Pannen menschlicher Begrenzung. Doch nicht das allein. Jesus ist selbst das, was er schenkt und gibt. So war Wein aber auch immer ein Zeichen der anbrechenden Heilszeit Gottes. Jakob spricht vom künftigen Messias, dem die Völker anhangen: »Er wird sein Kleid in Wein waschen und seinen Mantel in Traubenblut« (1. MOSE 49, 11).

So wie Jesus das wahre Licht der Welt oder das Brot ist, so will er auch die Fülle des Lebens überfließend bringen. Das Materielle ist dabei nur äußerliches, aber doch nicht unwichtiges Zeichen seiner Herrlichkeit. Es geht um viel mehr, nämlich um ihn allein, der sich ganz gibt.

Wer die Herrlichkeit Jesu kennt, der leidet stark unter den Nöten um sich her. Er möchte wie Maria den Herrn bedrängen: Hilf doch jetzt! Doch Jesus will nicht, was menschlich, sondern was göttlich ist. Jetzt und heute ist die Stunde, wo er seine Herrlichkeit in der Niedrigkeit des Kreuzes offenbart. Es wird einmal die Stunde kommen, wo wir ihn in seiner verklärten Vollendung sehen, wie er ist. Doch diese Stunde ist nicht heute. Noch nicht!

Die starke Festung Hazor an der Via Maris

Eine mächtige Koalition – Rosse helfen auch nicht – Josuas Brandspuren – Die Götter der Kanaanäer – Was Salomos Fronleute bauten – Ahabs Wiederaufbau – Eine geniale Wasserversorgung innerhalb der Mauern

Heute läßt der Anblick des stillen Ruinenhügels von Hazor die einstige Größe und Pracht nur noch ahnen. Hier, aber auch im tiefer gelegenen Plateau, sollen einmal vierzigtausend Menschen gelebt haben, als diese Stadt wichtigster Mittelpunkt der kanaanäischen Königreiche war. Das war in vorbiblischer Zeit, zwischen 1500 und 1200 v. Chr. Vierzehn Kilometer nördlich vom See Genezareth, beherrschend an der großen Militär- und Handelsstraße zwischen Ägypten und Mesopotamien gelegen, taucht diese Stadt in den Archiven dieser Weltmächte auf. Mit dem Handel von Zinn verdiente Hazor viel Geld.

Als die Israeliten unter Josua ins verheißene Land eindrangen, schmiedete der mächtige König Jabin von Hazor eine starke Allianz der vereinten kanaanitischen Königreiche bis zum Hermon. »Wie der Sand am Meer lag dieses vereinte Heer am Wasser von Merom«, dem heute trockengelegten Hule-See. Den Sieg erreichte nicht Israels Kampfesmut, sondern schenkte Gottes Wundermacht.

Vor der Schlacht machte Gott dem Feldherrn Josua Mut: »Fürchte dich nicht vor ihnen! Denn morgen um diese Zeit will ich sie alle vor Israel dahingeben und sie erschlagen; ihre Rosse sollst du lähmen und ihre Wagen mit Feuer verbrennen.«

Ganz überraschend muß Josua die Kanaaniter am Wasser von Merom überfallen haben. »Und der Herr gab sie in die Hände Israels, und sie schlugen sie und jagten ihnen nach bis Sidon, der großen Stadt« (JOSUA 11, 1-15).

Daß Israel die erbeuteten Pferde nicht einfach als Kriegsbeute zur Stärkung ihrer militärischen Macht übernahm, ist zum Verständnis biblischen Glaubens ganz wichtig. Obwohl schon Pharao die Israeliten beim Auszug mit Pferden verfolgte und auch die Kanaanäer als wichtigste Waffen von Pferden gezogene Streitwagen hatten, wollte Israel lange Zeit diese gewaltige und erfolgreiche Waffe nicht. Ausschlaggebend waren dafür allein Glaubensgründe. Pferde standen für irdische Macht, für Luxus und menschliche Herrschaft. Sie zerstörten das Vertrauen in den lebendigen Gott.

Israel kannte und bewunderte sehr wohl auch die durchschlagende Kraft der Prestigewaffe »Pferd«. In der Bibel findet sich eine der schönsten Schilderungen seines Wesens: »Kannst du dem Roß Kräfte geben oder seinen Hals zieren mit einer Mähne? ... Schrecklich ist sein prächtiges Schnauben ... mit Kraft zieht es aus, den Geharnischten entgegen. Es spottet der Furcht und erschrickt nicht und flieht nicht vor dem Schwert. Auf ihm klirrt der Köcher und glänzen Spieß und Lanze. Mit Donnern und Tosen fliegt es über die Erde dahin und läßt sich nicht halten beim Schall der Trompete. Sooft die Trompete erklingt, wiehert es ›Hui!‹ und wittert den Kampf von ferne, das Rufen der Fürsten und Kriegsgeschrei« (HIOB 39, 19-25).

Daß David auf einem Maultier ritt, erfahren wir bei der Krönung Salomos, wo er befahl: »Setzt meinen Sohn Salomo auf mein Maultier und führt ihn hinab zum Gihon« (1. KÖNIGE 1, 33). So reitet auch der kommende Messias, der Israel allein retten kann, »auf einem Esel, auf einem Füllen der Eselin« (SACHARJA 9, 9).

In der großen Bewunderung für die überlegene Kraft des Pferdes und der Streitwagen wurde die Göttin Astarte in Ägypten »hoch zu Roß« dargestellt. Auch in Jerusalem müssen beim dortigen Götzendienst im Tempel »für den Dienst der Sonne ... am Eingang des Hauses des Herrn« Rosse als kultische Bilder aufgestellt worden sein, die dann erst Josia vernichtete (2. KÖNIGE 23, 11).

Israel aber wollte allein auf den lebendigen Gott trauen, der sich ihnen in der Geschichte offenbart hatte. Sie konnten nur kleine Hilfsdienste tun, der Sieg kam allein von ihm. Überall klingt das in den Liedern Israels durch: »Jene verlassen sich auf Wagen und Rosse; wir aber denken an den Namen des Herrn, unsres Gottes« (PSALM 20, 8). »Rosse helfen auch nicht; da wäre man betrogen; und ihre große Stärke errettet nicht« (PSALM 33, 17). »Er hat keine Freude an der Stärke des Rosses« (PSALM 147, 11). Auch bei der Flucht aus Ägypten erwies sich Gott als stark: »Roß und Mann hat er ins Meer gestürzt« (2. MOSE 15, 1).

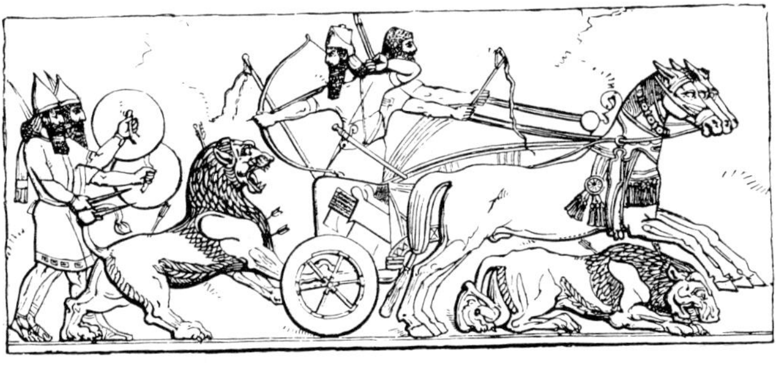

König auf der Jagd

Mose ordnete in großer Sorge für den künftigen König Israels an: »Nur daß er nicht viele Rosse halte und führe das Volk nicht wieder nach Ägypten, um die Zahl seiner Rosse zu mehren« (5. MOSE 17, 16). Bezeichnend war dann auch für den Revolutionär Absalom, daß er sich zuerst »Rosse anschaffte« (2. SAMUEL 15, 1). Genauso handelte der Putschist Adonija, auch ein Sohn Davids, der sich zuerst »Wagen und Gespanne« zulegte (1. KÖNIGE 1, 5). Später bei Salomo fanden Pferde Eingang in Israel. Sie wurden aus Ägypten importiert (2. CHRONIK 9, 28).

Auch bei uns wird heute noch das Wort zitiert: »Manche Esel können nur über Pferde reden.« Für Salomo traf dies trotz seiner Liebhaberei für Pferde wirklich nicht zu. »Er dichtete dreitausend Sprüche und tausendundfünf Lieder. Er dichtete von den Bäumen, von der Zeder auf dem Libanon bis zum Ysop, der aus der Wand wächst. Auch dichtete er von den Tieren des Landes, von Vögeln, von Gewürm und von Fischen« (1. KÖNIGE 5, 12 f.). Das unvergleichlich schöne Hohelied Salomos scheint in der Aufzählung noch vergessen zu sein.

Auch in Israel wurde das Pferd immer stärker zum Machtfaktor. Genau hier setzte immer wieder die Kritik der Propheten ein: »Doch ich will mich erbarmen über das Haus Juda und will ihnen helfen durch den Herrn, ihren Gott; ich will ihnen aber nicht helfen durch Bogen, Schwert, Rüstung, Roß und Wagen« (HOSEA 1, 7). Als dann das Volk in schwerer Bedrängnis hoffnungsvoll auf Ägypten blickte, sagte der Prophet: »Durch Stillesein und Hoffen würdet ihr stark sein. Aber ihr wollt nicht und sprecht: ›Nein, sondern auf Rossen wollen wir dahinfliegen!‹ (JESAJA 30, 15 - 16) Dabei kann dies doch keine Hilfe für Israel bedeuten: »Seine (Ägyptens) Rosse sind Fleisch und nicht Geist« (JESAJA 31, 3).

Pferdezucht stand später auch bei den arabischen Nabatäern hoch im Kurs. Das heute noch beliebte arabische Pferd wurde durch Tiere aus Asien und Afrika gekreuzt. Stallungen und Zeichnungen finden sich im Negev.

Nach dem Sieg über das versammelte Heer der Kanaaniter eroberte Josua die Festung Hazor. Lange Zeit hat man diesen biblischen Bericht in der theologischen Forschung nicht für glaubwürdig gehalten, bis durch die Archäologen überzeugend nachgewiesen werden konnte: »Josua verbrannte Hazor mit Feuer« (JOSUA 11, 1-13). Die Unterstadt wurde später nicht mehr aufgebaut.

Im Kampf der Israeliten unter Barak und der Richterin Debora wird ebenfalls ein König Jabin von Kanaan erwähnt. Sein General Sisera hatte 900 Kampfwagen, bevor er auf wunderbare Weise durch die israelischen Stämme des Nordens besiegt wurde (RICHTER 4 und 5).

In den Ausgrabungen fand man aus biblischer Zeit einen kanaanäischen Tempel. Darin war unter anderem ein großer Altarstein, eine sitzende männliche Gottheit und eine Stele, auf der sich Hände betend zur Mondsichel erheben. Die Funde sind im benachbarten Kibbuz Ayelet Ha-Sahar und im Israel-Museum in Jerusalem zu sehen.

Aus der Zeit Salomos fand man ein Stadttor, Vorratshäuser und eine Kasemattenmauer, die denen in Megiddo sehr ähnlich sind. Davon berichtet auch die Bibel: Fronleute bauten »die Mauer Jerusalems und Hazor und Megiddo und Geser« (1. KÖNIGE 9, 15). Ein sogenanntes zweireihiges Pfeilerhaus geht auf König Ahab zurück und diente wohl zum Verwahren der Vorräte. Um 885 v. Chr. wurde Hazor von den durchziehenden Aramäern zerstört. Eine Schicht von Asche erinnert daran. Ahab baute dann die salomonische Festung Hazor doppelt so groß wieder auf. Zwei Wohnhäuser wurden durch ein Erdbeben 763 v. Chr.

zerstört und haben jetzt noch sichtbar schiefe Wände. Dieses schwere Erdbeben ist auch beim Propheten Amos erwähnt (1, 1).

Der Torbau mit sechs Wachstuben war über vier Meter breit und gepflastert. Darunter kam der Palast des Königs Jabin zum Vorschein. Ahab hat auch die Zitadelle im westlichen Eck der Oberstadt ausbauen lassen. Er füllte die Kasemattenmauer Salomos, die schon Wände von einem bis eineinhalb Meter Dicke hatte, mit Steinen, um die Befestigungen noch widerstandsfähiger zu machen.

Ahab ließ auch das technisch großartige Wassersystem in dreißig Metern Tiefe anlegen. Dort befindet sich ein Tunnel, der nochmals zehn Meter in die Tiefe führt, bis zu einem künstlich angelegten unterirdischen Grundwasserbecken. Das Wasser konnte von hier mit Eseln über einen breiten Weg heraufgeführt werden.

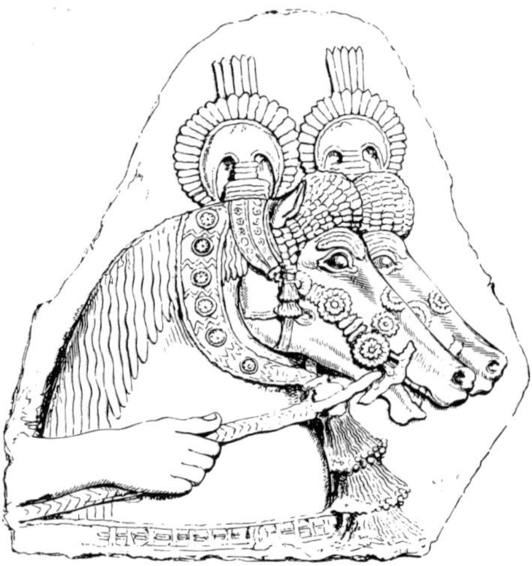

Pferdeköpfe

Mit der Zerstörung des Nordreichs unter Tiglat-Pileser III. von Assyrien wurde Hazor 732 v. Chr. erobert und die Bevölkerung deportiert (2. KÖNIGE 15, 29). Die Stadt wurde völlig zerstört und nicht mehr besiedelt.

Die Golan-Höhen

Die fruchtbaren Weiden von Baschan

Biblisch heißt das ganze Gebiet zwischen Hermon und Jarmuk jenseits des Jordan Baschan und ist für seine Fruchtbarkeit, seinen Wohlstand und seine Viehherden bekannt. Die Hochebene grenzt im Norden an den schneebedeckten Hermon, im Süden an Gilead, westlich an den Jordan.

Fast fünfzigmal kommt Baschan in der Bibel vor, meist im Zusammenhang mit der ersten Eroberung oder dem letzten Gottesgericht und der Heimholung seines Volkes. Noch unter Mose, vor dem Einzug in das gelobte Land, nahm Israel dieses Land ein. Og, der König von Baschan, zog ihnen entgegen. Der Herr sprach zu Mose: »Fürchte dich nicht vor ihm, denn ich habe ihn in deine Hand gegeben mit Land und Leuten« (4. MOSE 21,34). Und Israel nahm das Land ein.

Auch am Ende der Zeit verheißt der Prophet Micha durch das schwere Gericht Gottes hindurch im Namen Gottes: »Laß sie in Baschan und in Gilead weiden wie vor alters! Laß uns Wunder sehen wie zur Zeit, als du aus Ägyptenland zogst« (MICHA 7,14 f.). Gott erläßt alle Schuld denen, die von seinem Erbteil übriggeblieben sind, und wirft alle Schuld in die Tiefen des Meeres.

Jeremia verkündigte des Herrn Wort: »Israel aber will ich wieder heim zu seiner Wohnung bringen, daß sie auf dem Karmel und in Baschan weiden und sich sättigen sollen auf dem Gebirge Ephraim und Gilead« (JEREMIA 50,19).

Vom Gericht Gottes, das auch über die »hohen und erhabenen Zedern auf dem Libanon und über alle Eichen in Baschan« kommen wird, sprach Jesaja (2, 13). Alle Hoffart des Menschen wird sich dann beugen und demütigen müssen vor dem Herrn.

Wenn Gott sein Volk Israel aus der Zerstreuung der Welt heimholt, dann gilt dort auf den Höhen: »Heult, ihr Eichen Baschans; denn der feste Wald ist umgehauen« (SACHARJA 11, 2). Weil das Land so jämmerlich steht, »Scharon ist wie eine Steppe, und Baschan und Karmel stehen kahl«, wird sich der Herr aufmachen und der Herr wird bei Jerusalem mächtig sein (JESAJA 33, 9).

Die Eichen von Baschan wurden für die Ruder der Schiffe von Tyrus benützt (HESEKIEL 27, 6). Früher waren die Höhen dicht bewaldet.

Unter Herodes dem Großen wurde dieses Gebiet Gaulanitis genannt. Daraus kommt dann der spätere Name Golan, der auch in biblischer Zeit schon für eine Stadt in diesem Gebiet gebraucht wurde.

In Dan zum Sündigen verführt

In dem schönen Naturschutzgebiet, das vom Dan, einem Quellfluß des Jordans durchströmt wird, befindet sich der Tel Dan am Fuß des schneebedeckten Hermon. Dieses war also der nördlichste Punkt Israels, wenn immer wieder im Alten Testament für Israel angegeben wird: Von Dan bis gen Beerscheba.

Ursprünglich hatte Josua dem Stamm Dan die Küstenebene zugesprochen, wo heute die Städte Tel Aviv und Jaffa liegen. Er konnte sich aber gegen die Philister nicht durchsetzen und wanderte nach Norden weiter und eroberte dort von den Phöniziern die Stadt Leschem, die auch Lajisch genannt wird »und wohnte darin und nannte es Dan nach seines Vaters Namen« (JOSUA 19, 40 - 48).

Ausführlich ist diese Besiedlung auch noch im Richterbuch festgehalten. Dort erfahren wir, wie sie auch gleich einen jungen Leviten von Micha mitnahmen und ein Götzenbild, einen Efod, den sie in Ephraim geraubt hatten. Auf dieses Maskottchen führten sie ihr Kriegsglück zurück (RICHTER 18). Diese Invasion wird im zwölften Jahrhundert v. Chr. stattgefunden haben und wird von den Ausgrabungen bestätigt.

Die Bibel spricht von der kanaanäischen Stadt: »Sie waren reich an Besitz,und es fehlte ihnen nichts an alledem, was es auf Erden gibt« (RICHTER 18, 7). So hat man bei den Ausgrabungen eine prächtige mycenische Vase gefunden.

Größte Bedeutung bekam Dan aber erst nach der Reichsteilung unter König Jerobeam I. (930 - 907 v. Chr.). Damit die Bewohner nicht weiter zum Tempel nach Jerusalem pilgerten, ließ der König von Israel ein goldenes Kalb aufstellen, um durch religiösen Kult dem morschen Staat mehr Halt zu geben (1. KÖNIGE 12, 25 - 30). Daneben wurde von Jerobeam jene Kulthöhe eingerichtet, wo Opfer und Weihrauch verbrannt wurde (1. KÖNIGE 12, 31). Diese freistehende Plattform aus behauenen Kalksteinen auf einem unbehauenen Fundament in der Größe von ca. sieben auf achtzehn Meter wurde ausgegraben. Sie wurde durch ein großes Feuer zerstört.

Schon unter Omri (882 - 871 v. Chr.) und Ahab (871 - 852 v. Chr.) wurde dieses Höhenheiligtum wieder aufgebaut und auf das Doppelte vergrößert. Hundert Jahre später wurde noch eine monumentale Treppe an diese Opferhöhe angebracht. Außerdem wurden viele heidnische Kultwerkzeuge hier gefunden.

Die Stadt wurde sowohl vom Aramäerkönig Ben-Hadad wie später auch von den Assyrern zerstört. Die Bevölkerung wurde deportiert. Der heidnische Opferbetrieb lief aber, wie Ausgrabungen zeigen, in hellenistischer Zeit weiter.

Banias – die Quellgrotte und eine prächtige Regierungsstadt

Naturgott oder Kaiserkult? – Ein Ort der Stille – Die Schlüssel des Himmelreiches – Durch Leiden zur Herrlichkeit – Das abgeschlagene Haupt auf der Schale – Eine kurze Onkelehe

Das armselige Dörflein Banias heute erinnert in nichts mehr an jene prächtige Regierungsstadt Cäsarea Philippi, die hier am Fuß des schneebedeckten Hermon gestanden hat. Weil die späteren Bewohner hier das »P« so schlecht sprechen konnten, entstand aus der Stadt mit dem Heiligtum des Pan, Paneas, das heutige arabische Banias. Bibellesern aber ist der Ort durch den Fürsten Philippus besser bekannt.

Philippus war einer der wenigen Söhne des brutalen Herodes I., der dessen Mordlust in der eigenen Familie überlebte. Er war ein Sohn der fünften Frau von Herodes dem Großen. Eine tiefe Prägung griechischer Kultur erhielt er in Rom, wo er erzogen wurde. Kaiser Augustus sorgte selbst dafür, daß das Regierungsgebiet von Herodes unter drei Teilherrschern, den Söhnen von Herodes, aufgeteilt wurde. Solche Teilherrscher wurden damals zuerst in Griechenland, dann auch anderswo Tetrarchen (= Vierfürst) genannt. Philippus erhielt Gebiete nordöstlich des Sees Genezareth. Anders als sein gefürchteter Bruder Herodes Antipas in Tiberias unterschied sich Philippus durch eine milde und maßvolle Regierungspolitik. In das Herrschaftsgebiet

Banias

des Philippus wich Jesus gerne vor dem tyrannischen und heimtückischen Herodes Antipas aus.

Philippus baute schon die kleine Fischerstadt Betsaida am nördlichen See Genezareth bei der Einmündung des Jordan als seine Residenz aus und nannte sie zu Ehren der römischen Kaisertochter Julias. Aber auch die Stadt Paneas, die an einer wichtigen Handelsstraße von Damaskus zum Mittelmeer lag, wurde glanzvoll im griechisch-römischen Stil erbaut und auch so benannt. Zur Unterscheidung von der großen Hafenstadt Cäsarea am Mittelmeer nannte er die Stadt seines Regierungssitzes Paneas nun auch mit einem kaiserlichen Namen, nämlich Cäsarea Philippi.

Nur wenige Juden werden in dieser Stadt gewohnt haben, dafür meist im griechischen Geist erzogene und denkende Fremde. In einer Felsgrotte entsprang damals der östlichste der drei Quellflüsse des Jordan. Durch Erdbeben liegt die stattliche Quelle heute tiefer und sammelt sich in einem Becken, bevor die Wasser durch einen dschungelähnlichen Wald talwärts fließen. Wasserkanäle verteilen die kostbare Flut in Gärten und Parks, bevor sie dann nach 1,5 Kilometern über einen großartigen Wasserfall in die Tiefe stürzt.

Herodes der Große erbaute hier an dieser Stelle der Jordanquelle einen Tempel mit weißem Marmor. An der Felswand sind noch Nischen mit griechischen Inschriften zu erkennen, in denen Statuen standen. Nymphen und der griechische Hirtengott Pan wurden hier verehrt.

Warum kam Jesus überhaupt in diese entlegene Stadt im hohen Norden? Immer wieder kann man im Evangelium lesen, wie Jesus die Stille und Abgeschiedenheit suchte. Hier in der Umgebung der hellenistischen Stadt wird er sie gefunden haben, auch wenn die heidnische Götzenanbetung herausfordernd wirken mußte. Hier standen glänzende und beeindruckende Symbole der vergöttlichten Naturmacht des Hirtengottes Pan und des großen Anspruchs der kaiserlichen Staatsmacht in Rom. Hier fragte Jesus seine Jünger: »Wer sagen die Leute, daß der Menschensohn sei?« Und als die Jünger wiedergaben, was so im Volk kursiert, fragte sie Jesus wenig später: »Wer sagt denn ihr, daß ich sei?« Die Antwort des Petrus kam eindeutig: »Du bist Christus, des lebendigen Gottes Sohn!«

Daß dies nicht menschlicher Denkkraft oder kluger Mutmaßung entspringt, stellte Jesus ganz besonders heraus: »Fleisch und Blut haben dir das nicht offenbart, sondern mein Vater im Himmel!« (MATTHÄUS 16, 13 - 20)

Hier begründete auch Jesus, warum Petrus den Beinamen Kephas (= Fels, griechisch: petros) trägt. Der Glanz und die Herrlichkeit der schönen und prächtigen Regierungsstadt Cäsarea Philippi ist zerfallen und vergangen. Das Bekenntnis zu Jesus aber, dem Christus und Gottessohn, bleibt durch die Jahrhunderte allem Widerspruch zum Trotz der einzige Felsen, das wirklich unerschütterliche Fundament, auf dem die Gemeinde Gottes gebaut wird. Selbst »die Pforten der Hölle sollen sie nicht überwältigen«.

Wenn Jesus an diesem Platz von den Pforten der Hölle spricht, so legt das Heiligtum des Pan eine besondere Aktualität nahe. Selbst in unserer Sprache sind von diesem griechischen Gott Pan noch in den Worten »panischer Schrecken« oder »Panik« furchterregende Erinnerungen festgehalten, die nur im Glauben an Jesus überwunden werden können.

Dort gab Jesus Petrus mit den »Schlüsseln des Himmelreiches« jene Vollmacht, zu binden und zu lösen, die dann später ausdrücklich auch den anderen Jüngern in gleicher Weise gegeben wurde (MATTHÄUS 18, 18; JOHANNES 20, 23).

Gleichzeitig verbot Jesus aber damals den Jüngern, über sein Messiasamt zu reden, wohl weil die politischen Mißverständnisse einer Befreiung vom Joch der Römer sonst zu völlig falschen und unsinnigen Reaktionen geführt hätten. Darum wies Jesus jetzt auch an dieser Stätte prächtiger Baukunst auf den schweren Leidensweg zum schmachvollen Tod am Kreuz, der vor ihm lag. Nur auf diesem Weg war für die Welt die Herrlichkeit wieder zu gewinnen. »Seit der Zeit fing Jesus an, seinen Jüngern zu zeigen, wie er nach Jerusalem gehen und viel leiden müsse ... und getötet werden und am dritten Tag auferstehen.« Von hier, dieser schattigen und wasserreichen Quelle, ging der Blick nach Jerusalem zum Kreuz.

Dabei wird Jesus zusammen mit seinen Jüngern in dieser Gegend von Cäsarea Philippi besonders auch Johannes der Täufer und seine schreckliche Enthauptung vor Augen gestanden sein (MATTHÄUS 14, 1-12). Nach den Berichten des jüdischen Geschichtsschreibers Josephus hat sich das grausame Geschehen zwar in der Festung Machärus, tief südlich im moabitischen Bergland auf der Ostseite des Toten Meeres, abgespielt, wo schon der gefürchtete Herodes diese Burg als letzte Fluchtmöglichkeit bauen ließ. Das war kurz bevor Jesus in diese Gegend kam, im Jahr 29 n. Chr.

Von dort unten tief im Süden geht aber eine Linie hoch hinauf in den Norden nach Cäsarea Philippi. Das Mädchen, das damals vor Herodes Antipas, dem gefürchteten Herrscher von Tiberias, tanzte, ihn amüsierte und erregte, war – auch wenn das Evangelium den Namen nicht nennt – seine Stieftochter Salome, die Tochter der ehebrecherischen Herodias. Als der Vater ihr schwur, sie dürfe bitten, was sie wolle, bat sie nach kurzer Rücksprache mit ihrer im Gewissen tief getroffenen Mutter: »Das Haupt

Jordanquelle

Johannes des Täufers.« Darauf wurde Johannes enthauptet. Wie wird sich das Mädchen Salome gefühlt haben, als sie ihrer Mutter die unheimliche Schale mit dem eben abgeschlagenen Haupt übergab? (MARKUS 6,17-29)

Diese Salome heiratete wenig später, in der Zeit bevor Jesus nach Cäsarea Philippi kam, jenen Vierfürsten Philippus, der ihr Onkel war. Es war eine kurze Freude, etwa drei Jahre lang, dann starb ihr Mann Philippus. Das Grab des enthaupteten Johannes des Täufers zeigt man heute in Samaria-Sebaste in einer Moschee, die früher eine Kirche war, die über einer Grabkrypta errichtet wurde.

Schon im Jahr 68 n. Chr. wurde Cäsarea Philippi zu Ehren des Kaisers Nero in Rom in Neronias umbenannt. Daß im Evangelium der alte Name bleibend aufbewahrt wurde, spricht für den verläßlichen und genauen Bericht.

Bibelregister

Lk 11,1ff.	Spät am Abend nach B.
Lk 10,38-42	Maria und Marta
Lk 19,29ff.	Einzug in Jerusalem
Joh 11	Auferweckung des Lazarus
Joh 12,1-8	Salbung Jesu durch Maria

Betanien, Taufstelle

Joh 1,28f	Johannes jenseits des Jordan
Joh 10,40	Jesus geht zur Taufstelle

Betfage = Haus der Feigen

Mt 21,1	Esel losbinden

Bethel = Haus Gottes

1. Mose 12,8	Abram baut Altar
1. Mose 13,1-4	Rückkehr nach B.
1. Mose 28,10-22	Himmelsleiter und Stein
1. Mose 35,1-15	Rückkehr Jakobs
Ri 1,22-26	Eroberung von Bethel
Ri 20,27	Stiftshütte und Bundeslade
1. Kö 12,26-32	Goldenes Stierbild
1. Kö 13,1-10	Prophet ruft gegen Altar
1. Kö 13,11	Ein alter Prophet
2. Kö 2ff.	Prophetenschule
2. Kö 2,23-25	Kahlkopf, komm herauf
Jer 48,13	Israel über B. zuschanden
Amos 3,14	Altäre heimsuchen
Amos 4,4	Ort der Sünde
Amos 7,10-17	Amos ausgewiesen

Bethlehem = Haus des Brotes

1. Mose 35,19	Rahels Grab
Rut 4,11	Boas und Rut
1. Sam 16,1-13	Salbung Davids
2. Chr 11,6	Festungsstadt
Esra 2,21	123 Einwohner
Micha 5,1	Messiasverheißung
Mt 2,1ff.	Geburtsort Jesu
Lk 2,1-20	Geburt Jesu

Betsaida = Haus des Fischens

Mt 11,21	Weheruf
Mk 6,45	Hinüberfahren nach B.
Lk 9,10	Allein in Betsaida
Joh 1,44	Philippus, Andreas, Petrus
Mk 8,22-26	Heilung eines Blinden

Bet-Schean
= Haus der Sicherheit

Ri 1,27	Noch nicht eroberte Stadt
1. Sam 31,8-13	Sauls Leichnam geschändet

Cäsarea am Meer

Apg 8,40	Diakon Philippus
Apg 9,30	Reise des Paulus
Apg 10	Petrus bei Kornelius
Apg 12,19-23	Tod des Agrippa I.
Apg 18,22	Ankunft des Paulus

Apg 21,8.16 Haus des Philippus
Apg 23-26 Paulus im Gefängnis
Apg 27,2 Abreise des Paulus nach Rom

Cäsarea Philippi = Banias

Chorazin
Mt 11,20-22 Weheruf Jesu

Dotan
1. Mose 37,17 Joseph sucht seine Brüder
2. Kö 6,13ff. Aramäer belagern

Ebal, Berg
5. Mose 11,29 Berg des Fluches
5. Mose 27,4 Steinmal
5. Mose 27,13 Stämme Israels
Jos 8,30.33 Altar Josuas

Ela-Tal = Eichgrund
1. Sam 17,2 Kampf Sauls gegen Philister
1. Sam 21,10 David tötete Goliat im E.

Elat = Ezjon Geber
4. Mose 33,35ff. Wüstenzug Israels
5. Mose 2,8 Durchzug der Israeliten
1. Kön 9,26 Schiffe Salomos
2. Kön 14,22 König Asarja
2. Kön 16,6 Syrer vertreiben Juden
2. Chr 8,17f. Salomos Schiffe nach Ofir

Emmaus
Lk 24,13ff. Jesus als Auferstandener

En-Dor
1. Sam 28,7-25 Saul bei der Totenbeschwörerin
Ps 83,10f. Tod von Sisera und Jabin

En-Gedi = Quelle des Zickleins
1. Sam 24,1f. Davids Versteck
2. Chr 20,2 Feinde Joschafats
Hld 1,14 Weingärten
Hes 47,10 Fischer am Toten Meer

Galiläa = Bezirk, Landstrich
Jos 20,7 Freistadt Kedesch
1. Kön 9,11ff. Salomo gibt Städte an Hiram
Jes 8,23 Galiläa der Heiden im Finstern
Mt 3,13 Jesus in Galiläa
Mt 28,7ff. Der Auferstandene
Mk 14,70 Petrus, ein Galiläer
Lk 3,1 Herodes, Vierfürst
Apg 2,7 Jünger aus Galiläa

Garizim, Berg = öde Stelle
5. Mose 11,29 Berg des Segens
5. Mose 27,12 Stämme Israels
Ri 9,7 Jotams Fabel

Genezareth, See
= Fürstengarten, auch See Tiberias und Galiläisches Meer
Mt 4,18 Berufung der Jünger
Mt 8,23ff. Jesus stillt den Sturm
Mt 14,22ff. Wandel auf dem See
Mk 5 Heilung des Besessenen

2. Sam 10,5 Davids Knechte
1. Kö 16,34 Wiederaufbau Jerichos
2. Kö 2,4-18 Elia und Elisa
2. Kö 2,18-22 Quelle wieder genießbar
2. Kö 25,5 Zedekia gefangen
Neh 3,2 Männer Jerichos bauen Jerusalem
Mk 10,46 Der blinde Bartimäus
Lk 10,30 Barmherziger Samariter
Lk 19,1-10 Zachäus
Hebr 11,30 Mauern fielen durch Glauben

Jerusalem = Gründung des Friedens
1. Mose 14,18 Melchisedek in Salem
Jos 15,63 Festung der Jebusiter
2. Sam 5,5 Von David erobert
2. Sam 15,29 Bundeslade
1. Kö 3,1 Pharaos Tochter
1. Kö 8,10 Wolke des Herrn
1. Kö 10,2 Königin von Saba
1. Kö 11,13 Von Gott erwählt
2. Kö 24-25 Zerstörung durch Nebukadnezar
2. Chr 33,4 Gottes Name in J. ewiglich
Ps 122,2 Wünscht Jerusalem Glück
Ps 137,5 Niemals Jerusalem vergessen
Jes 2,3 Wort ausgehen von J.
Jes 40,2 Redet freundlich mit J.
Jes 52,1 Heilige Stadt
Jer 3,17 Des Herrn Thron
Dan 6,11 Offene Fenster nach J.
Dan 9,25 J. soll wieder gebaut werden
Joel 3,5 Zu J. wird eine Errettung sein
Sach 2,8 J. wird bewohnt werden
Sach 8,3 Stadt der Wahrheit
Sach 12,10 Geist der Gnade ausgegossen
Sach 14,11 J. wird ganz sicher wohnen
Apg 1,8 Als Zeugen in Jerusalem
Apg 2 Ausgießung des Heiligen Geistes
Apg 15 Apostelkonzil
1. Kor 16,1-4 Geldsammlung für Jerusalem

– Abendmahlssaal
Mt 26,17-29 Mahl des neuen Bundes
Mk 14,15 Großer Saal
Joh 13,4-20 Fußwaschung
Joh 20,19-23 Begegnung mit dem Auferstandenen
Joh 20,24-29 Ungläubiger Thomas
Apg 1,13 Obergemach
Apg 1,12-26 Wahl des Matthias

Apg 12,12 Haus des Johannes Markus

– **Antonia, Burg**

Joh 19,13 Gabbata, Hochpflaster

Apg 21,34ff. Paulus wird verhaftet

– **Ben-Hinnom, Tal** = Gehenna, Hölle

2. Kö 23,10 Tofet, Menschenopfer

2. Chr 28,3 Menschen verbrannt

2. Chr 33,6 Söhne durchs Feuer

Jer 7,31f Opferstätte Tofet

– **Betesda, Teich** = Haus der Barmherzigkeit

Joh 5,2-9 Heilung des Gelähmten

– **Breite Mauer**

Neh 3,8 Bauen bis zur breiten M.

Neh 12,3 Einweihung der Stadtmauer

2. Chr 32,5 Die andere Mauer

Jes 22,10 Häuser dafür abgebrochen

Jer 33,4 Bollwerke aus Häusern

– **Davidsgrab**

1. Kö 2,10 Begräbnis Davids

– **Gabbata** = Hochpflaster

Joh 19,13 Richtplatz

– **Gethsemane, Garten** = Ölkelter

Mt 26,30.36 Im Kidrontal am Fuß des Ölbergs

Mt 26,36-56 Gebetskampf und Gefangennahme

– **Gihon, Quelle** = Sprudler

2. Sam 5,6-8 Schachtgang zur Quelle

1. Kö 1,33ff. Salbung Salomos zum König

2. Chr 32,3f. Verdeckte Wasserquelle

2Chr 32,30 Bau durch König Hiskia

2Chr 33,14 Bau der äußeren Mauer

Jes 22,9 Wasser des unteren Teichs

– **Goldenes Tor** = Osttor des Tempels

Hes 44,1-3 Das verschlossene Osttor

Mt 21,10 Einzug Jesu in Jerusalem

– **Golgatha** = Schädelstätte

Mt 27,33 Kreuzigung

Mk 15,22 ff. ebenso

Joh 19,20 Nahe bei der Stadt

Hebr 13,12 Draußen vor dem Tor

– **Grab Jesu**

Jes 53,9 Bei Gottlosen sein Grab

Mt 27,57ff. Begräbnis, Josef von Arimathäa

Mk 15,46 Stein vor dem Grab im Fels

Lk 23,53 Gehauenes Grab

Joh 19,41f. An der Kreuzigungsstätte

– **Hakeldamach = Blutacker**

Mt 27,3-10 Judaslohn und Töpfersacker

Apg 1,15-19 Tod des Judas

– Zion (Osthügel, Tempelberg)

2. Kö 19,21	Tochter Zion
2. Chr 3,1	Identisch mit Morija
Ps 48,3.12f.	Schön ragt empor der Berg Z.
Ps 74,2	Gedenke an den Berg Z.
Ps 84,8	Wahrer Gott in Zion
Jes 2,2-4	Heiden suchen Weisung in Z.
Jes 24,23	König Zebaoth
Jes 28,16	Grundstein in Zion
Jes 29,8	Heiden streiten gegen Z.
Jes 40,9	Jerusalem als Freudenbotin
Jer 31,6	Hinaufziehen nach Zion
Joel 3,5	Auf dem Berg Z. Errettung
Rö 9,33	In Zion Stein des Anstoßes
Rö 11,26	Aus Zion der Erlöser
Offb 14,1	Das Lamm auf dem Berg Z.

Jesreel, Ebene = Gott sät

Jos 17,16	Eiserne Wagen der Kanaaniter
Ri 4 und 5	Kampf Debora mit Jabin von

Hazor

Ri 6,33	Midianiter und Amalekiter
1. Sam 29,1ff.	Kampf Sauls mit Philistern
2. Kö 23,29ff.	Tod Josias in Me- giddo
Offb 16,16	Schlacht von Har- magedon

Jesreel, Stadt

Jos 19,18	Erbteil Isaschars
1. Kö 4,12	5. Verwaltungsbezirk Salomos
1. Kö 18,45f.	Ahab und Elia in Jesreel
1. Kö 21,1ff.	Palast Ahabs und Nabots Tod
2. Kö 8,29	Joram läßt sich heilen
2. Kö 9,10.36f.	Leichnam Isebels
2. Kö 10,7-11	Tötung der Nachkommen Ahabs
Hos 1,4	Blutschuld Jesreels

Jordan = herabfließen

1. Mose 13,10	Lot beschaut die Gegend
1. Mose 32,11	Gebet Jakobs bei Rückkehr
4. Mose 34,12	Grenze
Jos 1	Josua am Jordan
Jos 3	Trocken durch den Jordan
Ri 3,28	Besetzte Furten
Ri 7,24f.	Gideon gewinnt Jordan
Ri 12,5.6	Parole Schibbolet = Strom
2. Sam 17,22ff.	Flucht Davids
2. Kö 2,6-14	Elisa teilt die Wasser
2. Kö 5,10.14	Naaman taucht unter

Ri 4,16 Sieg Baraks über Sisera
Ri 5,19 Wasser Megiddos
1. Kö 9,15 Von Salomo aufgebaut
2. Kö 9,27 Ahasja stirbt durch Jehu
2. Kö 23,29f. Josia von Pharao Necho getötet
Offb 16,16 Schlacht von Harmagedon

Nain = Lieblich
Lk 7,1-11 Auferweckung des jungen Mannes

Nazareth
Mt 2,23 Nazoräer = Sproß (Jes 11,1)
Mt 4,12 Rückkehr nach Nazareth
Mt 13,53-58 Nicht anerkannt in Nazareth
Lk 1,26ff. Ankündigung der Geburt Jesu
Lk 2,36 Heimatstadt Jesu
Lk 4,16 Jesus lehrt in der Synagoge
Lk 4,29f. Versuchter Felssturz
Joh 1,46 Aus Nazareth Gutes?
Apg 24,5 Nazoräer als Name der Christen

Negev = Trockenheit, auch Südland genannt
1. Mose 12,9 Abraham im Negev
1. Mose 13,1-3 Übersiedlung nach Bethel
1. Mose 24,62 Weideland Isaaks
1. Mose 26,20f. Zank um Brunnen
4. Mose 13,22 Mittagsland
4. Mose 20,1 Mirjam in Kadesch gestorben
Jos 15,1ff. Stamm Juda
Jos 15,19 Achsa bittet um Quellen
1. Sam 27,10 Südland Judas
Ps 126,4 Bäche wiedergebracht im S.

Rotes Meer = Schilfmeer
1. Kö 9,26 Salomo baute Schiffe

Salzmeer siehe Totes Meer
Samaria, Stadt = Wartburg
1. Kö 16,24 Omri kauft Berg
1. Kö 16,32 Baalstempel Isebels
1. Kö 20 Belagerung durch Benhadad
1. Kö 22,38 Teich Samarias
2. Kö 6,24ff. Aramäer können nicht erobern
2. Kö 10,18-28 Baalstempel von Jehu zerstört
2. Kö 18,9f. Einnahme und Zerstörung
2. Chr 18,2 Joschafat zu Ahab
Hos 8,5-6 Kalb Samarias

Samarien, Land
1. Kö 13,32 Heiligtümer in Samarien
2. Kö 17,24-41 Entstehung der Samariter
2. Kö 18,34 Götter Samariens
2. Kö 23,18f. Prophet von Samaria

Mt 10,5	Zieht in keine Stadt der S.
Lk 10,33ff.	Gleichnis vom Samariter
Lk 17,11	Wanderung Jesu
Lk 17,16	Dankbarer Samariter
Joh 4,4ff.	Samariterin am Brunnen
Apg 1,8	Zeugen Jesu
Apg 8,1ff.	Zerstreut nach Samarien
Apg 8,5ff.	Philippus evangelisiert

Sichem = Schulter, heute **Nablus**

1. Mose 12,6	Abram zieht dorthin
1. Mose 33,18f.	Jakob siedelt in S.
1. Mose 34	Bluttat zu Sichem
1. Mose 37,12	Jakobs Söhne weiden in S.
Jos 24,1ff.	Josuas Landtag in Sichem
Jos 24,32	Bestattung Josephs
1. Kö 12,25	Jerobeams Hauptstadt
Joh 4,5-43	Gespräch mit der Samariterin

Sodom = Kalkstätte, brennend

1. Mose 13,5ff.	Wohnstätte Lots
1. Mose 18	Fürbitte für Sodom
1. Mose 19	Untergang Sodoms
Jes 1,9	Im Gericht wie Sodom
Jer 23,14	Sodom bekehrte sich nicht
Hes 16,48ff.	Schuld Sodoms
Klgl 4,6	Größer als die

Sünde Sodoms

Mt 11,23f.	Jesus erinnert an Sodom
Lk 10,12	Sodom im Gericht besser

Tabor, Berg

Ri 4	Debora und Barak
Ri 8,18	Gideons Brüder
Jer 46,18	Gleichnis für Gottes Macht
Hos 5,1	Kultstätte
Mt 17,1-8	Verklärung Jesu
2. Petr 1,18	Heiliger Berg

Tiberias, siehe Genezareth, See

Totes Meer = Salzmeer

1. Mose 14,3	Tal Siddim
4. Mose 34,3	Grenze
2. Chr 20,2	Krieg gegen Joschafat
Hes 47,8-12	Gesunder Strom vom Tempel

Abkürzungen

Am	Amos
Apg	Apostelgeschichte
1. Chr	1. Chronik
2. Chr	2. Chronik
Dan	Daniel
Hebr	Hebräerbrief
Hes	Hesekiel
Hld	Hoheslied
Hos	Hosea
Jer	Jeremia
Jes	Jesaja
Joh	Johannes
Jos	Josua
Klgl	Klagelieder
1. Kön	1. Könige
2. Kön	2. Könige
Lk	Lukas
Mk	Markus
Mt	Matthäus
1. Mose	1. Mose (Genesis)
2. Mose	2. Mose (Exodus)
3. Mose	3. Mose (Levitikus)
4. Mose	4. Mose (Numeri)
5. Mose	5. Mose (Deuteronomium)
1. Kor	1. Korintherbrief
Neh	Nehemia
Offb	Offenbarung
2. Petr	2. Petrus
Ps	Psalmen
Ri	Richter
Rö	Römerbrief
Sach	Sacharja
1. Sam	1. Samuel
2. Sam	2. Samuel
Zeph	Zephania

Personenregister

Ortsregister

Abbildungsnachweis

Archäologisches Lexikon. Hänssler-Verlag, Neuhausen 1991
22

Calwer Verlagsverein (Hrsg.): Bilder-Tafeln zur Länder- und Völker-Kunde mit besonderer Berücksichtigung der evangelischen Missionsarbeit. 2. Aufl. Faksimiledruck der Ausgabe 1883 / 1884. Stuttgart: Calwer Verlag 1987
88, 107, 109, 125, 131, 133, 146, 157, 159, 170, 172, 176, 190, 192, 195, 273, 307, 411, 414

G. Ernest Wright: Biblische Archäologie. Vandenhoeck & Ruprecht, 1958
238

Jerusalemer Bibellexikon. Hänssler-Verlag, Neuhausen, 1990
162

Kroll, Gerhard: Auf den Spuren Jesu. Stuttgart: Verlag Katholisches Bibelwerk (Lizenzausgabe des St.-Benno-Verlages GmbH, Leipzig) 1979
179, 185, 188, 203

Missions-Bilder, Asien, I. Band: Vorderasien. Calw / Stuttgart: Verlag der Vereinsbuchhandlung 1880
31, 99

Nun, Mendel: Der See Genesaret und seine Fischer im Neuen Testament. Israel / Kibbutz Ein Gev: Kinnereth Sailing Co. 1990
380

Palästina: Neues Album des Heiligen Landes. Stuttgart: Steinkopf 1868 (Erläuterungen von G. H. v. Schubert, J. Roth, O. Fraas)
16/17, 38/39, 100/101, 247

Ebers / Guthe: Palästina in Bild und Wort. Deutsche Verlagsanstalt 1883
50/51, 54/55, 72, 82, 95, 115, 122, 130, 138, 144/145, 149, 166/167, 194, 200, 210, 216/217, 221, 224, 244, 251, 315, 324/325, 366/367, 382/383, 386, 398/399, 421, 425

Strobel, August: Conrad Schick. Ein Leben für Jerusalem. Fürth/ Bay.: Flacius-Verlag 1988
24, 260, 304

Thompson-Studienbibel. Hänssler-Verlag, Neuhausen 1986
140, 141

Warren, Mary Phraner. Das Land der Weihnacht. Konstanz: Bahn Verlag 1979
71, 300